U0500991

周国镇 ◎主编

"希望杯"数学竞赛系列丛书

第28~31届 希望杯

全国数学邀请赛

试题详解

高中

"希望杯"全国数学邀请赛组委会　编

气象出版社
China Meteorological Press

图书在版编目（ＣＩＰ）数据

第28～31届"希望杯"全国数学邀请赛试题详解. 高
中 / "希望杯"全国数学邀请赛组委会编. -- 北京 ：
气象出版社，2022.8
ISBN 978-7-5029-7760-3

Ⅰ．①第… Ⅱ．①希… Ⅲ．①中学数学课－高中－教
学参考资料 Ⅳ．①G634.603

中国版本图书馆CIP数据核字(2022)第125048号

Di 28～31 Jie "Xiwangbei" Quanguo Shuxue Yaoqingsai Shiti Xiangjie(Gaozhong)

第 28～31 届"希望杯"全国数学邀请赛试题详解(高中)
"希望杯"全国数学邀请赛组委会 编

出版发行：气象出版社
地　　　址：北京市海淀区中关村南大街 46 号　　　　邮政编码：100081
电　　　话：010-68407112(总编室)　010-68408042(发行部)
网　　　址：http://www.qxcbs.com　　　　Ｅ-ｍａｉｌ：qxcbs@cma.gov.cn
责任编辑：殷　淼　　　　　　　　　　　　　终　　审：吴晓鹏
责任校对：张硕杰　　　　　　　　　　　　　责任技编：赵相宁
封面设计：符　赋
印　　　刷：三河市百盛印装有限公司
开　　　本：787 mm×1092 mm　1/16　　　　印　　张：13
字　　　数：324 千字
版　　　次：2022 年 8 月第 1 版　　　　　　印　　次：2022 年 8 月第 1 次印刷
定　　　价：45.00 元

"希望杯"全国数学邀请赛简介

1. 宗 旨

通过邀请赛活动,**鼓励**中小学生学好数学课程中最主要的内容,**适当地**拓宽知识面,引导他们注意数学在其他学科和社会活动中的应用,**激发**他们钻研和应用数学的兴趣和热情,**培养**他们科学的思维能力、创新能力和实践能力;**同时也**为中小学数学教师提供新的信息和资料,以促进我国基础数学教育水平的提高。

2. 命题原则

(1)竞赛试题贴近现行的中小学数学课本。

第 1 试的试题不超过教学大纲和教学进度,第 2 试的试题中只有 1/10 左右的内容要用到现行中小学数学课本里所不包括的竞赛数学的一些重要知识。这样做,是为了引导中小学生努力学好现行的数学课本,在这个基础上,适当地扩大知识面。

(2)竞赛试题活而不难,巧而不偏、不怪,富于启发性;寓科学于趣味之中,寓知识、能力的考查于数学的美育之中。

青少年在求学、求知的成长过程中,兴趣是极为重要的,兴趣是青少年成才的重要动力,竞赛试题能激发旺盛的求知欲,可培养专注于某一事物的研究精神,使他们产生坚持不懈、锲而不舍的毅力。"希望杯"全国数学邀请赛每届的命题都力求能启迪青少年的思维,激发他们学习和钻研的兴趣。

(3)竞赛试题大众化,富有思考性。

要体现鼓励性,力求做到使数学程度不太好的学生也能做出相当数量的题目,由此受到鼓励而树立信心,自觉努力地学好数学;而数学程度很好的学生亦不能轻易得到高分。

(4)竞赛试题体现时代性。

题目的编拟,力求与其他学科及现代实际生活建立联系,培养青少年的创造思维能力和解决实际问题的能力。

以上的命题四个原则,保证了"希望杯"全国数学邀请赛既紧密结合学校数学教学实际,不是高不可攀,又有很大的思考空间,因而受到参赛学校师生的普遍欢迎。很多市、县的教研室将"希望杯"的第 1 试作为本地区的一次统考,以检查和促进本地区的数学教学。

3. 评奖原则

(1)使重点学校里数学优秀的学生能崭露头角。

(2)充分考虑地区之间、学校之间在生源上的较大差异,坚信每个学校和每个地区在自己的学生群体中都有相对优秀的学生。

根据这两条原则,对于边远地区的学校或非重点学校,在三等奖(铜牌)的评定上,不与重点学校拉平,必须保证这些学校有相应的获奖比例。实践证明,这样的做法是科学的、合理的、合乎中国国情的,有利于调动更多学生的学习热情,有利于促进中小学生数学学习水平的普遍提高,这正是"希望杯"的特色——**使更多的学校、更多的学生看到希望,从而激发旺盛的进取精神。**这样的做法得到我国数学界、数学教育界许多专家、学者的肯定;当然,更为各地教研室、学校的领导和广大师生所欢迎。

4. 覆盖了中小学系列

"希望杯"全国数学邀请赛自 2003 年起增加了小学组的"希望杯"赛事。从此,"希望杯"全国数学邀请赛覆盖了小学、初中、高中全系列。这使"希望杯"能更广泛地为中小学数学教育服务。

5. 走向国际化

"希望杯"全国数学邀请赛是国内规模最大、影响最广泛的中小学生数学课外活动,2009年,台湾地区由中华学习效能发展及教育学会组织中小学生参加"希望杯"。同时,"希望杯"全国数学邀请赛在国外也引起关注,先后有新加坡、日本、德国、俄罗斯、美国、保加利亚等国家的相关机构与"希望杯"数学邀请赛组委会建立了联系。

2009 年是"希望杯"数学邀请赛向境外迅速发展的一年。

美国加州大学伯克利分校的教授们在"数学圈"内和优秀的学生一起研究"希望杯"往届试题。

应美国地区数学联盟(ARML)邀请并获唯一授权,"希望杯"组委会每年 5—6 月都要选派至少 15 名在"希望杯"中获奖的高中生赴美参加 ARML 的国际组比赛,并年年获得佳绩。

在数学竞赛世界联盟(WFNMC)的第六次会议(拉脱维亚里加,2010 年 7 月)上,"希望杯"负责人周国镇在会上做了题为《中国的数学竞赛与希望杯》的报告,并在会上宣布将举办首届世界数学团体锦标赛(WMTC)。同年 11 月,首届 WMTC 在北京成功举办。除中国外,还有美国、保加利亚、澳大利亚、越南、韩国、新加坡、马来西亚、伊朗、埃及等亚、欧、美、非洲国家选手参赛。

希望杯数学邀请赛有利于学生有利于教师将促进中国数学教育的发展

王寿仁 一九九〇年 四月

王寿仁：中国数学奥委会首任主席，著名数学家

寄希望于教育，

寄希望于青少年。

祝首届"希望杯"数学邀请赛

胜利举行

杨乐

1990年5月

杨　乐：中国科学院院士、中国科学院数学与
　　　　系统科学研究院首任院长、著名数学家

肩负着祖国的希望，

迎接廿一世纪的到来！

龚昇

95年7月

龚　昇：中国科学技术大学原副校长、华罗庚数学奖
获得者、著名数学家

青出于苞而
胜于苞，希望
寄托在年轻
一代身上。

梅向明
90.11.30.

梅向明：原北京师范学院院长、民进中央原副主席、著名数学家

目 录

"希望杯"全国数学邀请赛简介

王寿仁、杨乐、龚昇、梅向明题词

高一

第 28 届(2017 年)

第1试

一、选择题

以下每题的四个选项中,仅有一个是正确的,请将正确答案前的英文字母写在每题后面的圆括号内.

1. 若函数 $f(x)=\begin{cases} 2^x & x\leqslant 1 \\ \log_{\frac{1}{2}} x & x>1 \end{cases}$,则函数 $y=f(2-x)$ 的图像应为( )

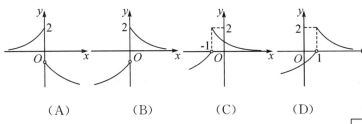

（A） （B） （C） （D）

2. 执行如图 1 所示的程序框图,若输入 $n=2016$,则输出的结果是( )

(A)0.   (B)10.

(C)11.   (D)12.

3. If the value range of $f(x)=\lg(ax^2+3x+2)$ is all real number, then the value range of a is( )

(A) $\left[0,\dfrac{9}{8}\right)$.   (B) $\left[0,\dfrac{9}{8}\right]$.

(C) $\left(\dfrac{9}{8},+\infty\right)$.   (D) $\left[\dfrac{9}{8},+\infty\right)$.

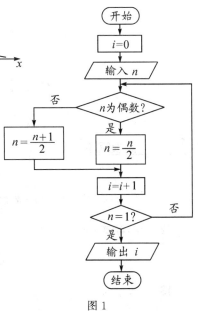

图 1

4. 将抛物线 $y=2x^2$ 分别向右平移 a 个单位,可使抛物线与直线 $y=x-1$ 恰好有一个交点,则 $a=$（　　）

(A) $-\dfrac{7}{8}$.　　　　(B) $-\dfrac{8}{7}$.　　　　(C) $\dfrac{7}{8}$.　　　　(D) $\dfrac{8}{7}$.

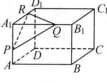

5. 若 $\sqrt{4032-a}+\sqrt{2016-a}=63$,则 $\sqrt{4032-a}-\sqrt{2016-a}=$（　　）

(A)30.　　　　(B)31.　　　　(C)32.　　　　(D)33.

6. 如图 2,在长方体 $ABCD\text{-}A_1B_1C_1D_1$ 的棱 A_1A,A_1B_1,A_1D_1 上各取点 P,Q,R,在 $\triangle PQR$ 中,若 $\angle PQR=2\angle RPQ$,则 $\angle RPQ$ 的取值范围是（　　）

图 2

(A)$(0°,30°)$.　　(B)$(30°,45°)$.　　(C)$(45°,60°)$.　　(D)$(30°,60°)$.

7. 已知函数 $f(x)$ 的定义域为 $\mathbf{R}$,在 $[0,1]$ 单调递减,且 $f(-x)=f(x)=-f(x+1)$,则下列不等式中正确的是（　　）

(A)$f\left(\dfrac{7}{2}\right)<f\left(\dfrac{7}{3}\right)<f\left(\dfrac{7}{5}\right)$.　　　　(B)$f\left(\dfrac{7}{5}\right)<f\left(\dfrac{7}{2}\right)<f\left(\dfrac{7}{3}\right)$.

(C)$f\left(\dfrac{7}{3}\right)<f\left(\dfrac{7}{2}\right)<f\left(\dfrac{7}{5}\right)$.　　　　(D)$f\left(\dfrac{7}{5}\right)<f\left(\dfrac{7}{3}\right)<f\left(\dfrac{7}{2}\right)$.

8. 在 $\triangle ABC$ 中,已知 $\sin B=\dfrac{2}{5}$,$\tan C=\dfrac{3}{4}$,则角 A,B,C 之间的大小关系是（　　）

(A)$C>B>A$.　　(B)$A>C>B$.　　(C)$A>B>C$.　　(D)$B>C>A$.

9. 已知 $x>0$,$y>0$,则函数 $F(x,y)=\dfrac{x^2+y^2+2}{x+y}$ 的最小值是（　　）

(A)$\dfrac{1}{2}$.　　　　(B)1.　　　　(C)$\dfrac{3}{2}$.　　　　(D)2.

10. 设数列 $\{a_n\}$ 的通项公式是 $a_n=(-1)^n(2n+1)\sin\dfrac{n\pi}{2}+1(n\in\mathbf{N}^*)$,其前 n 项和为 S_n,则 $S_{2016}=$（　　）

(A)4032.　　　　(B)2016.　　　　(C)1512.　　　　(D)1008.

二、A组填空题

11. 方程 $n(\sqrt{2})^{n-1}=20$ 的整数解是_____.

12. 若不等式 $|x-m|<1$ 成立的充分不必要条件是 $\dfrac{1}{3}<x<\dfrac{1}{2}$,则实数 m 的取值范围是_____.

13. 已知 $f(n)=\dfrac{1}{n}+\dfrac{1}{n+1}+\cdots+\dfrac{1}{2n}(n\in\mathbf{N}^*)$,若 $f(n)<a-2016$ 对任意 n 恒成立,则整数 a 的最小值是_____.

14. 在直角坐标平面 xOy 中,已知点 $M(0,1)$,$N(2,3)$,抛物线 $y=x^2+ax+1$ 与线段

MN 有两个不同的交点,则 a 的取值范围是_____.

15. 已知等差数列 $\{a_n\}$ 满足 $7a_5 + 5a_9 = 0$,且 $a_9 > a_5$,则当数列 $\{a_n\}$ 的前 n 项之和取得最小值时,$n = $_____.

16. 当 $a \in [-1, 1]$ 时,$f(x) = x^2 + (a-4)x + 4 - 2a \geqslant 0$ 恒成立,则 x 的取值范围是_____.

17. 若 $3a - 1 = 7^{\lg 20} \cdot \left(\dfrac{1}{2}\right)^{\lg 0.7}$,则 $a = $_____.

18. 在锐角 $\triangle ABC$ 中,a, b, c 分别是角 A, B, C 的对边,若 $\dfrac{1}{2\sin\dfrac{A}{2}} = $

$\dfrac{\sqrt{3}\cos\dfrac{A}{2}}{1-\cos 2A}$,且 $a = \sqrt{3}$,则 $S_{\triangle ABC}$ 的最大值是_____.

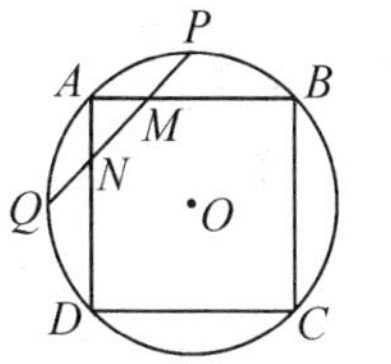

19. As shown in Fig. 3, quadrilateral $ABCD$ is inscribed square of $\odot O$, the point P is the midpoint of $\overparen{AB}$, the point Q is the midpoint of $\overparen{AD}$, PQ interacts AB and AD at M and N respectively, then the value of $\dfrac{PM}{MQ}$ is _____.

Fig. 3

(英汉小词典:inscribed square 内接正方形)

20. 若大于 1 的实数 a, b, c 满足 $\log_2 a \cdot \log_2 b = \log_2 ab$,$\log_2 a \cdot \log_2 b \cdot \log_2 c = \log_2 abc$,则 c 的最大值是_____.

三、B组填空题

21. 函数 $f(x) = x^4 - 8x^2 + 12$ 在 $x \in [-1, 3]$ 上的最小值是_____;最大值是_____.

22. 已知函数 $f(x) = -x|x|$,则函数 $f(x)$ 是_____函数(填"奇"或"偶");若 $x_1 + x_2 > 0$,$x_2 + x_3 > 0$,$x_3 + x_1 > 0$,则 $f(x_1) + f(x_2) + f(x_3)$ 的取值范围是_____.

23. 设不等式 $|x - a| < 2$ 的解集为 $(0, 4)$,则 $a = $_____;函数 $f(x) = 2|x + a| + 3|ax - 1|$ 的最小值是_____.

24. 已知数列 $\{a_n\}$ 的通项公式是 $a_n = \dfrac{1}{(n+1)^2}$,若 $b_n = 2(a_1 - 1)(a_2 - 1)\cdots(a_n - 1)$,则 $b_3 = $_____;$b_n = $_____.

25. 在 $\triangle ABC$ 中,角 A, B, C 所对的边分别为 a, b, c,若 $2\sqrt{3}\sin\dfrac{A}{3}\cos\dfrac{A}{3} - 2\sin^2\dfrac{A}{3} = 1$,且 $b^2 = ac$,则角 A 的度数是_____;$\sin C$ 的值是_____.

答·提示

一、选择题

题号	1	2	3	4	5	6	7	8	9	10
答案	D	C	B	C	C	B	B	B	D	A

提 示

1. 可分两步，先作出 $f(-x)$ 的图像，如图 4 所示．再将其图像向右平移两个单位即可得到 $f(2-x)$ 的图像，如图 5 所示．

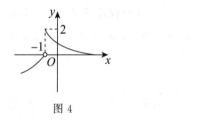 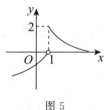

图 4　　　　　　　　　　　图 5

故选（D）．

另解： 直接推出

$$f(2-x)=\begin{cases}2^{2-x} & 2-x\leqslant 1 \\ \log_{\frac{1}{2}}(2-x) & 2-x>1\end{cases},$$

即

$$f(2-x)=\begin{cases}2^{2-x} & x\geqslant 1 \\ \log_{\frac{1}{2}}(2-x) & x<1\end{cases},$$

而当 $x=1$ 时，　　　　　　　　　　$y=2.$

故选（D）．

2. 因为　　　　　　　　$2016=2^5\times 63$，且 $64=2^6$，

所以　　　　　　　　　　　$n=5+6=11.$

故选（C）．

3. 译文：若 $f(x)=\lg(ax^2+3x+2)$ 的值域是 **R**，则 a 的取值范围是（　　）

(A) $\left[0,\dfrac{9}{8}\right)$.　　　(B) $\left[0,\dfrac{9}{8}\right]$.　　　(C) $\left(\dfrac{9}{8},+\infty\right)$.　　　(D) $\left[\dfrac{9}{8},+\infty\right)$.

解： $f(x)=\lg(ax^2+3x+2)$ 的值域是 **R**，等价于 ax^2+3x+2 可取到全部正实数．

当 $a=0$ 时，满足以上条件．

当 $a\neq 0$ 时，则要保证二次函数开口向上且与 x 轴至少有一个交点，即

$$\begin{cases} a>0 \\ \Delta=9-8a\geqslant 0 \end{cases},$$

解得 $$0<a\leqslant\frac{9}{8}.$$

综上 $$0\leqslant a\leqslant\frac{9}{8}.$$

故选(B).

4. 抛物线 $y=2x^2$ 向右平移 a 个单位,得
$$y=2(x-a)^2,$$
与直线 $y=x-1$ 联立,得 $2x^2-(4a+1)x+2a^2+1=0,$
根据题设,得 $\Delta=(4a+1)^2-16a^2-8=0,$
解得 $$a=\frac{7}{8}.$$

故选(C).

5. 设 $\sqrt{4032-a}=m,\sqrt{2016-a}=n$,则
$$m^2-n^2=2016,$$
又由题设,得 $$m+n=63,$$
所以 $$m-n=2016\div63=32,$$
即 $$\sqrt{4032-a}-\sqrt{2016-a}=32.$$

故选(C).

6. 令 $A_1P=x,A_1Q=y,A_1R=z$,则
$$\cos\angle RPQ=\frac{PQ^2+PR^2-QR^2}{2PQ\cdot PR}$$
$$=\frac{(x^2+y^2)+(x^2+z^2)-(y^2+z^2)}{2\sqrt{(x^2+y^2)\cdot(x^2+z^2)}}$$
$$=\frac{x^2}{\sqrt{(x^2+y^2)\cdot(x^2+z^2)}}>0,$$

所以 $\angle RPQ$ 为锐角.

同理,$\angle PQR,\angle QRP$ 均为锐角,因此 $\triangle PQR$ 是锐角三角形.

从而 $\angle RPQ+\angle PQR>90°,\angle PQR<90°.$
因为 $\angle PQR=2\angle RPQ,$
所以 $3\angle RPQ>90°,2\angle RPQ<90°,$
即 $30°<\angle RPQ<45°.$

故选(B).

7. 因为 $f(-x)=f(x),$
所以 $f(x)$ 是偶函数,
又 $f(x)=-f(x+1),$
所以 $f(x+1)=-f(x+2).$
因此 $f(x)=f(x+2),$

从而 $f(x)$ 的周期为 2,则

$$f\left(\frac{7}{2}\right)=f\left(4-\frac{1}{2}\right)=f\left(-\frac{1}{2}\right)=f\left(\frac{1}{2}\right),$$

$$f\left(\frac{7}{3}\right)=f\left(2+\frac{1}{3}\right)=f\left(\frac{1}{3}\right),$$

$$f\left(\frac{7}{5}\right)=f\left(2-\frac{3}{5}\right)=f\left(-\frac{3}{5}\right)=f\left(\frac{3}{5}\right).$$

又 $f(x)$ 在 $[0,1)$ 单调递减,所以

$$f\left(\frac{3}{5}\right)<f\left(\frac{1}{2}\right)<f\left(\frac{1}{3}\right),$$

即

$$f\left(\frac{7}{5}\right)<f\left(\frac{7}{2}\right)<f\left(\frac{7}{3}\right).$$

故选（B）.

8. 因为

$$\frac{\sqrt{3}}{3}<\tan C=\frac{3}{4}<1,$$

所以

$$\frac{\pi}{6}<C<\frac{\pi}{4},$$

又

$$\sin B=\frac{2}{5}<\frac{1}{2},$$

所以

$$B<\frac{\pi}{6}\text{或}\frac{5\pi}{6}<B<\pi.$$

因为

$$C>\frac{\pi}{6},\text{且}B+C<\pi,$$

所以

$$\frac{5\pi}{6}<B<\pi \text{ 不满足条件},$$

只能是

$$B<\frac{\pi}{6}.$$

因此

$$B+C<\frac{5\pi}{12},$$

从而

$$A>\frac{7\pi}{12},$$

于是

$$A>C>B.$$

故选（B）.

另解:因为

$$\tan C=\frac{3}{4},$$

所以

$$\sin C=\frac{3}{5},\cos C=\frac{4}{5},$$

在 $\triangle ABC$ 中,

$$\sin C=\frac{3}{5}>\frac{2}{5}=\sin B,$$

所以

$$C>B.$$

又由 $\sin B=\frac{2}{5}$,得

$$\cos B=\frac{\sqrt{21}}{5},$$

所以
$$\begin{aligned}\sin A &= \sin(B+C)\\ &= \sin B\cos C + \sin C\cos B\\ &= \frac{2}{5}\times\frac{4}{5}+\frac{3}{5}\times\frac{\sqrt{21}}{5}\\ &= \frac{8+3\sqrt{21}}{25} > \frac{3}{5}.\end{aligned}$$

同上，得
$$A > C,$$

综上
$$A > C > B.$$

故选(B).

9. 由于 $F(x,y)$ 是关于 x,y 的对称式，所以本题等价于：当 $x=y$ 时，求 $f(x)=\dfrac{x^2+1}{x}(x>0)$ 的最小值.

易知
$$f(x)=\frac{x^2+1}{x}=x+\frac{1}{x}\geqslant 2,$$

所以 $F(x,y)=\dfrac{x^2+y^2+2}{x+y}$ 的最小值为 2.

故选(D).

另解： 因为
$$x,y>0,$$

所以
$$\sqrt{\frac{x^2+y^2}{2}}\geqslant\frac{x+y}{2},(当 x=y 时，等号成立)$$

所以
$$F(x,y)\geqslant\frac{\dfrac{(x+y)^2}{2}+2}{x+y}=\frac{x+y}{2}+\frac{2}{x+y}\geqslant 2,\left(当\frac{x+y}{2}=\frac{2}{x+y}时，等号成立\right)$$

所以 $F(x,y)\geqslant 2,\left(当 x=y>0 且 \dfrac{x+y}{2}=\dfrac{2}{x+y}，即 x=y=1 时，等号成立\right)$

故选(D).

10. 由 $a_n=(-1)^n(2n+1)\cdot\sin\dfrac{n\pi}{2}+1(n\in\mathbf{N}^*)$，得
$$a_1=-2,a_2=1,a_3=8,a_4=1,a_5=-10,a_6=1,a_7=16,a_8=1,\cdots$$

注意到 $\sin\dfrac{n\pi}{2}$ 的周期为 4，可以看到
$$a_1+a_2+a_3+a_4=8, a_5+a_6+a_7+a_8=8,$$

从而猜想
$$a_{4m+1}+a_{4m+2}+a_{4m+3}+a_{4(m+1)}=8(m\in\mathbf{N}).$$

证明如下：

易知 $4m+2,4(m+1)$ 均为偶数，则
$$\sin\frac{(4m+2)\pi}{2}=\sin\frac{4(m+1)\pi}{2}=0,$$

故
$$a_{4m+2}=a_{4(m+1)}=1.$$

又 $4m+1,4m+3$ 均为奇数，故有

$$a_{4m+1} + a_{4m+3} = -[2 \times (4m+1)+1] \cdot \sin \frac{(4m+1)\pi}{2} + 1$$

$$- [2 \times (4m+3)+1] \cdot \sin \frac{(4m+3)\pi}{2} + 1$$

$$= -(8m+3) \cdot \sin\left(2m\pi + \frac{\pi}{2}\right) - (8m+7) \cdot \sin\left(2m\pi + \frac{3\pi}{2}\right) + 2$$

$$= -(8m+3) \cdot \sin \frac{\pi}{2} - (8m+7) \cdot \sin \frac{3\pi}{2} + 2$$

$$= -(8m+3) + (8m+7) + 2 = 6,$$

所以
$$a_{4m+1} + a_{4m+2} + a_{4m+3} + a_{4(m+1)} = 8.$$
因此
$$S_{2016} = 8 \times (2016 \div 4) = 4032.$$
故选(A).

二、A组填空题

题号	11	12	13	14	15
答案	5	$\left[-\frac{1}{2}, \frac{4}{3}\right]$	2018	$[-1, 1)$	6

题号	16	17	18	19	20
答案	$(-\infty, 1] \cup \{2\} \cup [3, +\infty)$	5	$\frac{3\sqrt{3}}{4}$	$\sqrt{2} - 1$	$2^{\frac{4}{3}}$

提 示

11. 由题设的等式可知
$$20 = 1 \times 20 = 2 \times 10 = 4 \times 5,$$
又因为 $(\sqrt{2})^{n-1}$ 是不能被 5 整除的整数,所以 n 能被 5 整除,因此
$$n = 5, 10 \text{ 或 } 20,$$
又易得 $(\sqrt{2})^{n-1}$ 为整数,所以 n 为奇数,因此
$$n = 5,$$
经验证,$n = 5$ 是原方程的解.

另解: 由题设条件,得

当 $n = 0$ 时,等式显然不成立.

当 n 是负整数时,
$$(\sqrt{2})^{n-1} > 0,$$
所以
$$n(\sqrt{2})^{n-1} < 0, \text{不可能等于 } 20,$$
从而 n 必是正整数.

当 n 依次取 $1, 2, 3, 4, 5, \cdots$ 时,$(\sqrt{2})^{n-1}$ 的值依次是
$$1, \sqrt{2}, 2, 2\sqrt{2}, 4, \cdots$$

所以, $n\left(\sqrt{2}\right)^{n-1}$ 的值依次是 $\qquad$ $1, 2\sqrt{2}, 6, 8\sqrt{2}, 20, \cdots$

可知, 方程 $n\left(\sqrt{2}\right)^{n-1}=20$ 的整数解是 5.

12. 由不等式 $|x-m|<1$, 得

$$m-1<x<m+1,$$

题设等价于

$$\begin{cases} m-1 \leqslant \dfrac{1}{3} \\ m+1 \geqslant \dfrac{1}{2} \end{cases},$$

解得

$$-\frac{1}{2} \leqslant m \leqslant \frac{4}{3}.$$

13. 因为

$$f(n)-f(n+1)$$

$$= \frac{1}{n} - \frac{1}{2n+1} - \frac{1}{2n+2}$$

$$= \left(\frac{1}{2n} - \frac{1}{2n+1}\right) + \left(\frac{1}{2n} - \frac{1}{2n+2}\right)$$

$$> 0,$$

所以 $f(n)$ 单调递减,

因此 $f(n)$ 的最大值是

$$f(1) = \frac{3}{2} = 1.5,$$

于是

$$a > 1.5 + 2016 = 2017.5,$$

故满足题意的最小整数 a 的值是 2018.

14. 由 $M(0,1), N(2,3)$, 得线段 MN 所在直线的的方程是

$$y = x+1,$$

则抛物线与线段 MN 交点的横坐标满足方程

$$x^2 + ax + 1 = x + 1,$$

且

$$0 \leqslant x \leqslant 2,$$

解得

$$\begin{cases} x_1 = 0 \\ x_2 = 1-a \end{cases},$$

所以

$$0 < 1-a \leqslant 2,$$

则 a 的取值范围是 $[-1,1)$.

15. 由 $a_9 > a_5$, 知公差 $\qquad d>0.$

因为

$$7a_5 + 5a_9 = 0,$$

所以

$$7a_1 + 28d + 5a_1 + 40d = 0,$$

因此

$$12a_1 = -68d,$$

即

$$a_1 = -\frac{17}{3}d < 0.$$

由 $a_n = a_1 + (n-1)d > 0$, 得

$$-\frac{17}{3}d + nd - d > 0,$$

解得

$$n > \frac{20}{3} = 6\frac{2}{3},$$

所以　　　　　　　　　　　　　　　$a_6<0, a_7>0$,

故可知,当数列 $\{a_n\}$ 的前 n 项之和 S_n 最小时, n 的值是 6.

另解:由 $a_9>a_5$, 得　　　　　　　　$a_5+4d>a_5$,

所以　　　　　　　　　　　　　　　　$d>0$,

因此数列 $\{a_n\}$ 是递增的.

因为　　　　　　　　　　　　　　$7a_5+5a_9$

$$=5(a_5+a_9)+2a_5$$

$$=10a_7+2a_5$$

$$=2(a_5+a_7)+8a_7$$

$$=4a_6+8a_7$$

$$=4(a_6+2a_7)$$

$$=0,$$

且　　　　　　　　　　　　　　　　$a_7>a_6$,

所以　　　　　　　　　　　　　　$a_6<0, a_7>0$,

故使数列 $\{a_n\}$ 的前 n 项之和 S_n 最小的 n 的值是 6.

16. 把 $f(x)$ 看作关于 a 的函数,记为 $g(a)=(x-2)a+(x-2)^2$,显然

当 $x=2$ 时, $g(a)=0$,符合题意,

当 $x\neq2$ 时,则 $g(a)$ 是 a 的一次函数.

当 $x>2$ 时,只需 $g(-1)\geqslant0$ 即可,

解得　　　　　　　　　　　　　　$x\geqslant3$.

当 $x<2$ 时,只需 $g(1)\geqslant0$ 即可,

解得　　　　　　　　　　　　　　$x\leqslant1$.

因此, x 的取值范围是　　　　　　$x\leqslant1, x=2$ 或 $x\geqslant3$.

17. 在 $3a-1=7^{\lg 20}\cdot\left(\dfrac{1}{2}\right)^{\lg 0.7}$ 的两边取以 10 为底的对数,得

$$\lg(3a-1)=\lg 7^{\lg 20}+\lg\left(\dfrac{1}{2}\right)^{\lg 0.7}$$

$$=\lg 20\cdot\lg 7+\lg 0.7\cdot\lg\left(\dfrac{1}{2}\right)$$

$$=(1+\lg 2)\cdot\lg 7-(\lg 7-1)\cdot\lg 2$$

$$=\lg 7+\lg 2$$

$$=\lg 14,$$

所以　　　　　　　　　　　　　$3a-1=14$,

解得　　　　　　　　　　　　　　$a=5$.

18. 由 $\dfrac{1}{2\sin\dfrac{A}{2}}=\dfrac{\sqrt{3}\cos\dfrac{A}{2}}{1-\cos 2A}$,得

$$\sqrt{3}\sin A=1-\cos 2A=2\sin^2 A,　　　　　①$$

因为 A 是锐角 $\triangle ABC$ 的内角,

所以 $\qquad$ $\sin A > 0$，且 A 是锐角，

于是由①，解得 $\qquad$ $\sin A = \dfrac{\sqrt{3}}{2}$，

从而 $\qquad$ $A = \dfrac{\pi}{3}$.

由余弦定理，可得 $\qquad$ $a^2 = 3 = b^2 + c^2 - 2bc \cos A$，

所以 $\qquad$ $3 \geqslant 2bc - 2bc \cos A$

$$= 2bc - 2bc \cos \dfrac{\pi}{3}，$$

$$= 2bc - bc$$

$$= bc，（当且仅当 b = c 时，等号成立）$$

即 $\qquad$ $bc \leqslant 3$.

因为 $\qquad$ $S_{\triangle ABC} = \dfrac{1}{2} bc \sin A = \dfrac{\sqrt{3}}{4} bc$，

所以 $S_{\triangle ABC}$ 的最大值为 $\dfrac{3\sqrt{3}}{4}$.

19. 译文：如图 3，四边形 $ABCD$ 是 $\odot O$ 的内接正方形，点 P 是 $\overparen{AB}$ 的中点，点 Q 是 $\overparen{AD}$ 的中点，PQ 分别交 AB，AD 于点 M，N，则 $\dfrac{PM}{MQ} = $ _____.

解： 如图 6，连结 OP 交 AB 于点 E，连结 OQ，OA.

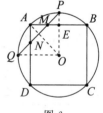

图 6

因为点 P 是 $\overparen{AB}$ 的中点，

所以 $\qquad$ $PO \perp AB$.

因为四边形 $ABCD$ 是正方形，

所以 $\qquad$ $AB \perp AD$.

因此 $\qquad$ $PO // AD$.

又点 Q 是 $\overparen{AD}$ 的中点，

所以 $\qquad$ $AD \perp QO$.

从而 $\qquad$ $PO \perp QO$，

因此 $\qquad$ $\triangle PEM \sim \triangle POQ$，

从而 $\qquad$ $\dfrac{PM}{MQ} = \dfrac{PE}{EO}$.

故可知 $\triangle AEO$ 为等腰直角三角形，所以

$$EO = \dfrac{\sqrt{2}}{2} AO = \dfrac{\sqrt{2}}{2} PO，$$

故 $\qquad$ $\dfrac{PM}{MQ} = \dfrac{PE}{EO} = \dfrac{PO - EO}{EO} = \dfrac{\left(1 - \dfrac{\sqrt{2}}{2}\right) PO}{\dfrac{\sqrt{2}}{2} PO} = \sqrt{2} - 1$.

20. 因为 $\qquad$ $a > 1, b > 1, c > 1$，

所以 $\qquad$ $\log_2 a > 0, \log_2 b > 0, \log_2 c > 0$，

因此,由题设条件,得

$$\log_2 a \cdot \log_2 b \leqslant \left(\frac{\log_2 a + \log_2 b}{2}\right)^2 = \frac{(\log_2 ab)^2}{4}.$$

因为 　　　　　　　　　 $\log_2 a \cdot \log_2 b = \log_2 ab$,

所以 　　　　　　　　　 $\log_2 ab \leqslant \dfrac{(\log_2 ab)^2}{4}$,

解得 　　　　　　　　　 $\log_2 ab \geqslant 4.$

又由 $\log_2 a \cdot \log_2 b \cdot \log_2 c = \log_2 abc$,得

$$\log_2 a \cdot \log_2 b \cdot \log_2 c = \log_2 ab + \log_2 c,$$

所以

$$\log_2 c = \frac{\log_2 ab}{\log_2 a \cdot \log_2 b - 1}$$

$$= \frac{\log_2 ab}{\log_2 ab - 1}$$

$$= 1 + \frac{1}{\log_2 ab - 1}$$

$$\leqslant 1 + \frac{1}{4-1} = \frac{4}{3},$$

故 　　　　　　　　　 $c \leqslant 2^{\frac{4}{3}}.$

三、B组填空题

题号	21	22	23	24	25
答案	$-4;21$	奇;$(-\infty,0)$	$2;5$	$-\dfrac{5}{4}$;$(-1)^n \cdot \dfrac{n+2}{n+1}$	$\dfrac{\pi}{2}$;$\dfrac{\sqrt{5}-1}{2}$

提 示

21. 因为 　　　　　 $f(x) = x^4 - 8x^2 + 12 = (x^2-4)^2 - 4$,

且 　　　　　　　 $x \in [-1,3]$,即 $x^2 \in [0,9]$,

设 $x^2 = t$,则 　　　 $g(t) = (t-4)^2 - 4(t \in [0,9])$,

因此当 $t=4$ 时, 　　　 $g(t)_{\min} = -4$,

当 $t=9$ 时, 　　　　　 $g(t)_{\max} = 21$,

故 $f(x)$ 在 $x \in [-1,3]$ 上的最小值是 -4,最大值是 21.

22. 因为 　　　 $f(x) + f(-x) = -x|x| + x|-x| = 0$,

所以 $f(x)$ 是奇函数.

因为 　　　　　　 $f(x) = \begin{cases} -x^2 & x \geqslant 0 \\ x^2 & x < 0 \end{cases},$

易得函数 $f(x)$ 的图像如图 7 所示.

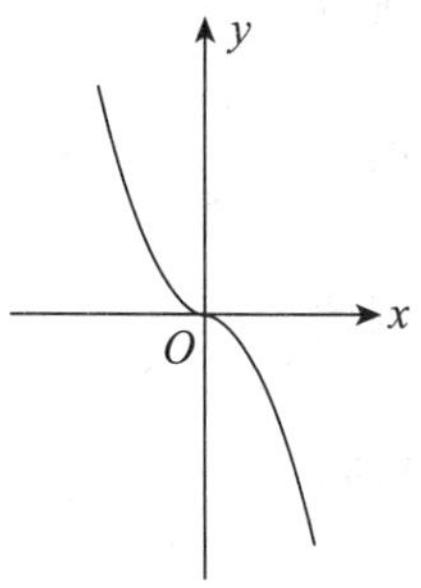

图 7

由图像知,函数 $f(x)$ 在 $(-\infty,+\infty)$ 上单调递减.

又 $$x_1+x_2>0,\text{即 } x_1>-x_2,$$

所以 $$f(x_1)<f(-x_2)=-f(x_2),$$

因此 $$f(x_1)+f(x_2)<0.$$

同理 $$f(x_2)+f(x_3)<0,f(x_3)+f(x_1)<0,$$

于是 $$f(x_1)+f(x_2)+f(x_3)<0,$$

故 $f(x_1)+f(x_2)+f(x_3)$ 的取值范围是 $(-\infty,0)$.

23. (1)因为不等式 $|x-a|<2$,即 $a-2<x<a+2$ 的解集为 $(0,4)$,所以

$$\begin{cases}a-2=0\\a+2=4\end{cases},$$

解得 $$a=2.$$

(2) $$\begin{aligned}f(x)&=2|x+a|+3|ax-1|\\&=2|x+2|+3|2x-1|\\&=2|x+2|+6\left|x-\frac{1}{2}\right|\\&=2(|x+2|+|x-\frac{1}{2}|)+4|x-\frac{1}{2}|\\&\geqslant 2|\frac{1}{2}+2|+4\left|x-\frac{1}{2}\right|\\&=5+4|x-\frac{1}{2}|,\left(\text{当且仅当 } x=\frac{1}{2}\text{时,等号成立}\right)\end{aligned}$$

所以函数 $f(x)$ 的最小值为 $f\left(\frac{1}{2}\right)=5$.

24. 因为 $$a_n=\frac{1}{(n+1)^2},$$

所以 $$b_3=2\times\left(\frac{1}{4}-1\right)\times\left(\frac{1}{9}-1\right)\times\left(\frac{1}{16}-1\right)=-\frac{5}{4}.$$

又 $$a_n-1=\frac{1-(n+1)^2}{(n+1)^2}=\frac{-n(n+2)}{(n+1)^2},$$

因此 $$\begin{aligned}b_n&=2\times\frac{-1\times3}{2^2}\times\frac{-2\times4}{3^2}\times\frac{-3\times5}{4^2}\times\cdots\times\frac{-(n-2)n}{(n-1)^2}\times\\&\quad\frac{-(n-1)(n+1)}{n^2}\times\frac{-n(n+2)}{(n+1)^2}\\&=(-1)^n\cdot\frac{n+2}{n+1}.\end{aligned}$$

25. 由 $2\sqrt{3}\sin\frac{A}{3}\cos\frac{A}{3}-2\sin^2\frac{A}{3}=1$ 及倍角公式,得

$$\sqrt{3}\sin\frac{2A}{3}+\cos\frac{2A}{3}-1=1,$$

所以

$$\frac{\sqrt{3}}{2}\sin\frac{2A}{3}+\frac{1}{2}\cos\frac{2A}{3}=1,$$

即

$$\sin\left(\frac{2A}{3}+\frac{\pi}{6}\right)=1.$$

因此

$$\frac{2A}{3}+\frac{\pi}{6}=\frac{\pi}{2},$$

解得

$$A=\frac{\pi}{2}.$$

又

$$b^2=ac,$$

所以

$$\sin^2 B=\sin A\sin C=\sin C,$$

即

$$\cos^2 C=\sin C,$$

从而

$$1-\sin^2 C=\sin C,$$

解得

$$\sin C=\frac{\sqrt{5}-1}{2}\text{或}\frac{-\sqrt{5}-1}{2}<0(\text{舍去}).$$

第2试

一、选择题

以下每题的四个选项中,仅有一个是正确的,请将正确答案前的英文字母写在每题后面的圆括号内.

1. 若 $\sin \alpha > 0$, $\sin 2\alpha < 0$, 则 $\tan \dfrac{\alpha}{2}$ 的取值范围是( )

(A)$(-\infty, +\infty)$. (B)$(0, +\infty)$. (C)$(1, +\infty)$. (D)$(0, 1)$.

2. 已知函数 $f(x)$ 是定义在 **R** 上的奇函数,若对任意的 x 满足 $f(x-1)=f(x+7)$,且 $f(1)=2$,则 $f(2017)-f(2016)$ 的值是( )

(A)1. (B)-1. (C)2. (D)-2.

3. 已知函数 $f(x)=\begin{cases} 2x+2b & x<1 \\ -x-4b & x \geqslant 1 \end{cases}$,当 $b \neq 0$ 时,有 $f(1-b)=f(1+b)$,则 b 的值是( )

(A)$-\dfrac{3}{5}$. (B)$-\dfrac{3}{7}$. (C)$\dfrac{3}{7}$. (D)$\dfrac{3}{5}$.

4. 如图 1,正方体 $ABCD\text{-}A_1B_1C_1D_1$ 中,点 O 是正方形 BCC_1B_1 的中心,点 E 是 AD 的中点,则折线段 C_1OE 在正方体 6 个面上的投影不可能的是( )

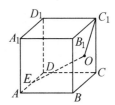

图 1

(A) (B) (C) (D)

5. If the function $f(x)=\dfrac{-5^x-1}{5^{x+1}-a}$ is an odd function, then the value of a is( )

(A)-5. (B)-1. (C)0. (D)5.

6. 定义 $\begin{vmatrix} a & b \\ c & d \end{vmatrix}=ad-bc$,则当 $\alpha \in \left[0, \dfrac{\pi}{6}\right]$ 时,函数 $f(\alpha)=\begin{vmatrix} \sin \alpha & \cos 2\alpha \\ \cos 2\alpha & -\cos \alpha \end{vmatrix}$ 的最大值是( )

(A)$-\dfrac{17}{16}$. (B)$-\dfrac{\sqrt{3}+1}{4}$. (C)$\dfrac{\sqrt{3}-1}{4}$. (D)$\dfrac{1}{16}$.

7. 若定义在 **R** 上的函数 $f(x)$ 满足 $f(a+b)=f(a)+f(b)+2$,其中 a,b 为任意实数,则（　　）

(A)$f(x)+2$ 是奇函数.   (B)$f(x)+2$ 是偶函数.

(C)$f(x)-2$ 是奇函数.   (D)$f(x)-2$ 是偶函数.

8. 有以下命题：

①函数 $f(x)=\sin x+\dfrac{3}{\sin x}$ 在 $x\in(0,\pi)$ 时的最小值是 $2\sqrt{3}$.

②在 $\triangle ABC$ 中,若 $\sin 2A=\sin 2B$,则 $\triangle ABC$ 是等腰三角形或直角三角形.

③若正实数 a,b,c 满足 $a>c$ 且 $b>c$,则 $\dfrac{a}{1+a}+\dfrac{b}{1+b}>\dfrac{c}{1+c}$.

其中,正确的命题是（　　）

(A)①②③.   (B)①②.   (C)②③.   (D)①③.

9. 已知函数 $f(x)$ 在 $[0,+\infty)$ 上是增函数,且 $g(x)=-f(|x|)$,若 $g(\lg x)>g(1)$,则 x 的取值范围是（　　）

(A)$[1,10]$.   (B)$\left(\dfrac{1}{10},+\infty\right)$.

(C)$\left(\dfrac{1}{10},10\right)$.   (D)$\left(\dfrac{1}{10},1\right]\bigcup(10,+\infty)$.

10. 对实数 x,y,定义运算 $*$：$x*y=\begin{cases}x & x-y\leqslant 1\\ y & x-y>1\end{cases}$.设函数 $f(a)=(a^2-1)*(3a-a^2)$,$a\in\mathbf{R}$,若方程 $f(a)=b$ 恰有两个零点,则实数 b 的取值范围是（　　）

(A)$\left(-\infty,-\dfrac{7}{4}\right)\bigcup\{-1\}\bigcup\left(-\dfrac{3}{4},2\right)$.

(B)$\left(-\infty,-\dfrac{7}{4}\right)\bigcup\left(-\dfrac{3}{4},2\right)$.

(C)$\left(-\infty,-\dfrac{7}{4}\right)\bigcup\left[-\dfrac{3}{4},2\right)$.

(D)$\left(-\infty,-\dfrac{7}{4}\right]\bigcup\{-1\}\bigcup\left(-\dfrac{3}{4},2\right)$.

二、填空题

11. 已知 $x>0$,$x+\dfrac{1}{x}\geqslant 2$,$x+\dfrac{4}{x^2}=\dfrac{x}{2}+\dfrac{x}{2}+\dfrac{4}{x^2}\geqslant 3$,$x+\dfrac{27}{x^3}=\dfrac{x}{3}+\dfrac{x}{3}+\dfrac{x}{3}+\dfrac{27}{x^3}\geqslant 4$,…,由此可以推出 $x+\dfrac{m}{x^n}\geqslant n+1(n\in\mathbf{N}^*)$,则 m 的最小值是_____.

12. 已知函数 $f(x)=\dfrac{(x+\sqrt{2017})^2+\sin 2017x}{x^2+2017}$ 的最大值和最小值分别为 M,m,则 $M+m=$_____.

13. 已知 $\sqrt{a^2-12}+\sqrt{12-a^2}+4\sqrt{3}=(2\sqrt{3}-a)\sqrt{b}$，则 $a^2b^{2017}=$ _____.

14. 若函数 $f(x)=\sqrt{|x+1|+|x-a|-2}$ 的定义域为 **R**，则实数 a 的取值范围是 _____.

15. 已知实数 $a>0,a\ne1$.

命题 $p:y=\log_a(x^2+1)$ 在 $x\in(0,+\infty)$ 单调递减.

命题 $q:x^2-6x+4a^2-12a+10=0$ 有两个实数解 x_1,x_2，若 $x_1<x_2$，则 $0<x_1<1$.

若 "$p\vee q$" 为真，"$p\wedge q$" 为假，则 a 的取值范围是 _____.

16. S_n is the sum of the first n items for the sequence of $\{a_n\}$. If S_n satisfies $(n-1)$ $S_{n+1}=(n+1)S_n(n\in\mathbf{N}^*)$, and $a_2=1$, then the general formula of this sequence is $a_n=$ _____ $(n\in\mathbf{N}^*)$.

17. 已知函数 $f(x)=2\sin(\omega x+\varphi)(\omega>0,|\varphi|<\pi)$ 的图像的一部分如图 2 所示，若 A,B 两点的坐标分别为 $A\left(\dfrac{19}{6},1\right)$，$B\left(\dfrac{17}{3},\sqrt{3}\right)$，则 $\varphi=$ _____.

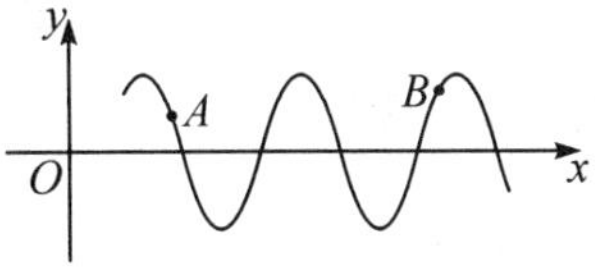

图 2

18. 已知集合 $M=\{1,2,3,4,5,6\}$，$P=\{a,b,c,d\}$，若 $P\subseteq M$，那么符合条件的集合 P 有 _____ 个，所有符合条件的集合 P 中的元素之和是 _____.

19. 若 $f(x)=\dfrac{3x-4a+5}{x-a}$ 在 $[1,4]$ 上单调递减，则常数 a 的取值范围是 _____.

20. 已知 $a=\log_{64}3,b=\lg 2\lg 5,c=\dfrac{1}{6}\log_{0.9}0.8$，则 a,b,c 由小到大的排序是 _____.

三、解答题

每题都要写出推算过程.

21. 已知函数 $f(x)=\log_{2a+1}[x^2+(a-1)x+1]$.

(1) 若 $f(x)$ 的定义域为 **R**，求 a 的取值范围；

(2) 若 $f(x)$ 的值域为 **R**，求 a 的取值范围.

22. 已知函数 $f(x)=\dfrac{\sin x}{\sqrt{4\cos x+5}}(x\in\mathbf{R})$.

(1) 判断 $f(x)$ 的奇偶性；

(2) 求 $f(x)$ 的最大值和最小值，并求相应的 x 值.

23. 已知各项都是正数的数列 $\{a_n\}$ 中，S_n 是其前 n 项和，且满足 $2S_n=2a_n^2+a_n-1$.

(1) 求数列 $\{a_n\}$ 的通项公式；

(2) 已知数列 $\{b_n\}$ 中，$b_1=\dfrac{3}{2}$，$b_{n+1}=b_n^2+b_n-\dfrac{a_n}{2(n+1)}$，求数列 $\{b_n\}$ 的通项公式.

答·提示

一、选择题

题号	1	2	3	4	5	6	7	8	9	10
答案	C	C	B	D	D	B	A	C	C	A

提示

1. 因为

$$\sin 2\alpha < 0,$$

即

$$2\sin\alpha\cos\alpha < 0,$$

又

$$\sin\alpha > 0,$$

所以

$$\cos\alpha < 0,$$

因此

$$\frac{\pi}{2} + 2k\pi < \alpha < (2k+1)\pi \ (k \in \mathbf{Z}),$$

于是

$$\frac{\pi}{4} + k\pi < \frac{\alpha}{2} < \frac{\pi}{2} + k\pi \ (k \in \mathbf{Z}),$$

从而

$$\tan\frac{\alpha}{2} > 1.$$

故选（C）.

另解：因为

$$\begin{cases} \sin\alpha > 0 \\ \sin 2\alpha < 0 \end{cases},$$

解得

$$\begin{cases} 2k\pi < \alpha < (2k+1)\pi \\ \dfrac{\pi}{2} + k\pi < \alpha < (k+1)\pi \end{cases},$$

即

$$\frac{\pi}{2} + 2k\pi < \alpha < (2k+1)\pi \ (k \in \mathbf{Z}),$$

于是

$$\frac{\pi}{4} + k\pi < \frac{\alpha}{2} < \frac{\pi}{2} + k\pi \ (k \in \mathbf{Z}),$$

从而

$$\tan\frac{\alpha}{2} > 1.$$

故选（C）.

2. 在 $f(x-1) = f(x+7)$ 中，用 $x+1$ 代 x，得

$$f(x) = f(x+8),$$

故 $f(x)$ 是以 8 为周期的周期函数.

又因为 $f(x)$ 是定义在 $\mathbf{R}$ 上的奇函数，

所以 $\qquad\qquad\qquad\qquad f(0)=0,$

因此 $\qquad\qquad\qquad f(2017)-f(2016)$

$$=f(252\times8+1)-f(252\times8+0)$$

$$=f(1)-f(0)=2.$$

故选(C).

3. 当 $b>0$ 时，$1-b<1,1+b>1$，所以由题设的函数，得

$$f(1-b)=2(1-b)+2b=2,$$

$$f(1+b)=-(1+b)-4b=-5b-1,$$

因为 $\qquad\qquad\qquad f(1-b)=f(1+b),$

所以 $\qquad\qquad\qquad\qquad -5b-1=2,$

解得 $\qquad\qquad b=-\dfrac{3}{5}<0$，这与 $b>0$ 矛盾．

当 $b<0$ 时，$1-b>1,1+b<1$，所以由题设的函数，得

$$f(1-b)=-(1-b)-4b=-3b-1,$$

$$f(1+b)=2(1+b)+2b=4b+2,$$

类似于前，有 $\qquad\qquad\qquad -3b-1=4b+2,$

解得 $\qquad\qquad\qquad b=-\dfrac{3}{7}<0.$

故选(B).

4. 选项(A)是上、下面的投影，选项(B)是前、后面的投影，选项(C)是左、右面的投影．

故选(D).

5. 译文： 若函数 $f(x)=\dfrac{-5^x-1}{5^{x+1}-a}$ 是奇函数，则 $a=(\qquad)$

(A)-5. $\qquad$ (B)-1. $\qquad$ (C)0. $\qquad$ (D)5.

解： 由题设得 $\qquad\qquad f(-x)=-f(x),$

即 $\qquad\qquad \dfrac{-5^{-x}-1}{5^{-x+1}-a}=-\dfrac{-5^x-1}{5^{x+1}-a},$

所以 $\qquad -(5^{-x}+1)(5^{x+1}-a)=(5^{-x+1}-a)(5^x+1),$

即 $\qquad -5+a\cdot5^{-x}-5^{x+1}+a=5+5^{-x+1}-a\cdot5^x-a,$

整理得 $\qquad\qquad (a-5)(5^x+5^{-x}+2)=0.$

因为 $\qquad\qquad 5^x+5^{-x}+2>0$ 恒成立，

所以只能是 $\qquad\qquad a-5=0$，即 $a=5.$

故选(D).

另解： 若 0 属于函数 $f(x)$ 的定义域，则

$$f(0)=\dfrac{-1-1}{5-a}=0,$$

即 $\qquad\qquad -2=0$，显然不成立，

所以 $\qquad\qquad x=0$ 不属于 $f(x)$ 的定义域，

因此 $\qquad\qquad x\neq0$ 是 $5^{x+1}-a\neq0$ 的解，

即 $\qquad\qquad x=0$ 是 $5^{x+1}-a=0$ 的解，

于是 $\qquad 5^1-a=0$,即 $a=5$.

故选(D).

6. 根据题设的定义,得

$$f(\alpha)=\begin{vmatrix} \sin\alpha & \cos 2\alpha \\ \cos 2\alpha & -\cos\alpha \end{vmatrix}$$

$$=-\sin\alpha\cos\alpha-\cos^2 2\alpha$$

$$=-\frac{1}{2}\sin 2\alpha+\sin^2 2\alpha-1$$

$$=\left(\sin 2\alpha-\frac{1}{4}\right)^2-\frac{17}{16},$$

因为 $\qquad\qquad \alpha\in\left[0,\dfrac{\pi}{6}\right]$,

所以 $\qquad\qquad 2\alpha\in\left[0,\dfrac{\pi}{3}\right]$,

因此 $\qquad\qquad \sin 2\alpha\in\left[0,\dfrac{\sqrt{3}}{2}\right]$,

又 $\qquad\qquad \dfrac{\sqrt{3}}{2}-\dfrac{1}{4}>\dfrac{1}{4}-0$,

于是,当 $\sin 2\alpha=\dfrac{\sqrt{3}}{2}$ 时,$f(\alpha)$ 取得最大值,为 $-\dfrac{\sqrt{3}+1}{4}$.

故选(B).

7. 令 $a=0$,则 $\qquad\qquad f(b)=f(0)+f(b)+2$,

所以 $\qquad\qquad f(0)=-2$.

令 $a=x,b=-x$,则 $\qquad f(0)=f(x)+f(-x)+2$,

所以 $\qquad\qquad f(x)+f(-x)=-4$,

于是 $f(x)$ 的图像关于 $(0,-2)$ 对称,则 $f(x)+2$ 的图像关于 $(0,0)$ 对称.

故选(A).

另解: 设 $g(x)=f(x)+2$,则

$$g(a+b)=f(a+b)+2$$

$$=f(a)+f(b)+2+2$$

$$=g(a)+g(b).$$

令 $a=0$,则 $\qquad\qquad g(b)=g(0)+g(b)$.

所以 $\qquad\qquad g(0)=0$,

令 $a=x,b=-x$,则 $\qquad g(0)=g(x)+g(-x)=0$,

所以 $g(x)$ 是奇函数.

故选(A).

8. 对于①,有 $\qquad \sin x+\dfrac{3}{\sin x}\geqslant 2\sqrt{3}\ (x\in(0,\pi))$,

再由 $\sin x$ 的有界性知,上式取不到等号,所以①错误.

对于②,由 $\sin 2A=\sin 2B$ 得

$$2A=2B,\text{即 } A=B,$$

或 $$2A = \pi - 2B, 即\ A + B = \frac{\pi}{2},$$

所以②正确.

对于③，因为 $$a > c\ (a, c \in \mathbf{R}^*),$$

所以 $$a + ac > c + ac,$$

即 $$\frac{a}{1+a} > \frac{c}{1+c}.$$

同理 $$\frac{b}{1+b} > \frac{c}{1+c},$$

所以 $$\frac{a}{1+a} + \frac{b}{1+b} > \frac{2c}{1+c} > \frac{c}{1+c},$$

因此③正确.

故选(C).

9. 易知函数 $f(|x|)$ 是偶函数，且在 $(-\infty, 0]$ 上是减函数，在 $[0, +\infty)$ 上是增函数，所以函数 $g(x)$ 也是偶函数，且在 $(-\infty, 0]$ 上是增函数，在 $[0, +\infty)$ 上是减函数.

当 $\lg x \geqslant 0$ 时，由 $g(\lg x) > g(1)$，得

$$\lg x < 1,$$

解得 $$1 \leqslant x < 10.$$

当 $\lg x < 0$ 时，由 $g(\lg x) > g(1) = g(-1)$，得

$$\lg x > -1,$$

解得 $$\frac{1}{10} < x < 1.$$

综上，x 的取值范围是 $\left(\frac{1}{10}, 10\right)$.

故选(C).

10. 当 $a^2 - 1 - 3a + a^2 \leqslant 1$，即 $-\frac{1}{2} \leqslant a \leqslant 2$ 时，

$$f(a) = a^2 - 1 \in [-1, 3],$$

且 $$f\left(-\frac{1}{2}\right) = -\frac{3}{4}, f(0) = -1, f(2) = 3.$$

当 $a^2 - 1 - 3a + a^2 > 1$，即 $a < -\frac{1}{2}$ 或 $a > 2$ 时，

$$f(a) = 3a - a^2 \in (-\infty, 2),$$

且 $$f\left(-\frac{1}{2}\right) = -\frac{7}{4}, f(2) = 2,$$

由此可画出 $f(a)$ 的图像，如图 3 所示.

由图像可知 $b \in \left(-\infty, -\frac{7}{4}\right) \cup \{-1\} \cup \left(-\frac{3}{4}, 2\right)$.

故选(A).

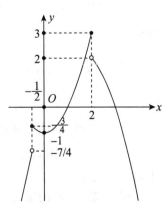

图 3

二、填空题

题号	11	12	13	14	15
答案	n^n	2	12	$(-\infty,-3]\cup[1,+\infty)$	$\left(0,\dfrac{1}{2}\right]\cup\left(1,\dfrac{5}{2}\right)$
题号	16	17	18	19	20
答案	$n-1$	$\dfrac{2\pi}{5}$	$15;210$	$(-\infty,1)\cup(4,5)$	$b<a<c$

提示

11. 不难发现

$$1=1^1,4=2^2,27=3^3,\cdots$$
$$2=1+1,3=2+1,4=3+1,\cdots$$

所以

$$m=n^n,$$

显然 当 $m>n^n$ 时，$x+\dfrac{m}{x^n}>n+1(n\in \mathbf{N}^*)$ 恒成立，

所以 m 的最小值是 n^n.

注：利用均值不等式得 $x+\dfrac{m}{x^n}=\underbrace{\dfrac{x}{n}+\dfrac{x}{n}+\cdots+\dfrac{x}{n}}_{n\text{个}}+\dfrac{m}{x^n}\geqslant (n+1)\sqrt[n+1]{\left(\dfrac{x}{n}\right)^n\cdot\dfrac{m}{x^n}}=(n+1)$

$\sqrt[n+1]{\dfrac{m}{n^n}}$，当且仅当 $\dfrac{x}{n}=\dfrac{m}{x^n}$，即 $x^{n+1}=n\cdot m$ 时，等号成立. 且当 $m\geqslant n^n$ 时，$(n+1)\sqrt[n+1]{\dfrac{m}{n^n}}\geqslant n+1$.

12. 将 $(x+\sqrt{2017})^2$ 展开，可知

$$f(x)=1+\dfrac{2\sqrt{2017}\,x+\sin 2017x}{x^2+2017},$$

其中 $\dfrac{2\sqrt{2017}\,x+\sin 2017x}{x^2+2017}$ 为奇函数，所以 $\dfrac{2\sqrt{2017}\,x+\sin 2017x}{x^2+2017}$ 的最大值与最小值之和为 0.

因此

$$M+m=2.$$

13. 因为

$$\begin{cases} a^2-12\geqslant 0 \\ 12-a^2\geqslant 0 \end{cases},$$

所以 $a^2=12$，即 $a=\pm 2\sqrt{3}$.

当 $a=2\sqrt{3}$ 时，题设原式左边 $=4\sqrt{3}$，右边 $=0$，显然不成立，舍去.

当 $a=-2\sqrt{3}$ 时，题设原式左边 $=4\sqrt{3}=$ 右边 $=4\sqrt{3}\cdot\sqrt{b}$，所以，必须 $b=1$，

于是

$$a^2\cdot b^{2017}=12.$$

14. 函数 $f(x)$ 的定义域为 $\mathbf{R}$，等价于不等式

$$|x+1|+|x-a|\geqslant 2 \text{ 恒成立，}$$

即
$$(|x+1|+|x-a|)_{\min} \geqslant 2 \qquad (*)$$
恒成立.

因为
$$|x+1|+|x-a|$$
$$=|x+1|+|a-x|$$
$$\geqslant |(x+1)+(a-x)|$$
$$=|a+1|,$$

所以,(*)即
$$|a+1| \geqslant 2,$$

解得
$$a \leqslant -3 \text{ 或 } a \geqslant 1,$$

故实数 a 的取值范围是
$$(-\infty, -3] \cup [1, +\infty).$$

15. 若命题 p 为真,则
$$0 < a < 1,$$

若命题 q 为真,令 $f(x)=x^2-6x+4a^2-12a+10$,则由题设,得
$$\begin{cases} f(0)=4a^2-12a+10>0 \\ f(1)=1-6+4a^2-12a+10<0 \end{cases} \text{恒成立,}$$

解得
$$\frac{1}{2} < a < \frac{5}{2}.$$

又"$p \vee q$"为真,"$p \wedge q$"为假,等价于"p 真 q 假"或"p 假 q 真",

即
$$\begin{cases} 0<a<1 \\ a \leqslant \dfrac{1}{2} \text{ 或 } a \geqslant \dfrac{5}{2} \end{cases}, \text{ 或 } \begin{cases} a>1 \\ \dfrac{1}{2}<a<\dfrac{5}{2} \end{cases},$$

所以,a 的取值范围是
$$0 < a \leqslant \frac{1}{2} \text{ 或 } 1 < a < \frac{5}{2}.$$

16. 译文:已知数列 $\{a_n\}$ 的前 n 项和 S_n 满足:
$$(n-1)S_{n+1}=(n+1)S_n (n \in \mathbf{N}^*), \text{且 } a_2=1,$$
则此数列的通项公式 $a_n=$ _____ $(n \in \mathbf{N}^*).$

解: 由 $(n-1)S_{n+1}=(n+1)S_n$,得
$$\frac{S_{n+1}}{S_n}=\frac{n+1}{n-1}, n \geqslant 2,$$

所以
$$\frac{S_3}{S_2} \cdot \frac{S_4}{S_3} \cdot \cdots \cdot \frac{S_n}{S_{n-1}} = \frac{3}{1} \cdot \frac{4}{2} \cdot \cdots \cdot \frac{n-2}{n-4} \cdot \frac{n-1}{n-3} \cdot \frac{n}{n-2},$$

因此
$$\frac{S_n}{S_2}=\frac{n(n-1)}{2}.$$

将 $n=1$ 代入 $(n-1)S_{n+1}=(n+1)S_n$,得
$$a_1=S_1=0.$$

因为
$$a_2=1,$$

所以
$$\text{当 } n=2 \text{ 时}, S_2=a_1+a_2=1,$$

从而
$$S_n=\frac{n(n-1)}{2}(n \geqslant 2).$$

又
$$S_1=\frac{1 \times (1-1)}{2} \text{亦满足上式,}$$

所以
$$S_n=\frac{n(n-1)}{2}(n \in \mathbf{N}^*),$$

于是
$$S_{n-1}=\frac{(n-1)(n-2)}{2}(n\geqslant 2),$$

因此
$$a_n=S_n-S_{n-1}$$
$$=\frac{n(n-1)}{2}-\frac{(n-1)(n-2)}{2}$$
$$=n-1(n\geqslant 2).$$

又　　　　　　　　　　　　$a_1=1-1$ 亦满足上式，

所以　　　　　　　　　　　$a_n=n-1(n\in\mathbf{N}^*)$.

17. 因为点 A 在函数 $f(x)$ 的图像上，所以
$$f\left(\frac{19}{6}\right)=2\sin\left(\frac{19\omega}{6}+\varphi\right)=1,$$

即　　　　　　　　　　　$\sin\left(\frac{19\omega}{6}+\varphi\right)=\frac{1}{2},$

则　　　　　　　$\frac{19\omega}{6}+\varphi=2k\pi+\frac{5\pi}{6}(k\in\mathbf{Z}).$　　　　　①

又点 B 在函数 $f(x)$ 图像上，

所以　　　　　$f\left(\frac{17}{3}\right)=2\sin\left(\frac{17\omega}{3}+\varphi\right)=\sqrt{3},$

即　　　　　　　　　$\sin\left(\frac{17\omega}{3}+\varphi\right)=\frac{\sqrt{3}}{2},$

则　　　　　　$\frac{17\omega}{3}+\varphi=2n\pi+\frac{\pi}{3}(n\in\mathbf{N}).$

如图 4，点 A 所在的周期与点 B 所在的周期相差 2 个周期，所以

$$\frac{17\omega}{3}+\varphi=2k\pi+4\pi+\frac{\pi}{3}(k\in\mathbf{Z}).$$　　　　　②

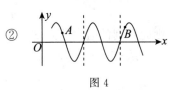

图 4

由②－①，得　　　　　　$\frac{5\omega}{2}=\frac{7\pi}{2},$

解得　　　　　　　　　　　$\omega=\frac{7\pi}{5},$

代入①得　　　　　　　$\varphi=2k\pi-\frac{18\pi}{5},$

又　　　　　　　　　　　　$|\varphi|<\pi,$

所以　　　　　　　　　　　$\varphi=\frac{2\pi}{5}.$

18. 集合 M 中含 2 个元素的子集有 15 个：
$$\{1,2\},\{1,3\},\{1,4\},\{1,5\},\{1,6\},$$
$$\{2,3\},\{2,4\},\{2,5\},\{2,6\},\{3,4\},$$
$$\{3,5\},\{3,6\},\{4,5\},\{4,6\},\{5,6\},$$

那么这些集合的补集也有 15 个，每个均含 4 个元素，且这些集合中，有 10 个含元素"1"，有 10 个含元素"2"，……即每个数字均出现 10 次，

故所有元素之和是　　　　　　$10(1+2+3+4+5+6)=210.$

另解：由上解得这些集合的补集也有 15 个，每个均含 4 个元素，

所以，这些集合中共有元素 　　　　　　　$15 \times 4 = 60$（个），

因此，6 个数字每个出现 　　　　　　　$60 \div 6 = 10$（次），

故所有元素之和是 　　　　　$10(1+2+3+4+5+6) = 210$.

19. 因为 　　　　　$f(x) = \dfrac{3x - 4a + 5}{x - a} = 3 + \dfrac{5 - a}{x - a}$,

所以 $f(x)$ 的图像是由反比例函数 $g(x) = \dfrac{5 - a}{x}$ 按 $(a, 3)$ 平移而得.

因为 $g(x) = \dfrac{5 - a}{x}$ 在 $[1, 4]$ 上单调递减，

所以 　　　　　　　　　　$5 - a > 0$，即 $a < 5$.

如图 5，若 $x \in [1, 4]$ 位于 $f(x)$ 图像的右支，则

　　　　　　　　　　$a < 1$，因此 $a < 1$.

如图 6，若 $x \in [1, 4]$ 位于 $f(x)$ 图像的左支，则

　　　　　　　　　　$a > 4$，因此 $4 < a < 5$.

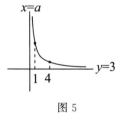　　　　　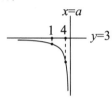

图 5 　　　　　　　　　　　　图 6

故常数 a 的取值范围是 $(-\infty, 1) \cup (4, 5)$.

20. 因为 　　　　　　　　$a = \log_{64} 3$

　　　　　　　　　　　　$= \dfrac{1}{6} \log_2 3$

　　　　　　　　　　　　$> \dfrac{1}{6} \log_2 \sqrt{8}$

　　　　　　　　　　　　$= \dfrac{1}{6} \log_2 2^{\frac{3}{2}} = \dfrac{1}{4}$,

且 　　　　　　　　$a = \log_{64} 3 < \log_{64} 4 = \dfrac{1}{3}$,

所以 　　　　　　　　　　$\dfrac{1}{4} < a < \dfrac{1}{3}$.

因为 　　　　　　　　$\lg 2 > 0，\lg 5 > 0$,

所以 　　　　$b = \lg 2 \lg 5 < \left(\dfrac{\lg 2 + \lg 5}{2}\right)^2 = \dfrac{1}{4}$.

因为 　　　　$c = \dfrac{1}{6} \log_{0.9} 0.8 > \dfrac{1}{6} \log_{0.9} 0.81 = \dfrac{1}{3}$,

所以 　　　　　　　$c > \dfrac{1}{3} > a > \dfrac{1}{4} > b$,

故 　　　　　　　　　　$b < a < c$.

三、解答题

21. (1)要使函数 $f(x)=\log_{2a+1}[x^2+(a-1)x+1]$ 的定义域为 **R**,需要 $x^2+(a-1)x+1>0$ 恒成立,所以

$$\Delta=(a-1)^2-4<0,$$

解得

$$-1<a<3.$$

因为

$$2a+1>0,\text{且 }2a+1\neq1,$$

所以

$$a>-\frac{1}{2},\text{且 }a\neq0.$$

综上,a 的取值范围是

$$\left(-\frac{1}{2},0\right)\cup(0,3).$$

(2)要使函数 $f(x)=\log_{2a+1}[x^2+(a-1)x+1]$ 的值域为 **R**,需要函数 $g(x)=x^2+(a-1)x+1$ 的值域包含 $(0,+\infty)$. 所以

$$\Delta=(a-1)^2-4\geqslant0,$$

解得

$$a\leqslant-1\text{ 或 }a\geqslant3.$$

因为

$$a>-\frac{1}{2},\text{且 }a\neq0,$$

所以

$$a\geqslant3.$$

22. (1)由 $f(x)+f(-x)=0$,得函数 $f(x)$ 是奇函数.

(2)令 $t=4\cos x+5(t\in[1,9])$,则

$$\cos x=\frac{t-5}{4},$$

所以

$$\sin^2 x=1-\cos^2 x$$

$$=1-\frac{t^2-10t+25}{16}$$

$$=\frac{-t^2+10t-9}{16}.$$

因此

$$(f(x))^2=\frac{\sin^2 x}{4\cos x+5}$$

$$=\frac{-t^2+10t-9}{16t}$$

$$=-\frac{1}{16}\left(t+\frac{9}{t}\right)+\frac{10}{16}.$$

令 $g(t)=t+\frac{9}{t}(t\in[1,9])$,则 $g(t)$ 在 $t\in[1,3]$ 时,单调递减;在 $t\in(3,9]$ 时,单调递增.

所以

$$\text{当 }t=3\text{ 时,}g(t)_{\min}=6.$$

$$\text{当 }t=1\text{ 或 }t=9\text{ 时,}g(t)_{\max}=10.$$

即

$$6\leqslant g(x)\leqslant10.$$

因此 $$0\leqslant (f(x))^2\leqslant \frac{1}{4},$$

于是 $$-\frac{1}{2}\leqslant f(x)\leqslant \frac{1}{2}.$$

当 $\begin{cases} \cos x=-\dfrac{1}{2} \\ \sin x=\dfrac{\sqrt{3}}{2} \end{cases}$,即 $x=\dfrac{2\pi}{3}+2k\pi(k\in \mathbf{Z})$ 时,$f(x)_{\max}=\dfrac{1}{2}$;

当 $\begin{cases} \cos x=-\dfrac{1}{2} \\ \sin x=-\dfrac{\sqrt{3}}{2} \end{cases}$,即 $x=\dfrac{4\pi}{3}+2k\pi(k\in \mathbf{Z})$ 时,$f(x)_{\min}=-\dfrac{1}{2}$.

23.(1)因为 $$2S_n=2a_n{}^2+a_n-1,$$ ①

所以 $$2S_{n+1}=2a_{n+1}{}^2+a_{n+1}-1,$$ ②

由②-①,得 $$2a_{n+1}=2(a_{n+1}{}^2-a_n{}^2)+(a_{n+1}-a_n),$$

即 $$2(a_{n+1}{}^2-a_n{}^2)-(a_{n+1}+a_n)=0,$$

因此 $$(a_{n+1}+a_n)(2a_{n+1}-2a_n-1)=0.$$

因为 a_{n+1},a_n 均为正数,

所以 $$a_{n+1}+a_n>0,$$

于是 $$2a_{n+1}-2a_n-1=0,$$

即 $$a_{n+1}-a_n=\frac{1}{2}.$$

又因为 当 $n=1$ 时,$2S_1=2a_1=2a_1{}^2+a_1-1,$

解得 $$a_1=1 \text{ 或 } -\frac{1}{2}(\text{舍去}),$$

所以数列 $\{a_n\}$ 是首项为 1,公差为 $\frac{1}{2}$ 的等差数列,

因此 $$a_n=1+\frac{1}{2}(n-1)=\frac{n+1}{2}.$$

(2)因为 $$a_n=\frac{n+1}{2},$$

$$b_{n+1}=b_n{}^2+b_n-\frac{a_n}{2(n+1)},$$

所以 $$b_{n+1}=b_n{}^2+b_n-\frac{1}{4},$$

即 $$b_{n+1}+\frac{1}{2}=\left(b_n+\frac{1}{2}\right)^2.$$

又因为 $$b_1=\frac{3}{2},$$

所以,对于任意 $n\in \mathbf{N}^*$,有 $$b_n+\frac{1}{2}>0,$$

因此
$$\log_2\left(b_{n+1}+\frac{1}{2}\right)=\log_2\left(b_n+\frac{1}{2}\right)^2,$$

设 $c_n=\log_2\left(b_n+\frac{1}{2}\right)$，则
$$c_{n+1}=2c_n,$$

又
$$c_1=\log_2\left(b_1+\frac{1}{2}\right)=1,$$

所以 $\{c_n\}$ 是首项为 1，公比为 2 的等比数列，

因此
$$c_n=2^{n-1}.$$

于是
$$b_n+\frac{1}{2}=2^{c_n}=2^{2^{n-1}},$$

故
$$b_n=2^{2^{n-1}}-\frac{1}{2}.$$

第 29 届（2018 年）

第1试

一、选择题

以下每题的四个选项中，仅有一个是正确的，请将正确答案前的英文字母写在每题后面的圆括号内.

1. 已知集合 $A=\{x\,|\,y=\lg(x-x^2)\}$，$B=\{x\,|\,cx-x^2>0\}$，若 $A\subseteq B$，则 c 的取值范围是（　　）

　(A)$(0,1]$.　　　　(B)$[1,+\infty)$.　　　　(C)$(0,1)$.　　　　(D)$(1,+\infty)$.

2. 若 $f(x)=x\,|\,t^2+2t-x\,|+4-t^2$，则 $f(x)$ 是奇函数的充要条件是 $t=$（　　）

　(A)-2.

　(B)2.

　(C)$0,-2$.

　(D)$0,-2,2$.

3. 执行如图 1 所示的程序框图，如果输入的 $x\in[-3,3]$，则输出的 y 的取值范围是（　　）

　(A)$[-5,-1]$.

　(B)$[-2,7]$.

　(C)$[-3,0]$.

　(D)$[-3,7]$.

4. Known a,b,c are sides of $\triangle ABC$, $\log_a b$ is the only solution of the equation $x^2-2x+\sin C+\cos C=0$, then $\triangle ABC$ is a（　　）

　(A)acute triangle.

　(B)equilateral triangle.

　(C)obtuse angled triangle.

　(D)isosceles right-angled triangle.

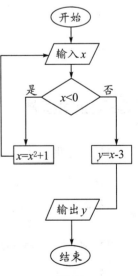

图 1

5. 在数列 $\{a_n\}$ 中，若 $a_1=2$，$a_2=7$，a_{n+2} 等于 $a_n a_{n+1}$ 的个位数字，则 $a_{2018}=$（ 　 ）

(A) 2. 　　　　(B) 4. 　　　　(C) 6. 　　　　(D) 8.

6. 函数 $f(x)=\log_a(-x^2+\log_{2a}x)$ 的定义域为 $\left(0,\dfrac{1}{2}\right)$，则 a 的取值范围是（ 　 ）

(A) $\left(0,\dfrac{1}{32}\right)$. 　　　　　　　　(B) $\left\{\dfrac{1}{32}\right\}$.

(C) $\left(\dfrac{1}{32},\dfrac{1}{2}\right)\cup\left(\dfrac{1}{2},1\right)$. 　　　　(D) $(1,+\infty)$.

7. 对一切实数 x，不等式 $x^4+(a-2)x^2+1\geqslant0$ 恒成立，则实数 a 的取值范围是（ 　 ）

(A) $[0,+\infty)$. 　　(B) $(-\infty,0]$. 　　(C) $(4,+\infty)$. 　　(D) $[0,4]$.

8. 在 $\triangle ABC$ 中，角 A，B，C 对应的边分别为 a，b，c，若角 A，B，C 成等差数列且 $\sin B+\sin(A-C)=3\sin 2C$. 有以下四个结论：

①$\triangle ABC$ 一定是锐角三角形；

②$a<b<c$；

③$c<b<a$；

④$\triangle ABC$ 不可能是锐角三角形.

其中，一定正确的结论的个数是（ 　 ）

(A)0 个. 　　(B)1 个. 　　(C)2 个. 　　(D)3 个.

9. 已知函数 $f(x)=A\sin(\omega x+\varphi)$，$A>0$，$\omega>0$. 若 $f(x)$ 是区间 $\left[\dfrac{\pi}{6},\dfrac{\pi}{2}\right]$ 上的单调函数，且 $f\left(\dfrac{\pi}{2}\right)=f\left(\dfrac{2\pi}{3}\right)=-f\left(\dfrac{\pi}{6}\right)$，则 $\omega=$（ 　 ）

(A) $\dfrac{1}{3}$. 　　(B) $\dfrac{1}{2}$. 　　(C) 2. 　　(D) 3.

10. 若 $f(x)=\dfrac{x^2-2(a+1)x+a^2+3a}{x-a}$ 在 $[2,+\infty)$ 单调递增，那么实数 a 的取值范围是（ 　 ）

(A)$[0,1]$. 　　(B)$(0,1]$. 　　(C)$(-\infty,1]$. 　　(D)$[0,2]$.

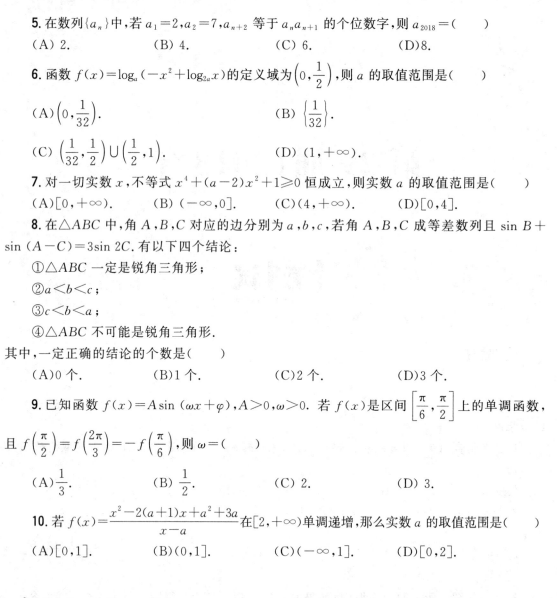

二、A组填空题

11. 已知集合 $A=\{a,b,c,10\}$，$B=\{1,ab,bc,ac\}$ 且 $A=B$，$A\subseteq\mathbf{N}$，$B\subseteq\mathbf{N}$，则 $a+b+c=$ _____ .

12. 数列 $\{a_n\}$ 的通项公式 $a_n=(n+1)\sin\dfrac{n\pi}{2}-1$，则它的前 2018 项的和是 _____ .

13. 函数 $y=\sin^2x\cos^2x+\dfrac{1}{\sin^2x\cos^2x}$ 的最小值是 _____ .

14. 已知 $f(x)=|x-1|+|x+2|$，$g(x)=x^2-2x$，若存在实数 x_0，使得 $f(x_0)<g(m)$ 成立，则实数 m 的取值范围是 _____ .

15. 定义在 $[0,+\infty)$ 上的函数 $f(x)$ 满足 $2f(x)-3f(x+2)=0$，当 $x\in[0,2)$ 时，$f(x)=x^2-2x+3$. 设 $f(x)$ 在 $[2n-2,2n]$ 上的最小值为 a_n，则 $a_n=$_____.

16. 已知 $f(x)$ 是定义在 R 上的偶函数，且在 $(-\infty,0]$ 上是减函数，设 $a=f(\log_2 3)$，$b=f(\log_{\frac{1}{2}} 3)$，$c=f(0.2^{-0.6})$，则 a,b,c 的大小关系是_____.

17. 小明总是想隐瞒自己的成绩，他的四个朋友对此很好奇，聚在一起猜测，

甲说："小明得 85 分."

乙说："小明至少得 90 分."

丙说："小明得分不到 95 分."

丁说："小明最少得 80 分."

其中，他们四人中只有一人猜对了，则猜对的人是_____.

18. The value of $\dfrac{1}{\sin 40°}+\dfrac{1}{\tan 80°}$ is _____.

19. 已知实数 x,y 满足 $3x^2-4xy+3y^2=4$，若 $S=x^2+y^2$，则 S 的取值范围是_____.

20. 已知集合 $A\subseteq\{1,2,3,\cdots,2017\}$，$B\subseteq A$，若集合 B 中的任意两个元素之和均不能被 3 整除，则集合 B 中最多有_____个元素.

📖 三、B组填空题

21. 集合 $\left\{\dfrac{3}{x}+y\mid 1\leqslant x\leqslant y\leqslant 2\right\}$ 中最大元素是_____，最小元素是_____.

22. 已知函数 $f(x)$ 的定义域为实数集 $\mathbf{R}$，对任意 $x,y\in\mathbf{R}$，都有 $f(x+y)=f(x)+f(y)$.

(1) 函数 $f(x)$ 是_____函数（填"奇"或"偶"）；

(2) 若 $x>0$ 时，$f(x)<0$，$f(1)=-2$，则 $f(x)$ 在区间 $[-3,3]$ 上的最大值是_____.

23. 集合 $A=\left\{a_n\mid \dfrac{3^{a_n}+4^{a_n}}{5}\in\mathbf{N}^*,a_n\in\mathbf{N}^*\right\}$，$B=\{b_n\}$，$A\cap B=\varnothing$，$A\cup B=\mathbf{N}^*$，那么 $\{a_n\}$ 的通项公式 $a_n=$_____，$\{b_n\}$ 的前 100 项和 $\sum\limits_{n=1}^{100}b_n=$_____.

24. 如图 2 所示，$\odot O$ 是 $\triangle ABC$ 的外接圆，PA 切 $\odot O$ 于点 A，交 BC 的延长线于点 P，若 $PA=7$，$AC=5$，$\angle ACP=120°$，则 CP 的长是_____；$\odot O$ 的直径是_____.

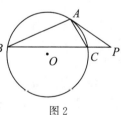

图 2

25. 已知数列 $\{a_n\}(n\in\mathbf{N}^*)$ 是公差为 d 的等差数列，且 $3a_5=8a_{12}>0$.

(1) 若 $a_n\leqslant 0$，则 n 的最小值是_____；

(2) 若数列 $\{b_n\}$ 满足 $b_n=a_n\cdot a_{n+1}\cdot a_{n+2}(n\in\mathbf{N}^*)$，$S_n$ 表示 $\{b_n\}$ 的前 n 项和，则 S_n 取得最大值时，$n=$_____.

一、选择题

题号	1	2	3	4	5	6	7	8	9	10
答案	B	A	D	D	A	B	A	B	C	C

提 示

1. 由 A 知 $x-x^2>0, x\in(0,1)$，

由 $B=\{x\mid cx-x^2>0\}$ 且 $A\subseteq B$ 知 $x\in(0,c)$，

所以 $c\geqslant 1$.

故选（B）.

2. 因为 $f(x)$ 是奇函数，

所以 $f(-x)+f(x)=0$，

于是 $-x|t^2+2t+x|+4-t^2+x|t^2+2t-x|+4-t^2=0$，

可得 $\begin{cases} 4-t^2=0 \\ |t^2+2t+x|-|t^2+2t-x|=0 \quad x\in\mathbf{R} \end{cases}$,

解得 $t=-2$.

故选（A）.

3. 当 $x<0$ 时，即 $x\in[-3,0), x=x^2+1\in(1,10]$，所以

$$y=x-3\in(-2,7];$$

当 $x\geqslant 0$ 时，即 $x\in[0,3]$，所以

$$y=x-3\in[-3,0],$$

所以 $y\in[-3,7]$.

故选（D）.

4. **译文**: 若 a,b,c 是 $\triangle ABC$ 的三边，且 $\log_a b$ 是关于 x 的二次方程 $x^2-2x+\sin C+\cos C=0$ 的唯一解，则 $\triangle ABC$ 的形状是（　　）

(A)锐角三角形.　　　　　　　　(B)等边三角形.

(C)钝角三角形.　　　　　　　　(D)等腰直角三角形.

解: 因为 $\log_a b$ 是方程 $x^2-2x+\sin C+\cos C=0$ 的两等根，所以

$$\log_a b=1, 即 a=b\neq 1,$$

$$\sin C+\cos C=1,$$

于是 $\sin\left(C+\dfrac{\pi}{4}\right)=\dfrac{\sqrt{2}}{2}$,

因为
$$\frac{\pi}{4} < C + \frac{\pi}{4} < \frac{5}{4}\pi,$$

所以
$$C + \frac{\pi}{4} = \frac{3}{4}\pi,\ \text{即}\ C = \frac{\pi}{2},$$

于是 $\triangle ABC$ 是等腰直角三角形.

故选（D）.

5. 通过具体计算可知，$\{a_n\}$ 的项依次是 $2,7,4,8,2,6,2,2,4,8,2,6,2,2,\cdots$
由此可知 $\{a_n\}$ 从第三项起每 6 项一循环.

因为
$$(2018-2) \div 6 = 336,$$

所以
$$a_{2018} = a_8 = 2.$$

故选（A）.

6. 要使函数 $f(x) = \log_a(-x^2 + \log_{2a}x)$ 有意义，则
$$\begin{cases} -x^2 + \log_{2a}x > 0 \\ x > 0 \end{cases},\ \text{即}\ \begin{cases} \log_{2a}x > x^2 \\ x > 0 \end{cases}.$$

因为 $\log_{2a}x > x^2$，所以
$$2a \in (0,1).$$

令 $y_1 = x^2,\ y_2 = \log_{2a}x$，在同一坐标系内，分别作出这两个函数的图像（如图 3）. 因为 $x \in \left(0, \dfrac{1}{2}\right)$，$y_1 = x^2$ 的图像过点 $\left(\dfrac{1}{2}, \dfrac{1}{4}\right)$，所以 $y_2 = \log_{2a}x$ 的图像过点 $\left(\dfrac{1}{2}, \dfrac{1}{4}\right)$，即

$$\log_{2a}\frac{1}{2} = \frac{1}{4},\ \text{解得}\ a = \frac{1}{32},$$

于是 a 的取值范围是 $\left\{\dfrac{1}{32}\right\}$.

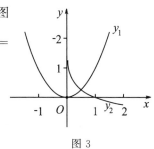

图 3

故选（B）.

7. 设 $x^2 = t(t \geqslant 0)$，于是问题转化为：对一切 $t \geqslant 0$，不等式 $t^2 + (a-2)t + 1 \geqslant 0$ 恒成立时，求实数 a 的取值范围.

设 $f(t) = t^2 + (a-2)t + 1(t \geqslant 0)$，则必须满足
$$\Delta = (a-2)^2 - 4 \leqslant 0, \qquad\qquad ①$$

或
$$\begin{cases} -\dfrac{a-2}{2} < 0 \\ \Delta = (a-2)^2 - 4 > 0 \end{cases}, \qquad\qquad ②$$

解①，得
$$0 \leqslant a \leqslant 4,$$

解②，得
$$a > 4,$$

所以
$$a \geqslant 0.$$

故选（A）.

8. 由 A,B,C 等差，得
$$2B = A + C \Leftrightarrow B = 60°,$$

所以
$$\sin B = \sin(A+C),$$

即 $$\sin (A+C)+\sin (A-C)=3\sin 2C,$$

所以 $$2\sin A\cos C=6\sin C\cos C,$$

(1)若 $\cos C=0$，则 $C=90°,B=60°,A=30°,c$ 边最大，a 边最小.

(2)若 $\cos C\neq 0$，则 $\dfrac{\sin A}{\sin C}=\dfrac{a}{c}=3,a$ 边最大，c 边最小.

因为 $$a=3c,B=60°,$$

所以 $$b^2=a^2+c^2-2ac\cos B,$$

代入整理，得 $$b=\sqrt{7}c,$$

所以 $$\cos A=\dfrac{b^2+c^2-a^2}{2bc}<0,$$

所以 $\angle A$ 为钝角.

以上两种情况说明 $\triangle ABC$ 可能是直角三角形或钝角三角形.

故选(B).

9. 因为 $f(x)$ 在区间 $\left[\dfrac{\pi}{6},\dfrac{\pi}{2}\right]$ 上单调，设 $f(x)$ 的周期为 T，所以

$$\dfrac{T}{2}\geqslant \dfrac{\pi}{2}-\dfrac{\pi}{6}=\dfrac{\pi}{3}，即 T\geqslant \dfrac{2\pi}{3},$$

又 $$f\left(\dfrac{\pi}{2}\right)=f\left(\dfrac{2\pi}{3}\right),$$

且 $$\dfrac{2\pi}{3}-\dfrac{\pi}{2}=\dfrac{\pi}{6}<\dfrac{2\pi}{3}\leqslant T,$$

所以 $x=\dfrac{2\pi}{3}$ 和 $x=\dfrac{\pi}{2}$ 对应的函数在同一周期内.

据此作出函数 $f(x)$ 的大致图像（如图 4）.

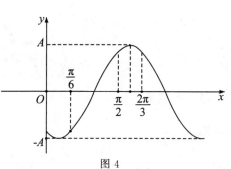

图 4

因为 $$f\left(\dfrac{2\pi}{3}\right)=-f\left(\dfrac{\pi}{6}\right),$$

所以，根据图 4 得

$$\dfrac{T}{2}=\dfrac{2\pi}{3}-\dfrac{\pi}{6}=\dfrac{\pi}{2}，即 T=\pi,$$

于是 $$\omega=\dfrac{2\pi}{T}=2.$$

故选(C).

10. $$f(x)=\dfrac{x^2-2ax+a^2-2(x-a)+a}{x-a}$$

$$=(x-a)+\dfrac{a}{x-a}-2$$

(1)若 $a=0$，则 $f(x)=x-2(x\neq 0)$，故 $f(x)$ 在 $[2,+\infty)$ 单调递增.

(2)若 $a<0$，则 $x-a$ 在 $[2,+\infty)$ 单调递增，$\dfrac{a}{x-a}$ 在 $[2,+\infty)$ 单调递增，故 $f(x)$ 在 $[2,+\infty)$ 单调递增.

（3）若 $a>0$，则当 $x-a=\dfrac{a}{x-a}$ 时，

$$(x-a)^2=a,$$

此时

$$x=a+\sqrt{a},$$

所以 $f(x)$ 在 $[a+\sqrt{a},+\infty)$ 上单调递增，

故

$$a+\sqrt{a}\leqslant 2,$$

即

$$a+\sqrt{a}-2\leqslant 0,$$

解得

$$0<a\leqslant 1.$$

综上，a 的取值范围是 $(-\infty,1]$.

故选（C）.

二、A组填空题

题号	11	12	13	14	15
答案	8	-1008	$\dfrac{17}{4}$	$(-\infty,-1)\cup(3,+\infty)$	$\dfrac{2^n}{3^{n-1}}$
题号	16	17	18	19	20
答案	$a=b<c$	丙	$\sqrt{3}$	$\left[\dfrac{4}{5},4\right]$	674

提 示

11. 令 $a=1$，则

$$bc=10,abc=10,$$

故

$$a+b+c=8.$$

12.

$$a_1=2\times 1-1,$$
$$a_2=3\times 0-1,$$
$$a_3=4\times(-1)-1,$$
$$a_4=5\times 0-1,$$
$$a_5=6\times 1-1,$$
$$\cdots\cdots$$

所以

$$S_{2018}=\underbrace{(2-4)+(6-8)+\cdots+(2014-2016)}_{504项}+2018-2018$$
$$=504\times(-2)$$
$$=-1008.$$

13. 令 $t=\sin^2 x\cdot\cos^2 x$，则

$$0\leqslant t=\frac{1}{4}\sin^2 2x\leqslant\frac{1}{4},$$

所以
$$y = t + \frac{1}{t}, t \in \left(0, \frac{1}{4}\right],$$

因为 $t + \frac{1}{t}$ 在 $\left(0, \frac{1}{4}\right]$ 上单调递减,所以当 $t = \frac{1}{4}$ 时,y 取得最小值 $\frac{17}{4}$.

14. 因为 $f(x) = |x-1| + |x+2| \geqslant |(x-1)-(x+2)| = 3$,即 $f(x)$ 的最小值是 3,若存在实数 x_0,使得 $f(x_0) < g(m)$ 成立,只需 $3 < m^2 - 2m$,解得 $m < -1$ 或 $m > 3$,即 m 的取值范围是 $(-\infty, -1) \cup (3, +\infty)$.

15. $n = 1$ 时,$x \in [0, 2)$,$f(x)_{\min} = f(1) = 2 = a_1$,

$n = 2$ 时,$x \in [2, 4)$,$f(x)_{\min} = f(3) = \frac{2}{3}f(1) = \frac{4}{3} = a_2$,

……

$n = k$ 时,$x \in [2k-2, 2k)$,$f(x)_{\min} = \frac{2}{3}f(2k-1) = a_k$,

所以 $\{a_n\}$ 是等比数列,首项 $a_n = 2$,公比 $q = \frac{2}{3}$,$a_n = 2\left(\frac{2}{3}\right)^{n-1} = \frac{2^n}{3^{n-1}}$.

16. 因为 $f(x)$ 为 **R** 上的偶函数,在 $(-\infty, 0]$ 上是减函数,所以 $f(x)$ 在 $(0, +\infty)$ 上是增函数,如图 5 所示.

又因为
$$\log_2 3 \in (1, 2),$$
$$\log_{\frac{1}{2}} 3 = -\log_2 3 \in (-2, -1),$$
$$0.2^{-0.6} = 5^{\frac{3}{5}} > 5^{\frac{1}{2}} > 2,$$

所以
$$a = b < c.$$

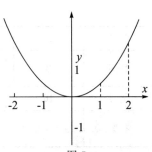

图 5

17. 如果甲对,那么丙、丁都对;如果乙对,那么丁对;如果丁对,则乙、丙至少有一人对. 所以只有丙对.

18. 译文:$\dfrac{1}{\sin 40°} + \dfrac{1}{\tan 80°}$ 的值是 _____.

$$原式 = \frac{1}{\sin 40°} + \frac{\cos 80°}{\sin 80°}$$

$$= \frac{2\cos 40° + \cos 80°}{\sin 80°}$$

$$= \frac{\cos 40° + \sin 10° + \cos 40°}{\sin 80°}$$

$$= \frac{\cos(10° + 30°) + \sin 10° + \cos 40°}{\sin 80°}$$

$$= \frac{\frac{\sqrt{3}}{2}\cos 10° + \frac{1}{2}\sin 10° + \cos 40°}{\sin 80°}$$

$$= \frac{\cos 20° + \cos 40°}{\sin 80°}$$

$$= \frac{\cos(30° - 10°) + \cos(30° + 10°)}{\sin 80°}$$

$$= \frac{2\cos 30° \cdot \cos 10°}{\sin 80°}$$

$$= \frac{\sqrt{3}\cos 10°}{\sin 80°}$$

$$= \sqrt{3}.$$

另解： 由上面的解法，得

$$原式 = \frac{\cos 20° + \cos 40°}{\sin 80°}$$

$$= \frac{\cos 20° + \cos(60° - 20°)}{\sin 80°}$$

$$= \frac{\cos 20° + \dfrac{1}{2}\cos 20° + \dfrac{\sqrt{3}}{2}\sin 20°}{\sin 80°}$$

$$= \frac{\sqrt{3}\left(\dfrac{\sqrt{3}}{2}\cos 20° + \dfrac{1}{2}\sin 20°\right)}{\sin 80°}$$

$$= \sqrt{3}$$

19. 由 $S = x^2 + y^2$，可设 $x = \sqrt{S}\sin\alpha$，$y = \sqrt{S}\cos\alpha$，代入 $3x^2 - 4xy + 3y^2 = 4$，得

$$3S \times \sin^2\alpha - 4S \times \sin\alpha\cos\alpha + 3S \times \cos^2\alpha = 4,$$

即

$$S = \frac{4}{3 - 2\sin 2\alpha}.$$

因为

$$-1 \leqslant \sin 2\alpha \leqslant 1,$$

所以

$$1 \leqslant 3 - 2\sin 2\alpha \leqslant 5,$$

于是

$$\frac{4}{5} \leqslant \frac{4}{3 - 2\sin 2\alpha} \leqslant 4,$$

因此 S 的取值范围是 $\left[\dfrac{4}{5}, 4\right]$.

另解： 因为 $\quad 3x^2 - 4xy + 3y^2 \leqslant 3(x^2 + y^2) + 2(x^2 + y^2)$，

所以 $\quad S = x^2 + y^2 \geqslant \dfrac{4}{5}$，（当 $x + y = 0$ 时，等号成立）

又 $\quad x^2 + y^2 \geqslant 2xy$，

所以 $\quad -2(x^2 + y^2) \leqslant -4xy$，

故 $\quad 3(x^2 + y^2) - 2(x^2 + y^2) \leqslant 4$，

即 $\quad x^2 + y^2 \leqslant 4$，（当 $x = y$ 时，等号成立）

因此 $\quad \dfrac{4}{5} \leqslant S \leqslant 4$.

20. 可把集合 $\{1, 2, 3, \cdots, 2017\}$ 划分为下面的 3 个集合：

$C = \{1, 4, 7, \cdots, 2014, 2017\}$，$D = \{2, 5, 8, \cdots, 2015\}$，$E = \{3, 6, 9, \cdots, 2016\}$，

可得集合 C 中有 673 个元素，集合 D 和集合 E 中都有 672 个元素.

显然，集合 E 中至多选一个元素与集合 C 构成的新集合满足题设，所以，集合 B 中的元素个数的最大值是 674.

三、B组填空题

题号	21	22	23	24	25
答案	$5;2\sqrt{3}$	奇;6	$4n-2;6733$	$3;\dfrac{70\sqrt{3}}{9}$	$17;16$

提 示

21. 因为

$$1\leqslant x\leqslant y\leqslant 2,$$

所以

$$\frac{3}{x}+y\leqslant\frac{3}{1}+2=5,$$

于是 $\frac{3}{x}+y$ 的最大值是 5.

因为

$$\frac{3}{x}+y\geqslant\frac{3}{x}+x\geqslant 2\sqrt{3},\text{（当且仅当 } y=x=\sqrt{3}\text{时，等号成立）}$$

所以 $\frac{3}{x}+y$ 的最小值是 $2\sqrt{3}$.

故集合 $\left\{\frac{3}{x}+y\mid 1\leqslant x\leqslant y\leqslant 2\right\}$ 中最大元素与最小元素分别是 $5,2\sqrt{3}$.

22. (1) 因为对任意 $x,y\in\mathbf{R}$,都有 $f(x+y)=f(x)+f(y)$,

令 $x=y=0$,可得

$$f(0)=f(0)+f(0),$$

即

$$f(0)=0.$$

令 $y=-x$,得

$$f(x-x)=f(x)+f(-x),$$

所以

$$f(x)+f(-x)=0.$$

于是函数 $f(x)$ 为奇函数.

(2)任取 $-3\leqslant x_1<x_2\leqslant 3$,则

$$x_2-x_1>0,$$

因为 $x>0$ 时,

$$f(x)<0,$$

所以

$$f(x_2-x_1)<0,$$

于是

$$f(x_2-x_1)=f(x_2)+f(-x_1)=f(x_2)-f(x_1)<0,$$

因此函数 $f(x)$ 在区间 $[-3,3]$ 上是减函数,

那么,当 $x=-3$ 时,函数 $f(x)$ 取最大值,即

$$f(x)_{\max}=f(-3)$$
$$=-f(3)$$
$$=-f(1+2)$$
$$=-[f(1)+f(2)]$$
$$=-[f(1)+f(1)+f(1)]$$
$$=-3f(1)$$
$$=6.$$

23. 注意到

$$3^1 + 4^1 = 7,$$
$$3^2 + 4^2 = 9 + 16 = 25,$$
$$3^3 + 4^3 = 27 + 64 = 91,$$
$$3^4 + 4^4 = 81 + 256 = 337,$$
$$3^5 + 4^5 = 243 + 1024 = 1267,$$
$$3^6 + 4^6 = 729 + 4096 = 4395,$$

3^n 的末位数字分别是 $3,9,7,1,3,9,7,1,\cdots$

4^n 的末位数字分别是 $4,6,4,6,4,6,4,6,\cdots$

a_n 的取值	1	2	3	4	5	6	7	8	9	10	11
3^{a_n} 的末位数字	3	9	7	1	3	9	7	1	3	9	7
4^{a_n} 的末位数字	4	6	4	6	4	6	4	6	4	6	4
$3^{a_n} + 4^{a_n}$ 的末位数字	7	5	1	7	7	5	1	7	7	5	1

仅当 $a_n = 4n - 2$ 时，$3^{a_n} + 4^{a_n}$ 之和的末位数之和为 5，使 $\dfrac{3^{a_n} + 4^{a_n}}{5}$ 是正整数，

所以
$$a_n = 4n - 2,$$

则 $\{b_n\}$ 数列各项依次是 $1,3,4,5,7,8,9,\cdots$ 除 1 外，每三项均为连续正整数.

令 $b_2 + b_3 + b_4 = c_1, b_5 + b_6 + b_7 = c_2, \cdots$，依此类推，则 $\{c_n\}$ 是首项为 12，公差为 12 的等差数列，所以

$$\sum_{n=1}^{100} b_n = 1 + c_1 + c_2 + \cdots + c_{33} = 1 + 12 \times 33 + \frac{33 \times 32}{2} \times 12 = 6733.$$

24. (1) 显然 $\triangle ACP$ 可解.

参照原题图 2，在 $\triangle ACP$ 中，由余弦定理，得

$$PA^2 = AC^2 + CP^2 - 2AC \cdot CP \cos\angle ACP,$$

即
$$7^2 = 5^2 + CP^2 - 2 \times 5 \cdot CP \times \left(-\frac{1}{2}\right),$$

解得
$$CP = 3 \text{ 或 } -8 \text{（舍去）}.$$

(2) 又由正弦定理，得
$$\frac{CP}{\sin\angle CAP} = \frac{PA}{\sin\angle ACP},$$

所以
$$\sin\angle CAP = \frac{CP \cdot \sin\angle ACP}{PA} = \frac{3 \times \frac{\sqrt{3}}{2}}{7} = \frac{3\sqrt{3}}{14},$$

又因为
$$\angle B = \angle CAP,$$

所以，在 $\triangle ABC$ 中再由正弦定理，可得

$$2R = \frac{AC}{\sin B} = \frac{5}{\frac{3\sqrt{3}}{14}} = \frac{70\sqrt{3}}{9}.$$

25.（1）因为等差数列 $\{a_n\}$ 的公差是 d，且 $3a_5 = 8a_{12} > 0$，

所以
$$3a_5 = 8(a_5 + 7d) > 0,$$

解得
$$a_5 = -\frac{56d}{5} > 0,\text{即 } d < 0.$$

因为
$$a_5 = -\frac{56}{5}d = a_1 + 4d > 0,$$

所以
$$a_1 = -\frac{76}{5}d > 0,$$

于是数列 $\{a_n\}$ 是首项为正数的递减数列.

设 $\begin{cases} a_n \geqslant 0 \\ a_{n+1} \leqslant 0 \end{cases}$，得 $\begin{cases} -\dfrac{76}{5}d + (n-1)d \geqslant 0 \\ -\dfrac{76}{5}d + nd \leqslant 0 \end{cases}$，

解得
$$15\frac{1}{5} \leqslant n \leqslant 16\frac{1}{5},$$

而在这个范围内，正整数 n 只能取 16，所以
$$a_{16} > 0, a_{17} < 0,$$

故若 $a_n \leqslant 0$，则 n 的最小值是 17.

（2）由（1），得　　　$a_1 > a_2 > \cdots > a_{16} > 0 > a_{17} > a_{18} > \cdots$

根据 $b_n = a_n \cdot a_{n+1} \cdot a_{n+2}\ (n \in \mathbf{N}^*)$，得
$$b_1 > b_2 > \cdots > b_{14} > 0 > b_{17} > b_{18} > \cdots$$
$$b_{15} = a_{15} \cdot a_{16} \cdot a_{17} < 0,$$
$$b_{16} = a_{16} \cdot a_{17} \cdot a_{18} > 0,$$

所以
$$S_{14} > S_{13} > \cdots > S_1, S_{14} > S_{15}$$
$$S_{15} < S_{16}, S_{16} > S_{17} > S_{18} > \cdots$$

即 S_n 的最大值是 S_{14} 或 S_{16}.

又
$$a_{15} = a_1 + 14d = -\frac{6}{5}d > 0,$$
$$a_{18} = a_1 + 17d = \frac{9}{5}d < 0,$$

所以
$$a_{15} < -a_{18},\text{即} -b_{15} < b_{16},$$

于是
$$b_{15} + b_{16} > 0,$$

因此 $S_{16} > S_{14}$，即 $n = 16$ 时，S_n 取得最大值.

第2试

一、选择题

以下每题的四个选项中，仅有一个是正确的，请将正确答案前的英文字母写在每题后面的圆括号内.

1. 在 $\triangle ABC$ 中，条件 $p:\sin A > \cos B$，条件 $q:\triangle ABC$ 是锐角三角形，则 p 是 q 的（ ）

(A)充分不必要条件.　　　　　　(B)必要不充分条件.

(C)充要条件.　　　　　　(D)既不充分又不必要条件.

2. Known function $f(x) = 3\sin\dfrac{\pi}{2}x - \log_2 x$, the number of x that can make $f(x) = 0$ is（ ）

(A)2.　　　　(B)3.　　　　(C)4.　　　　(D)5.

3. 已知集合 $A_n = \{x \mid 2^n < x < 2^{n+1}, \text{且 } x = 7m + 1, m, n \in \mathbf{N}^*\}$，则 A_6 中各元素之和是（ ）

(A) 792.　　　(B) 891.　　　(C) 892.　　　(D) 990.

4. 函数 $f(x) = x - \left(\dfrac{1}{\log_{\frac{1}{2}}\frac{1}{3}} + \dfrac{1}{\log_{\frac{1}{4}}\frac{1}{3}} + \dfrac{1}{\log_{\frac{1}{5}}\frac{1}{3}}\right)$ 的零点属于区间（ ）

(A)(1,2).　　　(B)(2,3).　　　(C)(3,4).　　　(D)(4,5).

5. 等腰三角形的顶角是 $20°$，腰长为 a，底边长为 b，则以下等式中一定成立的是（ ）

(A)$a^3 + b^3 = 3a^2b$.　　　　　　(B)$a^3 + b^3 = 3ab^2$.

(C)$a^3 + b^3 = 2a^2b$.　　　　　　(D)$a^3 + b^3 = 2ab^2$.

6. 若定义在 $\mathbf{R}$ 上的函数 $f(x)$ 满足 $|f(-x)| = f(x)$，则 $f(x)$ 一定是（ ）

(A)奇函数.　　　　　　(B)偶函数.

(C)既是奇函数又是偶函数.　　　　　　(D)非奇非偶函数.

7. 若 $0 < \sin\theta + \cos\theta < 1$，则直线 $l: x\sin\theta + y\cos\theta - \sin 2\theta = 0$ 的图像在平面直角坐标系中（ ）

(A)必过第一、四象限.　　　　　　(B)必过第二、三象限.

(C)必过第一、二象限.　　　　　　(D)必过第一、三象限.

8. 若函数 $y = \dfrac{1}{x^2 - ax - a}$ 在区间 $\left[-2, -\dfrac{1}{2}\right]$ 上单调递增，则实数 a 的取值范围是（ ）

(A)$a \geqslant -1$.　　　　　　(B) $-1 \leqslant a \leqslant -\dfrac{1}{2}$.

(C) $-1 \leqslant a < \dfrac{1}{2}$.　　　　　　(D) $a > \dfrac{1}{2}$.

9.已知 α 是第三象限的角，并且 $\sin \alpha - \cos \alpha = \dfrac{\sqrt{3}}{3}$，则 $\cos 2\alpha = ($ 　　$)$

(A) $\dfrac{\sqrt{5}}{3}$.　　　　　　(B) $-\dfrac{\sqrt{5}}{3}$.　　　　　　(C) $\pm\dfrac{\sqrt{5}}{3}$.　　　　(D)非上述答案.

10.已知数列 $\{a_n\}$ 是等比数列，前 n 项的和为 S_n，公比不为 1，又 $a_1 = 3$，且 a_4, a_6, a_5 成等差数列。则 $S_n + \dfrac{1}{S_n}$ 的最大值为(　　)

(A) $\dfrac{13}{6}$.　　　　　　(B) $\dfrac{10}{3}$.　　　　　　(C)不存在.　　　　(D)4.

二、填空题

11.已知 a, b 是正实数，且满足 $a + b = 2$，若 $\dfrac{1}{\dfrac{1}{1+a^3} + \dfrac{1}{1+b^3}} \leqslant c$，则 c 的最小值是

_____.

12.方程 $8\sin\dfrac{\pi}{2}x\cos\dfrac{\pi}{2}x = 4x + \dfrac{1}{x}$ 的解集为 _____.

13.已知函数 $f(x) = \begin{cases} |x+1| & x \leqslant a \\ -x^2 + 2ax + 4a & x > a \end{cases}$，在定义域内不存在两个不相等的实数 m, n，使 $f(m) = f(n)$，则 a 的取值范围是 _____.

14.Known $f(x) = ax^2 + 2ax + 1$, if $f(a^2 + a - 5) > 3a + 1$, then the range of real number a is _____.

15.定义在 $\mathbf{R}$ 上的函数 $f(x)$ 满足 $f(1) = 1, f(-1) = -3$，若 $F(x) = f(x) - f(-x)$，且 $F(x)$ 在 $\mathbf{R}$ 上单调，$g(x)$ 与 $F(x)$ 的图像关于直线 $y = x$ 对称，则 $g(-4) = $ _____.

16.图 1 中的四边形 $ABCD$ 为凸四边形，若 $AB = 4, BC = 3, CD = 2, DA = 1$. 则该四边形面积的最大值是 _____.

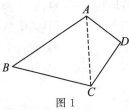

图 1

17.函数 $y = \dfrac{\sin x}{4\sin^2 x + 9}$ 的值域是 _____.

18.已知等差数列 $\{a_n\}$ 与 $\{b_n\}$，对于 $k \in \mathbf{N}^*$，有 $\dfrac{a_k}{b_1} = \dfrac{b_k}{a_1} = 4$，设 $\{a_n\}$ 和 $\{b_n\}$ 的前 n 项和分别是 S_n 和 T_n. 若 $\dfrac{S_k}{T_k} = 2$，则 $\{a_n\}$ 与 $\{b_n\}$ 的公差 d_1 与 d_2 的比值是 _____.

19. 已知 $\log_{\frac{x}{y}} x^4 = \log_y \dfrac{y}{x}$，求 $(\log_{\frac{x}{y}} x)^2 + (\log_{\frac{y}{x}} y)^2 = \underline{\hspace{2cm}}$.

20. 人工智能的理论基础是算法．算法中有一个经典结构，被称作二叉树（Binarytree），二叉树有一个形态，是满二叉树．如果一个满二叉树有 10 层，那么总节点数是 $\underline{\hspace{2cm}}$.

三、解答题

每题都要写出推算过程．

21. 已知 $a < 0$，函数 $f(x) = 2a\sin^2 x - 2\sqrt{3}\,a\sin x\cos x + a + b$ 的定义域是 $\left[0, \dfrac{\pi}{2}\right]$，值域是 $[-5, 1]$．

(1) 求常数 a, b 的值；

(2) 说明函数 $f(x)$ 的图像可以由 $y = \sin x$ 的图像经过适当变换得到．

22. 设实数 x, y 满足不等式 $x^2 + y^2 \leqslant 2$，求函数 $f(x, y) = 3|x - y| + |4y - 11| + 7y + 3x + 1$ 的最小值．

23. 设 S_n 是正数数列 $\{a_n\}$ 的前 n 项和，且对任意的 $n \in \mathbf{N}^*$，都有 $a_1^3 + a_2^3 + a_3^3 + \cdots + a_n^3 = S_n^2$，又 $\{b_n\}$ 是等比数列，且满足：$b_2 = a_3 - 1$，$b_3 = a_4$．

(1) 用 a_n 表示 S_n；

(2) 求数列 $\{b_n\}$ 的通项公式．

一、选择题

题号	1	2	3	4	5	6	7	8	9	10
答案	B	B	B	C	A	B	D	C	A	B

提 示

1. $\triangle ABC$ 是锐角三角形，则 $A + B > \dfrac{\pi}{2}$，所以 $A > \dfrac{\pi}{2} - B$ 且 A 与 $\dfrac{\pi}{2} - B$ 均为锐角，所以 $\sin A > \sin\left(\dfrac{\pi}{2} - B\right) = \cos B$，即 $q \Rightarrow p$．

反之，在 $\triangle ABC$ 中，若其中 $A = \dfrac{\pi}{6}$，$B = \dfrac{3\pi}{4}$ 时，$\sin A > \cos B$，但 $\triangle ABC$ 不是锐角三角形，即 $p \Rightarrow q$ 不成立．所以 p 是 q 的必要不充分条件，故选（B）．

2. 译文：函数 $f(x)=3\sin\dfrac{\pi}{2}x-\log_2 x$ 的零点的个数是（　　）

(A)2. 　　　　　(B)3. 　　　　　(C)4. 　　　　　(D)5.

解：在同一直角坐标系内，作函数 $y_1=3\sin\dfrac{\pi}{2}x$ 与函数 $y_2=\log_2 x$ 的图像，如图 2 所示：

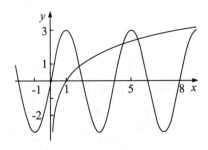

图 2

因为当 $x>8$ 时，$\log_2 x>3$，所以零点在 $(0,8)$ 内，观察交点的个数，可知选(B).

3. 由题设，知
$$A_6=\{x\,|\,2^6<x<2^{6+1}\},$$

并且
$$2^6<7m+1<2^{6+1},$$

可得
$$64<7m+1<128,$$

于是
$$9<m<18\dfrac{1}{7},$$

因为 $m\in\mathbf{N}^*$，所以 m 可取的值是 $10,11,12,\cdots,18$，共 9 个，

于是，x 可取的值是 $7\times10+1,7\times11+1,7\times12+1,\cdots,7\times18+1$，共 9 个，

这 9 个数组成公差为 7 的等差数列，其和是 $7\times\dfrac{9\times(10+18)}{2}+9=891$.

故选(B).

4. 由 $f(x)=0$，解得

$$x=\dfrac{1}{\log_{\frac{1}{2}}\frac{1}{3}}+\dfrac{1}{\log_{\frac{1}{4}}\frac{1}{3}}+\dfrac{1}{\log_{\frac{1}{5}}\frac{1}{3}}$$

$$=\log_{\frac{1}{3}}\frac{1}{2}+\log_{\frac{1}{3}}\frac{1}{4}+\log_{\frac{1}{3}}\frac{1}{5}$$

$$=\log_{\frac{1}{3}}\frac{1}{2\times4\times5}$$

$$=\log_3 40.$$

易知
$$\log_3 27<\log_3 40<\log_3 81,$$

即
$$3<x<4,$$

所以
$$x\in(3,4).$$

故选(C).

5. 如图 3，$\triangle ABC$ 中，

$$\angle A = 20°, AB = AC = a, BC = b,$$

在 AC 上取 D，使 $\angle CBD = 20°$，则易知

$$\triangle BCD \backsim \triangle ABC,$$

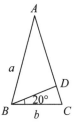

图 3

于是 $$\frac{CD}{b} = \frac{b}{a}, CD = \frac{b^2}{a}, AD = a - \frac{b^2}{a},$$

易知，在 $\triangle ABD$ 中，

$$\angle ABD = \frac{180° - \angle A}{2} - \angle DBC = 60°,$$

由余弦定理得 $AD^2 = AB^2 + BD^2 - 2AB \cdot BD \cdot \cos\angle ABD = a^2 + b^2 - 2ab\cos 60°,$

即 $$\left(a - \frac{b^2}{a}\right)^2 = a^2 + b^2 - ab,$$

整理得 $$a^3 + b^3 = 3a^2 b,$$

故选（A）．

6. 因为 $$|f(-x)| \geqslant 0, \text{且} |f(-x)| = f(x),$$

所以 $f(x)$ 取非负值，从而 $$f(-x) \geqslant 0,$$

于是 $$|f(-x)| = f(-x),$$

因此 $$f(x) = f(-x),$$

所以 $f(x)$ 是偶函数．

故选（B）．

7. 因为 $$\sin\theta + \cos\theta = \sqrt{2}\sin\left(\theta + \frac{\pi}{4}\right),$$

并且 $$0 < \sin\theta + \cos\theta < 1,$$

所以 $$0 < \sqrt{2}\sin\left(\theta + \frac{\pi}{4}\right) < 1,$$

即 $$0 < \sin\left(\theta + \frac{\pi}{4}\right) < \frac{\sqrt{2}}{2},$$

于是 $$2k\pi + \frac{\pi}{2} < \theta < 2k\pi + \frac{3\pi}{4}(\sin\theta > 0, \cos\theta < 0, k \in \mathbf{Z}),$$

或 $$2k\pi - \frac{\pi}{4} < \theta < 2k\pi(\sin\theta < 0, \cos\theta > 0, k \in \mathbf{Z}).$$

而 $$x\sin\theta + y\cos\theta - \sin 2\theta = 0,$$

即 $$\frac{x}{2\cos\theta} + \frac{y}{2\sin\theta} = 1,$$

直线在两坐标轴的截距一正一负，直线过第一、三、四象限或过第一、二、三象限．

故选（D）．

8. 设 $u = g(x) = x^2 - ax - a = \left(x - \frac{a}{2}\right)^2 - \frac{a^2}{4} - a$．因为 $y = \frac{1}{u}$ 在 $(-\infty, 0)$ 和 $(0, +\infty)$ 上

都是单调减函数，所以根据复合函数的单调性可知，欲使 $y = \dfrac{1}{x^2 - ax - a}$ 在区间 $\left[-2, -\dfrac{1}{2}\right]$ 上

单调递增，须使 $u = g(x)$ 在区间 $\left[-2, -\dfrac{1}{2}\right]$ 上单调递减，并且多项式 $x^2 - ax - a$ 在 $x = -2$

和 $x=-\dfrac{1}{2}$ 的函数值同号，

即有
$$\begin{cases} \dfrac{a}{2} \geqslant -\dfrac{1}{2} \\ 4+a>0 \\ \dfrac{1}{4}-\dfrac{1}{2}a>0 \end{cases},$$
①

或
$$\begin{cases} \dfrac{a}{2} \geqslant -\dfrac{1}{2} \\ 4+a<0 \\ \dfrac{1}{4}-\dfrac{1}{2}a<0 \end{cases},$$
②

解①，得
$$-1 \leqslant a < \dfrac{1}{2},$$

②式无解.

故选（C）.

9. 因为
$$(\sin\alpha+\cos\alpha)^2+(\sin\alpha-\cos\alpha)^2=2,$$

将 $\sin\alpha-\cos\alpha=\dfrac{\sqrt{3}}{3}$ 代入上式，得
$$(\sin\alpha+\cos\alpha)^2=\dfrac{5}{3},$$

因为 α 是第三象限角，

所以
$$\sin\alpha<0,\cos\alpha<0,$$

于是
$$\sin\alpha+\cos\alpha<0,$$

因此
$$\sin\alpha+\cos\alpha=-\dfrac{\sqrt{15}}{3},$$

由余弦的倍角公式得
$$\begin{aligned} \cos 2\alpha &= \cos^2\alpha-\sin^2\alpha \\ &= -(\sin\alpha+\cos\alpha)(\sin\alpha-\cos\alpha) \\ &= \dfrac{\sqrt{15}}{3} \cdot \dfrac{\sqrt{3}}{3} = \dfrac{\sqrt{5}}{3}. \end{aligned}$$

故选（A）.

10. 因为 a_4,a_6,a_5 成等差数列，所以
$$a_4+a_5=2a_6,$$

即
$$a_1q^3+a_1q^4=2a_1q^5.$$

因为
$$a_1\neq 0, q\neq 0,$$

所以
$$1+q=2q^2,$$

即
$$2q^2-q-1=0.$$

因为
$$q\neq 1,$$

所以
$$q=-\dfrac{1}{2},$$

所以 $\{a_n\}$ 是首项为 3，公比为 $-\dfrac{1}{2}$ 的等比数列，

于是
$$S_n = \frac{3(1-(-\frac{1}{2})^n)}{1-(-\frac{1}{2})} = 2(1-(-\frac{1}{2})^n),$$

故
$$S_n + \frac{1}{S_n} = 2\left[1-(-\frac{1}{2})^n\right] + \frac{1}{2\left[1-(-\frac{1}{2})^n\right]}.$$

当 n 为奇数时，$S_n + \frac{1}{S_n} = 2\left[1-(-\frac{1}{2})^n\right] + \frac{1}{2\left[1-(-\frac{1}{2})^n\right]}$ 随 n 增加而减小，

所以
$$S_n + \frac{1}{S_n} \leqslant S_1 + \frac{1}{S_1} = \frac{10}{3}.$$

当 n 为偶数时，$S_n + \frac{1}{S_n} = 2\left[1-(-\frac{1}{2})^n\right] + \frac{1}{2\left[1-(-\frac{1}{2})^n\right]}$ 随 n 增加而减小，

所以
$$S_n + \frac{1}{S_n} \leqslant S_2 + \frac{1}{S_2} = \frac{13}{6}.$$

因此，$S_n + \frac{1}{S_n}$ 最大值为 $\frac{10}{3}$.

故选（B）.

二、填空题

题号	11	12	13	14			
答案	1	$\left\{-\frac{1}{2}, \frac{1}{2}\right\}$	$\frac{-5-\sqrt{21}}{2} \leqslant a \leqslant 1$	$(-3,-2) \cup (0,1) \cup (2,+\infty)$			
题号	15	16	17	18	19	20	
答案	-1	$2\sqrt{6}$	$\left[-\frac{1}{13}, \frac{1}{13}\right]$	26	$\frac{1}{2}$	1023	

提 示

11. 因为 $\sqrt{ab} \leqslant \frac{a+b}{2} = 1$，当且仅当 $a=b$ 时等号成立，所以 $a^3 b^3 \leqslant 1$，于是

$$\frac{1}{\frac{1}{1+a^3} + \frac{1}{1+b^3}} = \frac{1+a^3+b^3+a^3b^3}{1+a^3+1+b^3} \leqslant \frac{1+a^3+b^3+1}{1+a^3+1+b^3} = 1,$$

由条件知，c 应不小于 $\dfrac{1}{\frac{1}{1+a^3} + \frac{1}{1+b^3}}$ 的最大值，即 $c \geqslant 1$，故 c 的最小值是 1.

12. 因为
$$8\sin\frac{\pi}{2}x\cos\frac{\pi}{2}x=4\sin\pi\left(x\in[-4,4]\right),$$
且当 $x=\frac{1}{2}+k$ 时,取得最值.

当 $x>0$,有 $4x+\frac{1}{x}\geqslant 4$,当且仅当 $x=\frac{1}{2}$时等号成立;

当 $x<0$,有 $4x+\frac{1}{x}\leqslant -4$,当且仅当 $x=-\frac{1}{2}$时等号成立.

所以
$$x=\pm\frac{1}{2}.$$
即
$$x=\left\{-\frac{1}{2},\frac{1}{2}\right\}.$$

13. 作出 $f(x)=|x+1|$ 的图像,如图 4. 由已知,$f(x)$在 $\mathbf{R}$ 上单调,且
$$\begin{cases}|a+1|\geqslant -a^2+2a\times a+4a & ①\\ a\leqslant -1 & ②\end{cases},$$
由①,得
$$-a-1\geqslant a^2+4a,$$
$$a^2+5a+1\leqslant 0,$$
$$\frac{-5-\sqrt{21}}{2}\leqslant a\leqslant\frac{-5+\sqrt{21}}{2},$$
结合②,可得
$$\frac{-5-\sqrt{21}}{2}\leqslant a\leqslant -1.$$

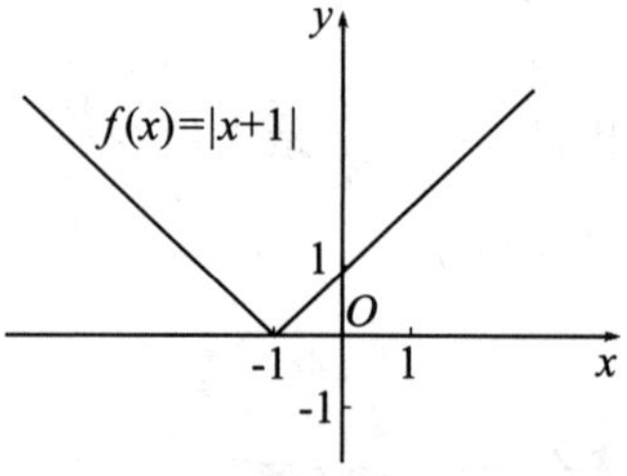

图 4

14. 译文: 已知 $f(x)=ax^2+2ax+1$,如果 $f(a^2+a-5)>3a+1$,那么实数 a 的取值范围是________.

显然 $a=0$ 使题设不等式不成立.

当 $a>0$ 时,$f(x)$的图像是开口向上的抛物线,并且
$$3a+1=f(1)=f(-3),$$
于是有
$$\begin{cases}a>0\\ a^2+a-5>1 \text{ 或 } a^2+a-5<-3\end{cases},$$
解得
$$0<a<1 \text{ 或 } a>2.$$

当 $a<0$ 时,$f(x)$图像是开口向下的抛物线,有
$$\begin{cases}a<0\\ -3<a^2+a-5<1\end{cases},$$
解得
$$-3<a<-2,$$
所以 a 的取值范围是
$$(-3,-2)\cup(0,1)\cup(2,+\infty).$$

15. 由题设,可知
$$\begin{aligned}&F(x)+F(-x)\\&=[f(x)-f(-x)]+[f(-x)-f(x)]\\&=0.\end{aligned}$$
所以 $F(x)$是奇函数,图像关于原点对称.

又
$$F(1)=f(1)-f(-1)=1-(-3)=4,$$

所以 $F(x)$ 的图像必过点 $(1,4)$，又过关于原点对称的点 $(-1,-4)$，

因为 $g(x)$ 与 $F(x)$ 的图像关于直线 $y=x$ 对称，

所以 $g(x)$ 的图像必过点 $(-4,-1)$，于是 $g(-4)=-1$.

16. 当四边形是圆内接四边形时面积最大. 此时 $S=2\sqrt{6}$.

如图 5，连结 AC，则

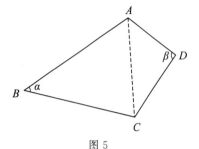

图 5

$$S_{\text{四边形}ABCD}=S_{\triangle ABC}+S_{\triangle ACD},$$

$$=\frac{1}{2}AB\cdot BC\cdot \sin B+\frac{1}{2}AD\cdot DC\cdot \sin D$$

$$=6\sin\alpha+\sin\beta.$$

由余弦定理，得

$$AC^2=AB^2+BC^2-2AB\cdot BC\cdot \cos B,$$

$$AC^2=AD^2+CD^2-2AD\cdot CD\cdot \cos D,$$

即　　　　　　$3^2+4^2-2\times3\times4\cos\alpha=1^2+2^2-2\times1\times2\cos\beta,$

所以　　　　　　　　　　　　$5=6\cos\alpha-\cos\beta,$

于是　$S^2+5^2=36+1-12(\cos\alpha\cos\beta-\sin\alpha\sin\beta)=37-12\cos(\alpha+\beta),$

因此　　　　　　　　$S^2=12-12\cos(\alpha+\beta)\leqslant24,$

当且仅当 $\alpha+\beta=\pi$ 时等号成立，此时，$S=2\sqrt{6}$.

17. ①当 $\sin x=0$ 时，$y=0$；

②当 $\sin x\neq0$ 时，求函数 $\dfrac{1}{y}=\dfrac{4\sin^2 x+9}{\sin x}=4\sin x+\dfrac{9}{\sin x}$ 的值域.

设 $\sin x=t$，则 $\dfrac{1}{y}=4t+\dfrac{9}{t}$，$t\in[-1,0)\cup(0,1]$. 因为 $4t+\dfrac{9}{t}$ 在区间 $[-1,0)$ 上单调递

减，所以当 $t=-1$ 时，$\dfrac{1}{y}$ 取到最大值 -13，类似可得，当 $t=1$ 时，$\dfrac{1}{y}$ 取到最大值 13，所以，此函

数的值域是 $\left[-\dfrac{1}{13},\dfrac{1}{13}\right]$.

18. 由 $\dfrac{a_k}{b_1}=\dfrac{b_k}{a_1}=4$，可得　　　　$\begin{cases}a_k=4b_1\\b_k=4a_1\end{cases},$

即　　　　　　　　　　　　$\begin{cases}a_1+(k-1)d_1=4b_1\\b_1+(k-1)d_2=4a_1\end{cases},$

解得　　　　　　　　　　　　$\begin{cases}d_1=\dfrac{4b_1-a_1}{k-1}\\d_2=\dfrac{4a_1-b_1}{k-1}\end{cases},$

则　　　　　　　　　　　　$\dfrac{d_1}{d_2}=\dfrac{4b_1-a_1}{4a_1-b_1}.$　　　　　　　　①

又由　　　　$\dfrac{S_k}{T_k}=\dfrac{\frac{k(a_1+a_k)}{2}}{\frac{k(b_1+b_k)}{2}}=\dfrac{a_1+a_k}{b_1+b_k}=\dfrac{a_1+4b_1}{b_1+4a_1}=2,$

解得
$$b_1 = \frac{7}{2} a_1,$$ ②

②代入①的右端,消去 b_1,得
$$\frac{d_1}{d_2} = 26.$$

19. 设 $\log_{\frac{x}{y}} x = m$, $\log_{\frac{x}{y}} y = n$,则

$$m - n = \log_{\frac{x}{y}} x - \log_{\frac{x}{y}} y = \log_{\frac{x}{y}} \frac{x}{y} = 1,$$ ①

$$\log_{\frac{x}{y}} x^4 = 4\log_{\frac{x}{y}} x = 4m,$$ ②

$$\log_y \frac{y}{x} = -\log_y \frac{x}{y} = -\frac{1}{\log_{\frac{x}{y}} y} = -\frac{1}{n},$$ ③

因为
$$\log_{\frac{x}{y}} x^4 = \log_y \frac{y}{x},$$

所以
$$4m = -\frac{1}{n},$$

即
$$mn = -\frac{1}{4} \left(m = \frac{1}{2}, n = -\frac{1}{2} \right),$$ ④

故由①④,得
$$\left(\log_{\frac{x}{y}} x \right)^2 + \left(\log_{\frac{y}{x}} y \right)^2$$
$$= m^2 + (-n)^2$$
$$= (m-n)^2 + 2mn$$
$$= 1 + 2 \times \left(-\frac{1}{4} \right) = \frac{1}{2}.$$

20. 满二叉树是任意一个父节点都有两个后代节点的标准结构,这是人工智能基础算法中的一个很均衡的结构.

如果一个满二叉树有 2 层,就是父节点,加上两个子节点,就是 3,也就是 $2^2 - 1$,故 10 层的二叉树的节点数量将是 $2^{10} - 1 = 1023$.

三、解答题

21. (1)
$$f(x) = 2a \sin^2 x - 2\sqrt{3} a \sin x \cos x + a + b$$
$$= a(1 - \cos 2x) - \sqrt{3} a \sin 2x + a + b$$
$$= -a(\cos 2x + \sqrt{3} \sin 2x) + 2a + b$$
$$= -2a \sin \left(2x + \frac{\pi}{6} \right) + 2a + b,$$

因为
$$x \in \left[0, \frac{\pi}{2} \right],$$

所以
$$2x + \frac{\pi}{6} \in \left[\frac{\pi}{6}, \frac{7\pi}{6} \right],$$

于是 $-\dfrac{1}{2}\leqslant\sin\left(2x+\dfrac{\pi}{6}\right)\leqslant1.$

因此,由 $f(x)$ 的值域是 $[-5,1]$,可知

$$\begin{cases}-2a>0\\[1mm]-2a\cdot\left(-\dfrac{1}{2}\right)+2a+b=-5,\\[1mm]-2a\times1+2a+b=1\end{cases}$$

解得 $\begin{cases}a=-2\\b=1\end{cases}.$

（2）由（1）,得 $f(x)=4\sin\left(2x+\dfrac{\pi}{6}\right)-3,$

将函数 $y=\sin x$ 的图像依次作如下变换:

①先向左平移 $\dfrac{\pi}{6}$ 个单位得到函数 $y=\sin\left(x+\dfrac{\pi}{6}\right)$ 的图像;

②再将 $y=\sin\left(x+\dfrac{\pi}{6}\right)$ 的图像上各点的横坐标缩短到原来的 $\dfrac{1}{2}$,纵坐标不变,得到函数 $y=\sin\left(2x+\dfrac{\pi}{6}\right)$ 的图像;

③然后将 $y=\sin\left(2x+\dfrac{\pi}{6}\right)$ 的图像上各点的纵坐标伸长到原来的 4 倍,横坐标不变,得到函数 $y=4\sin\left(2x+\dfrac{\pi}{6}\right)$ 的图像;

④最后将 $y=4\sin\left(2x+\dfrac{\pi}{6}\right)$ 的图像向下平移 3 个单位,即可得到函数 $f(x)=4\sin\left(2x+\dfrac{\pi}{6}\right)-3$ 的图像.

22. 如图 6,由 $x^2+y^2\leqslant2$,得

$$-\sqrt{2}\leqslant x,y\leqslant\sqrt{2},\quad\text{且}\ {-2}\leqslant x+y\leqslant2,$$

于是有 $4y\leqslant4\sqrt{2}<11,$

$$\begin{aligned}f(x,y)&=3|x-y|+|4y-11|+7y+3x+1\\&=3|x-y|+11-4y+7y+3x+1\\&=3|x-y|+3(x+y)+12\\&\geqslant3\times0+3\times(-2)+12=6,\ (\text{当}\ x-y=-1\ \text{时,等号成立}),\end{aligned}$$

所以,函数 $f(x,y)$ 的最小值是 6.

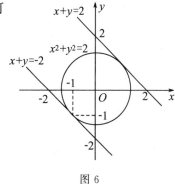

图 6

23.（1）当 $n=1$ 时,由 $a_1{}^3+a_2{}^3+a_3{}^3+\cdots+a_n{}^3=S_n{}^2$,得

$$a_1{}^3=S_1{}^2=a_1{}^2,$$

又 $a_1>0$,所以 $a_1=1,$

当 $n\geqslant2$ 时,

$$\begin{aligned}a_n{}^3&=S_n{}^2-S_{n-1}{}^2\\&=(S_n+S_{n-1})(S_n-S_{n-1})\\&=a_n(S_n+S_{n-1})\end{aligned}$$

$$= a_n(2S_n - a_n),$$

得　　　　　　　　　　　　　　$$a_n{}^2 = 2S_n - a_n,$$

所以　　　　　　　　　　　　$$S_n = \frac{1}{2}(a_n{}^2 + a_n).$$

又当 $n=1$ 时也成立,所以　　　$$S_n = \frac{1}{2}(a_n{}^2 + a_n), n \in \mathbf{N}^*.$$

　　(2)由(1),得

当 $n \geqslant 2$ 时,　　　　　　　$$a_n = S_n - S_{n-1},$$

$$= \frac{1}{2}(a_n{}^2 + a_n) - \frac{1}{2}(a_{n-1}{}^2 + a_{n-1}),$$

即　　　　　　　　　　　$$a_n{}^2 - a_n - a_{n-1}{}^2 - a_{n-1} = 0,$$

亦即　　　　　　　　　　$$(a_n + a_{n-1})(a_n - a_{n-1} - 1) = 0.$$

因为　　　　　　　　　　　　$$a_n + a_{n-1} > 0,$$

所以　　　　　　　　　　　　$$a_n - a_{n-1} = 1,$$

于是数列 $\{a_n\}$ 是以 1 为首项,1 为公差的等差数列,

因此　　　　　　　　　　　　　　$$a_n = n.$$

那么　　　　　　　　　　$$b_2 = 3 - 1 = 2, b_3 = 4,$$

则　　　　　　　　　　　$$q = \frac{b_3}{b_2} = \frac{4}{2} = 2,$$

故　　　　　　　　　　$$b_n = b_2 q^{n-2} = 2^{n-1} \ (n \in \mathbf{N}^*).$$

第 30 届(2019 年)

第1试

一、选择题

以下每题的四个选项中,仅有一个是正确的,请将正确答案前的英文字母写在每题后面的圆括号内.

1. 若命题 P:$\exists x_0 \in (-\infty, 0)$,$2^{x_0} < 3^{x_0}$;命题 Q:$\forall x \in \left(0, \dfrac{\pi}{2}\right)$,$\tan x > \sin x$,则以下结论中,正确的有(　　)个.

①$P \vee Q$ 是真命题.　　　　　　②$\neg P \wedge Q$ 是真命题.

③$P \vee \neg Q$ 是假命题.　　　　　④$\neg P \wedge Q$ 是假命题.

(A)1.　　　　(B)2.　　　　(C)3.　　　　(D)4.

2. 已知 $f(x) = \dfrac{2^x + 1}{2^x - 1} \cdot g(x)$.若 $g(x)$ 是奇函数,则 $f(x)$ 是(　　)

(A)偶函数.　　　　　　　　　(B)奇函数.

(C)非奇非偶函数.　　　　　　(D)奇偶性不确定的函数.

3. 某班有 30 个学生订阅数、理、化三种报刊共 50 份,每种报刊 1 人最多订阅 1 份.其中,三种报刊都订阅的有 5 人,则只订阅一种报刊的有(　　)人.

(A)8.　　　　(B)10.　　　　(C)15.　　　　(D)20.

4. 方程 $|x| + |x+1| = |x+2|$ 的根的个数是(　　)

(A)0.　　　　(B)1.　　　　(C)2.　　　　(D)4.

5. 若集合 $A = \{x \mid |x| \leqslant 2, x \in Z\}$,$B = \{x \mid 2^x \in A\}$,则集合 $B = ($　　$)$

(A)$\{1\}$.　　　(B)$\{0,1\}$.　　　(C)$\{1,2\}$.　　　(D)$\{0,1,2\}$.

6. 已知 $2^a = 3$,$3^b = 11$,$11^c = 256$,则 abc 的值是(　　)

(A)3.　　　　(B)8.　　　　(C)10.　　　　(D)256.

7. 已知 $f(x)=\dfrac{x^2}{1+x^2}$，则 $f(\sqrt{a^2+1}+a)+f(\sqrt{a^2+1}-a)$ 的值是（　　　）

(A)1. 　　　　　　(B)0. 　　　　　　(C)$\dfrac{1}{2}$. 　　　　　　(D)2.

8. 如果一个直角三角形的三条边的长都是正整数，并且周长的数值是面积数值的 2 倍，则这样的直角三角形有（　　　）

(A)0 个　　　　　　(B)1 个　　　　　　(C)2 个　　　　　　(D)无数个

9. 已知点 P 是圆 $O：x^2+y^2=1$ 上的任意一点，对于点 $A(4,0)，B(s,0)(s\neq 4)$，若存在常数 t，使得 $|PA|=\dfrac{1}{t}|PB|$ 恒成立，则点 (s,t)（　　　）

(A)在圆 O 内. 　　　　　　　　(B)在圆 O 上.

(C)在圆 O 外. 　　　　　　　　(D)与圆 O 的位置关系不确定.

10. 定义域为 **R** 的函数 $f(x)$ 满足 $f(x+1)=f(x-3)$. 当 $x\in[-6,-2]$ 时，$f(x)=x^2+bx+c$ 且 $f(x)$ 有最小值 -13，那么 $f\left(\dfrac{b}{3}\right)，f\left(\dfrac{c}{2}\right)，f(11)$ 的大小关系是（　　　）

(A)$f(11)<f\left(\dfrac{b}{3}\right)<f\left(\dfrac{c}{2}\right)$. 　　　　(B)$f\left(\dfrac{b}{3}\right)<f\left(\dfrac{c}{2}\right)<f(11)$.

(C)$f\left(\dfrac{c}{2}\right)<f\left(\dfrac{b}{3}\right)<f(11)$. 　　　　(D)$f\left(\dfrac{c}{2}\right)<f(11)<f\left(\dfrac{b}{3}\right)$.

二、填空题

11. $A=\{x\mid x^2+ax+b<0\}$，$B=\left\{x\left\mid\dfrac{4}{x+3}>1\right.\right\}$，若 $A=B$，则 $a=$ _____，$b=$ _____.

12. 在平面直角坐标系 xOy 中，若函数 $y=a|x|$ 与 $y=x+a$ 的图像只有 1 个交点，则实数 a 的取值范围是 _____.

13. 在 $\triangle ABC$ 中，已知 $\angle A=30°$，$CD，BE$ 分别是 $AB，AC$ 上的高，则 $\dfrac{DE}{BC}=$ _____.

14. 方程 $\log_{4x}2+\log_8 4x=-\dfrac{4}{3}$ 的两个实根的和为 _____.

15. 下列四个函数中，增函数有 _____ 个.

①$y=2^{2x}-2^{x+1}+2$；　②$y=3^{2x}+3^{x+1}-3$；

③$y=\lg(x^2+2x-2)$；④$y=\ln(x^2-3x)-\ln x$.

16. 在平面直角坐标系 xOy 中，若 $x\in[0,3]$，函数 $f(x)=2\sin\left(\dfrac{\pi}{3}x+\dfrac{\pi}{6}\right)$ 的图像的最高点为 A，最低点为 B，则 $\triangle OAB$ 的面积为 _____.

17. 若 $\sin\theta=\dfrac{1}{5}$，则 $\left(\cot\dfrac{\theta}{2}-\tan\dfrac{\theta}{2}\right)\left(1+\tan\theta\tan\dfrac{\theta}{2}\right)$ 的值为 _____.（注：$\cot\theta=\dfrac{\cos\theta}{\sin\theta}$）

18. 将边长为 1 的正方形 $ABCD$ 绕 CD 旋转一周形成圆柱，点 $M，N$ 分别在圆柱的上、下底面圆上运动,P 为 MN 的中点,则四棱锥 $P-ABCD$ 的体积的最大值为_____.

19. 若等差数列 $\{a_n\}$ 满足 $3a_5 = 8a_{12} > 0$,数列 $\{b_n\}$ 满足 $b_n = a_n \cdot a_{n+1} \cdot a_{n+2} (n \in \mathbf{N}^*)$,则当 $\{b_n\}$ 的前 n 项和最大时,$n = $ _____.

20. 已知关于 x 的不等式 $|x^2 - 6x + a| + |x - 5| \leqslant 10$ 的解的最大值为 5,则此不等式的解集为_____.

答·提示

一、选择题

题号	1	2	3	4	5	6	7	8	9	10
答案	C	A	C	C	B	B	A	B	A	A

提 示

1. 根据幂函数性质,知 P 是假命题;根据三角函数定义,知 Q 是真命题,所以①②③正确,④错误. 故选(C).

2. 令 $h(x) = \dfrac{2^x + 1}{2^x - 1}$,则 $h(x)$ 的定义域是 $(-\infty, 0) \bigcup (0, +\infty)$.

因为
$$h(-x) = \frac{2^{-x} + 1}{2^{-x} - 1} = \frac{2^x + 1}{1 - 2^x} = -h(x),$$

所以 $h(x) = \dfrac{2^x + 1}{2^x - 1}$ 是奇函数.

又 $g(x)$ 是奇函数,

所以 $f(x) = h(x)g(x)$ 是 $(-\infty, 0) \bigcup (0, +\infty)$ 上的偶函数.

故选(A).

3. 设订阅一种报刊的有 x 人,订阅两种报刊的有 y 人,则

$$\begin{cases} x + y + 5 = 30 \\ x + 2y + 5 \times 3 = 50 \end{cases},$$

解得
$$\begin{cases} x = 15 \\ y = 10 \end{cases},$$

所以只订阅一种报刊的是 15 人.

故选(C).

4. 如图 1 所示,由绝对值的几何意义可知,题设的方程的解为

$$x = \pm 1,$$

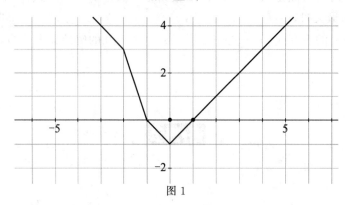

图 1

故选（C）.

5. 由 $A = \{x \mid |x| \leqslant 2, x \in Z\} = \{-2, -1, 0, 1, 2\}$,得

$$B = \{x \mid 2^x \in A\} = \{x \mid 2^x = 2^0, 2^1\} = \{0, 1\}.$$

故选（B）.

6. 因为

$$2^a = 3, 3^b = 11, 11^c = 256,$$

所以

$$2^{ab} = (2^a)^b = 3^b = 11,$$

$$2^{abc} = 11^c = 256 = 2^8,$$

于是有

$$abc = 8.$$

故选（B）.

7. 因为

$$\left(\sqrt{a^2+1}+a\right) \cdot \left(\sqrt{a^2+1}-a\right) = 1,$$

不妨令 $\sqrt{a^2+1}+a = t$,则

$$\sqrt{a^2+1}-a = \frac{1}{t},$$

于是有

$$f(t) + f\left(\frac{1}{t}\right) = \frac{t^2}{1+t^2} + \frac{\frac{1}{t^2}}{1+\frac{1}{t^2}} = \frac{t^2}{1+t^2} + \frac{1}{1+t^2} = 1.$$

故选（A）.

8. 设满足条件的直角三角形的两条直角边和斜边的长分别是 x, y, z,由题意可得:

$$\begin{cases} x^2 + y^2 = z^2 & \text{①} \\ x + y + z = xy \end{cases} \quad x, y, z \text{ 均为正整数.} \quad \text{②}$$

由②,得

$$z = xy - x - y,$$

代入①化简,得

$$x = 2 + \frac{2}{y-2},$$

故

$$(y-2) \mid 2, \text{且} \frac{2}{y-2} > -2,$$

求出 y 的可能值为 $3, 4$.

由此得两组解为

$$\begin{cases} x = 4 \\ y = 3 \\ z = 5 \end{cases} \text{或} \begin{cases} x = 3 \\ y = 4 \\ z = 5 \end{cases},$$

以上这两组解为同一个三角形．

故选（B）．

9. 设 $P(x,y)$，由两点之间的距离公式及圆 O 方程，得

$$|PA|^2=(x-4)^2+y^2=x^2-8x+16+(1-x^2)=17-8x，$$
$$|PB|^2=(x-s)^2+y^2=x^2-2sx+s^2+(1-x^2)=-2sx+s^2+1．$$

因为 $$|PA|=\frac{1}{t}|PB|，$$

所以 $$t^2|PA|^2=|PB|^2，$$

即 $$t^2(17-8x)=-2sx+s^2+1，$$

亦即 $$(2s-8t^2)x=-17t^2+s^2+1，$$

题设此式恒成立，故 $$\begin{cases} 2s-8t^2=0 \\ -17t^2+s^2+1=0 \end{cases}，$$

结合 $s\neq 4,t>0$，得 $$\begin{cases} t=\dfrac{1}{4} \\ s=\dfrac{1}{4} \end{cases}，$$

显然，点 $\left(\dfrac{1}{4},\dfrac{1}{4}\right)$ 在圆 O 内．

故选（A）．

10. 因为 $$f(x+1)=f(x-3)，$$

即 $$f(x+1)=f[(x+1)-4]，$$

亦即 $$f(x)=f(x-4)，$$

所以 $f(x)$ 是周期为 4 的函数，于是

$$f(-6)=f(-6+4)=f(-2)，$$

可知 $$f(x)=x^2+bx+c \text{ 的对称轴 } x=-\frac{b}{2}=-4，$$

解得 $$b=8．$$

由函数 $f(x)$ 的有极小值点 -13，知

$$(-4)^2-4\times 8+c=-13，$$

解得 $$c=3，$$

所以 $$f(x)=x^2+8x+3,x\in[-6,-2]．$$

当 $x\in[-2,2]$ 时，

$$f(x)=(x-4)^2+8(x-4)+3=x^2-13，$$

此时，$f(x)$ 在 $[-2,0]$ 上单调递减，在 $[0,2]$ 上单调递增，且 $f(x)$ 是周期为 4 的偶函数，

所以 $$f\left(\frac{b}{3}\right)=f\left(\frac{8}{3}\right)=f\left(-\frac{4}{3}\right)=f\left(\frac{4}{3}\right)，$$

$$f\left(\frac{c}{2}\right)=f\left(\frac{3}{2}\right)，$$

$$f(11)=f(-1)=f(1)，$$

又 $$1<\frac{4}{3}<\frac{3}{2}<2，$$

所以
$$f(1)<f\left(\frac{4}{3}\right)<f\left(\frac{3}{2}\right),$$

即
$$f(11)<f\left(\frac{b}{3}\right)<f\left(\frac{c}{2}\right),$$

故选（A）.

二、填空题

题号	11	12	13	14	15	16	17	18	19	20
答案	2；－3	$[-1,1]$	$\dfrac{\sqrt{3}}{2}$	$\dfrac{5}{32}$	2	$\dfrac{7}{2}$	10	$\dfrac{1}{3}$	16	$[2,5]$

提 示

11. 不等式 $\dfrac{4}{x+3}>1$，即

$$\frac{4}{x+3}-1>0,$$

亦即
$$\frac{-x+1}{x+3}>0,$$

于是
$$\frac{x-1}{x+3}<0,$$

解得
$$-3<x<1,$$

由 $A＝B$，知 -3 和 1 是方程 $x^2+ax+b=0$ 的根，所以

$$\begin{cases} -3+1=-a \\ -3\times 1=b \end{cases},$$

解得
$$\begin{cases} a=2 \\ b=-3 \end{cases}.$$

12. 在同一坐标系中作出 $y＝x+a$ 与 $y＝a|x|$ 的图像，知

当 $|a|\leqslant 1$ 时，两图像只有一个交点；

当 $|a|>1$ 时，两图像有两个不同交点．

所以，满足题意的实数 a 的取值范围是 $[-1,1]$.

13. 因为 CD，BE 分别是边 AB，AC 上的高，所以

$$\cos\angle A=\frac{AD}{AC}=\frac{AE}{AB},$$

则
$$\frac{AD}{AE}=\frac{AC}{AB},$$

又
$$\angle A \text{ 是公共角,}$$

所以
$$\triangle AED \backsim \triangle ABC,$$

于是 $$\frac{DE}{BC}=\frac{AD}{AC}=\cos\angle A=\cos30°=\frac{\sqrt{3}}{2}.$$

14. 方程可化为 $$\frac{1}{\log_2 4x}+\frac{1}{3}\log_2 4x=-\frac{4}{3},$$

令 $t=\log_2 4x$，则 $$\frac{1}{t}+\frac{1}{3}t=-\frac{4}{3},$$

即 $$t^2+4t+3=0,$$

解得 $$t=-1,t=-3,$$

即 $$\log_2 4x=-1 \text{ 或 } -3,$$

解得 $$x=\frac{1}{8}\text{ 或 }\frac{1}{32},$$

所以方程 $\log_{4x}2+\log_8 4x=-\frac{4}{3}$ 的两根和为 $\frac{1}{8}+\frac{1}{32}=\frac{5}{32}.$

15. $y=2^{2x}-2^{x+1}+2=(2^x-1)^2+1$ 可以看作关于函数 $f(u)=(u-1)^2+1,u(x)=2^x$ 的复合函数，因为 $u(x)=2^x$ 是增函数，值域为 $(0,+\infty)$，$f(u)=(u-1)^2+1$ 的单调递增区间是 $(1,+\infty)$，所以，$y=2^{2x}-2^{x+1}+2$ 不是增函数.

同理，由复合函数的性质可知，$y=3^{2x}+3^{x+1}-3$ 和 $y=\ln(x^2-3x)-\ln x=\ln(x-3)$ 是增函数，$y=\lg(x^2+2x-2)$ 不是增函数. 综上知，增函数的个数是 2.

16. 设 $t=\frac{\pi x}{3}+\frac{\pi}{6},x\in[0,3]$，则

$$y=2\sin t,t\in\left[\frac{\pi}{6},\frac{7\pi}{6}\right].$$

当 $t=\frac{\pi}{2}$，即 $x=1$ 时，$y_{\max}=2$，即 $A(1,2)$；

当 $t=\frac{7\pi}{6}$，即 $x=3$ 时，$y_{\min}=-1$，即 $B(3,-1)$.

所以 $$|OA|=\sqrt{5},$$
因此直线 OA 的方程为 $$y=2x,\text{即 }2x-y=0.$$

故点 B 到直线 OA 的距离为 $$h=\frac{|2\times3+1|}{\sqrt{2^2+(-1)^2}}=\frac{7\sqrt{5}}{5},$$

所以 $$S_{\triangle OAB}=\frac{1}{2}\times\sqrt{5}\times\frac{7\sqrt{5}}{5}=\frac{7}{2}.$$

17. $$\left(\cot\frac{\theta}{2}-\tan\frac{\theta}{2}\right)\left(1+\tan\theta\tan\frac{\theta}{2}\right)$$

$$=\left(\frac{\cos\frac{\theta}{2}}{\sin\frac{\theta}{2}}-\frac{\sin\frac{\theta}{2}}{\cos\frac{\theta}{2}}\right)\left(1+\frac{\sin\theta\sin\frac{\theta}{2}}{\cos\theta\cos\frac{\theta}{2}}\right)$$

$$=\frac{\cos^2\frac{\theta}{2}-\sin^2\frac{\theta}{2}}{\sin\frac{\theta}{2}\cos\frac{\theta}{2}}\times\frac{\cos\theta\cos\frac{\theta}{2}+\sin\theta\sin\frac{\theta}{2}}{\cos\theta\cos\frac{\theta}{2}}$$

$$= \frac{\cos \theta}{\frac{1}{2}\sin \theta} \times \frac{\cos\left(\theta - \frac{\theta}{2}\right)}{\cos \theta \cos \frac{\theta}{2}}$$

$$= \frac{2}{\sin \theta}$$

$$= 10.$$

18. 如图 2 所示，四棱锥 $P\text{-}ABCD$ 的体积

$$V = \frac{1}{3}S_{\text{正方形}ABCD} \times h = \frac{1}{3}h.$$

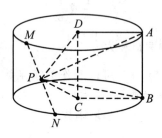

图 2

所以，当 MN 为圆柱的母线，且平面 $PCD \perp$ 平面 $ABCD$ 时，h 最大，为 1，

即

$$V \leqslant \frac{1}{3} \times 1 = \frac{1}{3}.$$

故四棱锥 $P\text{-}ABCD$ 的体积的最大值为 $\frac{1}{3}$.

19. 设 $\{a_n\}$ 的公差为 d，由 $3a_5 = 8a_{12} > 0$，得

$$3a_5 = 8(a_5 + 7d),$$

即

$$a_5 = -\frac{56}{5}d > 0.$$

因为

$$a_5 > 0,$$

所以

$$d < 0,$$

从而

$$a_5 + 11d = -\frac{d}{5} > 0, a_5 + 12d = \frac{4d}{5} < 0,$$

亦即

$$a_{16} > 0, a_{17} < 0,$$

因为

$$b_n = a_n \cdot a_{n+1} \cdot a_{n+2} (n \in \mathbf{N}^*),$$

所以

$$b_1, b_2, \cdots, b_{14} > 0; b_{17}, b_{18}, \cdots, b_n (n > 16) < 0,$$

$$b_{15} = a_{15} \cdot a_{16} \cdot a_{17} < 0, b_{16} = a_{16} \cdot a_{17} \cdot a_{18} > 0,$$

即 $\{b_n\}$ 的前 n 项和 S_n，有

$$S_1 > S_2 > S_3 > \cdots > S_{14} > S_{15}, S_{17} > S_{18} > S_{19} > \cdots$$

又

$$a_{15} = a_5 + 10d = -\frac{6}{5}d > 0, a_{18} = a_5 + 13d = \frac{9}{5}d < 0,$$

所以

$$|a_{18}| > |a_{15}| = a_{15},$$

从而

$$b_{16} > |b_{15}| = -b_{15},$$

$$S_{16}=S_{14}+b_{15}+b_{16}>S_{14}>S_{15},$$

故当 $n=16$ 时,前 n 项和取得最大值.

20. 因为 5 是不等式的解,代入到题设的不等式,得

$$|a-5|\leqslant 10,$$

解得
$$-5\leqslant a\leqslant 15,\qquad\qquad ①$$

又因为 6 不是不等式的解,则由题设的不等式,可得

$$|a|+1>10,$$

解得
$$a>9 \text{ 或 } a<-9,\qquad\qquad ②$$

由①②,得
$$9<a\leqslant 15,$$

故
$$x^2-6x+a=(x-3)^2+a-9>0.$$

因为满足不等式的 x 的最大值为 5,所以不等式 $|x^2-6x+a|+|x-5|\leqslant 10$ 可以化为

$$x^2-6x+a+5-x\leqslant 10,$$

即
$$x^2-7x+a-5\leqslant 0,$$

由题设,得 5 是方程 $x^2-7x+a-5=0$ 的一个根,代入可得 $a=15$,

所以不等式 $|x^2-6x+a|+|x-5|\leqslant 10$ 可以化为

$$x^2-7x+10\leqslant 0$$

解 $x^2-7x+10\leqslant 0$,得
$$2\leqslant x\leqslant 5.$$

所以不等式 $|x^2-6x+a|+|x-5|\leqslant 10$ 的解集为 $[2,5]$.

第2试

一、选择题

以下每题的四个选项中,仅有一个是正确的,请将正确答案前的英文字母写在每题后面的圆括号内.

1. 已知全集 $U=\{x\in\mathbf{Z}\mid 14\leqslant 9x-x^2\}$, $A=\{2,3,4\}$, $\complement_U B=\{6,7\}$, 则 $A\cup B=($ 　　)

(A)$\{2,3,4\}$ 　　(B)$\{5,6\}$ 　　(C)$\{6,7\}$ 　　(D)$\{2,3,4,5\}$

2. $\sqrt{x}>\sqrt{y}$ 是 $\ln x>\ln y$ 的(　　)

(A)充分不必要条件. 　　　　　　(B)必要不充分条件.

(C)充要条件. 　　　　　　　　　(D)既不充分又不必要条件.

3. 已知 $f(x)=\left(\dfrac{2^x+1}{2^x-1}\right)g(x)$. 若 $g(x)$ 是奇函数,则 $f(x)$ 是(　　)

(A)偶函数. 　　　　　　　　　　(B)奇函数.

(C)非奇非偶函数. 　　　　　　　(D)奇偶性不确定的函数.

4. 在数列 $\{a_n\}$ 中, $a_1=2$, $a_2=7$, $a_{n+2}=a_na_{n+1}$ 的个位数字,如 $a_3=4$,则 $a_{2019}=($ 　　)

(A) 2. 　　　(B) 4. 　　　(C)6. 　　　(D)7.

5. 下面结论中,不能使 $\log_m\dfrac{3}{4}>\log_n\dfrac{3}{4}$ 成立的是(　　)

(A)$1<n<m$. 　　(B)$0<m<1<n$. 　　(C)$0<m<n<1$. 　　(D)$0<n<m<1$.

6. 已知一元二次方程 $x^2+ax+b=0$ 和 $x^2+bx+a=0$ 只有一个公共根,且 a,b 恰好是一元二次方程 $mx^2+nx+1=0$ 的两个根,则下列选项中一定成立的是(　　)

(A)$m+n=0$. 　　(B)$m-n=0$. 　　(C)$m+n=1$. 　　(D)$m-n=-1$.

7. 已知角 α 为锐角,则下列四个算式的值中,最大的是(　　)

(A)$\tan\alpha+\cot\alpha$. 　　(B)$\sin\alpha+\cos\alpha$. 　　(C)$\tan\alpha+\cos\alpha$. 　　(D)$\cot\alpha+\sin\alpha$.

$$\left(\text{注}:\cot\alpha=\frac{\cos\alpha}{\sin\alpha}\right)$$

8. 已知数阵 $\begin{pmatrix}a_{11}&a_{12}&a_{13}\\a_{21}&a_{22}&a_{23}\\a_{31}&a_{32}&a_{33}\end{pmatrix}$ 中,每行、每列的三个数依次构成等差数列. 若数阵中的 9 个数的和为 27,则 a_{22} 的值是(　　)

(A)3. 　　　(B) 12. 　　　(C)27. 　　　(D)32.

9. 如图 1,过 $\triangle ABC$ 的顶点 A 作其外接圆的切线,交 BC 的延长线于点 P. 已知 $\dfrac{PC}{PA}=$

$\dfrac{\sqrt{2}}{2}$，点 D 在 AC 上，且 $\dfrac{AD}{DC}=\dfrac{1}{3}$，延长 PD 交 AB 于点 E，则 $\dfrac{AE}{EB}$ 的值为（　　）

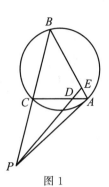

图 1

(A) $\dfrac{1}{6}$. 　　　　(B) $\dfrac{\sqrt{2}}{6}$. 　　　　(C) $\dfrac{\sqrt{3}}{6}$. 　　　　(D) $\dfrac{1}{3}$.

10. 已知集合 $P=\{(x,y)\mid(x-\cos\theta)^2+\mid y-\sin\theta-2\mid=0,\theta\in\mathbf{R}\}$，$Q=\{(x,y)\mid y=kx+5,k<0\}$. 若 $P\bigcap Q$ 是单元素集合，则 k 的值为（　　）

(A) $-2\sqrt{2}$. 　　　　(B) -2. 　　　　(C) $-\sqrt{2}$. 　　　　(D) -5.

二、填空题

每题都要写出推算过程.

11. 用 $\max\{a,b,c\}$ 表示 a,b,c 三个数中的最大值. 设 $f(x)=\max\{-2^x,-x-1,x-3\}$ $(x\in\mathbf{R})$，则函数 $f(x)$ 的最小值为_____.

12. 已知 $f(x^2+2x)=\mid x+1\mid$，则 $f(3+2\sqrt{3})$ 的值为_____.

13. 已知函数 $y=f(x)$ 的图像关于直线 $x=6$ 对称. 若方程 $f(x)=0$ 恰有 5 个不同的实数根，则这 5 个实数根之和为_____.

14. 已知数列 $\{a_n\}$ 的通项公式为 $a_n=\dfrac{1}{\sqrt{n(n+1)}\,(\sqrt{n}+\sqrt{n+1})}$，前 n 项和为 S_n，则 $S_{35}=$_____.

15. 如图 2，在 $\triangle ABC$ 中，$\dfrac{AD}{AB}=\dfrac{1}{3}$，$\dfrac{BE}{BC}=\dfrac{1}{4}$，$\dfrac{CF}{CA}=\dfrac{1}{5}$，则 $\triangle DEF$ 和 $\triangle ABC$ 的面积的比值为_____.

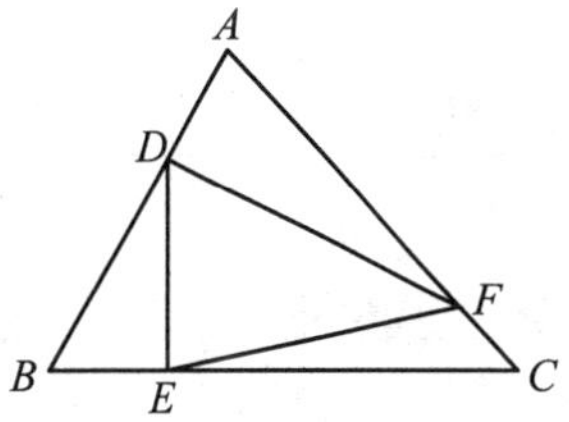

图 2

16. 已知 $f(\sin x)=\sin 2019x$，$f(\cos x)=\dfrac{2}{3}$，则 $\cos 2019x=$_____.

17. 当 $a>0$ 且 $a\neq\dfrac{1}{2}$ 时，函数 $f(x)=\log_{2a}(x-1)+1$ 的图像恒过定点 P，且点 P 在函数 $g(x)=\dfrac{1}{2}(a+1)^{x-2}+\dfrac{a}{2}$ 的图像上，则不等式 $f(x)<3^{\log_{\sqrt{3}}\sqrt{a+2}}$ 的解集是_____.

18. 方程 $(5-2\sqrt{6})^x+(5+2\sqrt{6})^x=98$ 的根是_____.

19. 从 A,B,C,D,E 这 5 人中选 3 人去实验室,规定:

①如果选 A,则还必须选 B,但不选 E;

②如果选 B 或 E,则不选 D;

③ C,D 中至少选一人.

如果必选 A,那么所选的另外 2 人分别是_____.

20. 已知集合 $U=\{1,2,3,\cdots,100\}$,S 是 U 的一个子集,且 S 中任意两个不同元素之和不被 7 整除,则 S 中最多包含_____个元素.

三、解答题

21. 若函数 $f(x)=4^x+a\cdot2^x+a+1$ 的图像与 x 轴有交点,求实数 a 的取值范围.

22. 数列 $\{a_n\}$ 中,$a_1=1$,数列的前 n 项和 S_n 满足:$S_{n+1}=4a_n+1$.

(1)求数列 $\{a_n\}$ 的通项公式;

(2)若 $S_n<300$,求 n 的最大值.

23. 已知正四面体 $ABCD$ 的棱长为 6,点 E,F 分别是 $\triangle ABC$,$\triangle ACD$ 的中心,点 M 在 AB 上,且 $AM=1$,过点 M,E,F 的平面截四面体 $ABCD$,求截面的周长.

一、选择题

题号	1	2	3	4	5	6	7	8	9	10
答案	D	B	A	B	C	B	A	A	A	A

提示

1. 由 $14\leqslant9x-x^2$,得

$$x^2-9x+14\leqslant0,$$

解得　　　　　　　　　　　$2\leqslant x\leqslant7,$

所以　　　全集 $U=\{x\in\mathbf{Z}|14\leqslant9x-x^2\}=\{2,3,4,5,6,7\}.$

又已知　　　　　　　　　$\complement_U B=\{6,7\},$

所以　　　　　　　　　　$B=\{2,3,4,5\},$

结合 $A=\{2,3,4\}$,得　　　$A\bigcup B=\{2,3,4,5\}.$

故选(D).

2. 当 $x>0, y=0$ 时,

$$由 \sqrt{x}>\sqrt{y} 不能推出 \ln x>\ln y;$$ ①

由

$$\ln x>\ln y,$$

得

$$x>y>0,$$

所以

$$\sqrt{x}>\sqrt{y},$$

即

$$由 \ln x>\ln y 可以推出 \sqrt{x}>\sqrt{y}.$$ ②

由①②,知 $\sqrt{x}>\sqrt{y}$ 是 $\ln x>\ln y$ 的必要不充分条件.

故选(B).

3. 令 $h(x)=\dfrac{2^x+1}{2^x-1}$,则

$$h(-x)=\frac{2^{-x}+1}{2^{-x}-1}=\frac{2^x+1}{1-2^x}=-h(x),$$

所以

$$h(x)=\frac{2^x+1}{2^x-1} 是奇函数,$$

又

$$g(x) 是奇函数,$$

所以

$$f(x)=h(x)g(x) 是偶函数,$$

故选(A).

4. 根据题设条件,由具体计算可知,$\{a_n\}$ 的项依次是

$$2,7,4,8,2,6,2,2,4,8,2,6,2,2,\cdots$$

由此可知 $\{a_n\}$ 从第三项起每 6 项一个循环,

因为

$$(2019-2)\div 6=336\cdots\cdots 1,$$

所以

$$a_{2019}=a_3=4.$$

故选(B).

5. 分析法.

$$\log_m \frac{3}{4}>\log_n \frac{3}{4},$$

即

$$\frac{\lg \frac{3}{4}}{\lg m}>\frac{\lg \frac{3}{4}}{\lg n},$$

亦即

$$\frac{1}{\lg m}<\frac{1}{\lg n},$$

结合图 3 中的图像,知选(C).

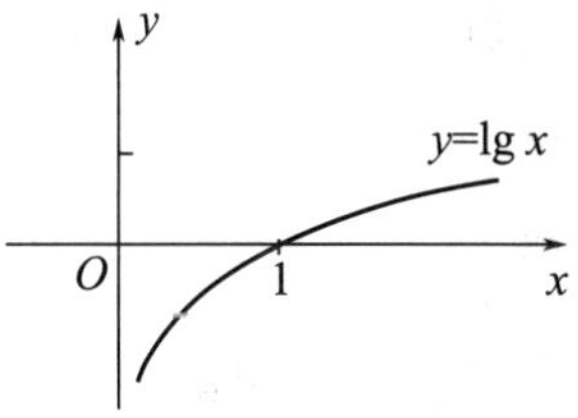

另解 1:特殊值法和图像法.由图 3,知选(C).

另解 2:当 $x<1$ 时,比较 $y=\log_a x$ 与 $y=\log_b x$ 的大小.

由对数函数 $y=\log_a x$ 的图像(如图 4,见下页),可知

当 $a>b>1$ 时,有 $\qquad y=\log_a x>y=\log_b x.$ ①

当 $0<a<b<1$ 时,有 $\qquad y=\log_a x<y=\log_b x.$ ②

当 $0<a<1, b>1$ 时,有 $\qquad y=\log_a x>y=\log_b x.$ ③

图 3

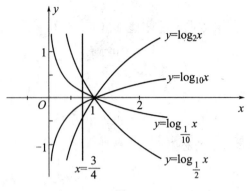

图 4

由①和 $\log_m \dfrac{3}{4} > \log_n \dfrac{3}{4}$，知　　　　　　　　　$1 < n < m$；

由②和 $\log_m \dfrac{3}{4} > \log_n \dfrac{3}{4}$，知　　　　　　　　　$0 < n < m < 1$；

由③和 $\log_m \dfrac{3}{4} > \log_n \dfrac{3}{4}$，知　　　　　　　　　$0 < m < 1 < n$.

故选（C）.

6. 设方程 $x^2 + ax + b = 0$ 和 $x^2 + bx + a = 0$ 的公共根为 p，则有

$$\begin{cases} p^2 + ap + b = 0 \\ p^2 + bp + a = 0 \end{cases},$$

两式相减，得　　　　　　　　　$(a - b)p = a - b$.

当 $a - b = 0$，即 $a = b$ 时，两个二次方程相同，因而其两根都相同，不满足题意，舍去.

当 $a - b \neq 0$，即 $a \neq b$ 时，

$$p = 1,$$

代入方程，得　　　　　　　　　$a + b + 1 = 0$，

即　　　　　　　　　$a + b = -1$.

又因为 a, b 恰好是一元二次方程 $mx^2 + nx + 1 = 0$ 的两个根，

所以　　　　　　　　　$a + b = -\dfrac{n}{m} = -1$，

即　　　　　　　　　$m = n$，

故　　　　　　　　　$m - n = 0$.

故选（B）.

7. 由 α 为锐角，得

$$0 < \sin \alpha < 1, 0 < \cos \alpha < 1,$$

所以

$$\sin \alpha + \cos \alpha < \frac{\sin \alpha}{\cos \alpha} + \frac{\cos \alpha}{\sin \alpha} = \tan \alpha + \cot \alpha,$$

$$\tan \alpha + \cos \alpha < \tan \alpha + \frac{\cos \alpha}{\sin \alpha} = \tan \alpha + \cot \alpha,$$

$$\cot \alpha + \sin \alpha < \cot \alpha + \frac{\sin \alpha}{\cos \alpha} = \tan \alpha + \cot \alpha,$$

所以这四个算式中值最大的为 $\tan\alpha+\cot\alpha$.

故选（A）.

8. 由题设,知
$$a_{11}+a_{13}=2a_{12},$$
即
$$a_{11}+a_{12}+a_{13}=3a_{12}.$$
同理
$$a_{21}+a_{22}+a_{23}=3a_{22},$$
$$a_{31}+a_{32}+a_{33}=3a_{32},$$
$$a_{12}+a_{22}+a_{32}=3a_{22}.$$
于是,这 9 个数的和为
$$9a_{22}=27,$$
解得
$$a_{22}=3.$$
故选（A）.

9. 连结 BD,如图 5 所示.

因为 $\triangle PAC$ 和 $\triangle PBA$ 的面积的比是

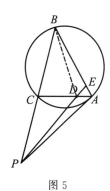

$$\frac{S_{\triangle PAC}}{S_{\triangle PBA}}=\frac{PC^2}{PA^2}=\frac{1}{2},$$

又因为
$$\frac{S_{\triangle PAC}}{S_{\triangle PBA}}=\frac{4S_{\triangle PAD}}{\frac{4}{3}S_{\triangle PBD}}=3\times\frac{AE}{BE},$$

所以
$$3\times\frac{AE}{BE}=\frac{1}{2},$$

即
$$\frac{AE}{BE}=\frac{1}{6}.$$

故选（A）.

图 5

10. 由集合 P,知
$$\begin{cases} x-\cos\theta=0 \\ y-\sin\theta-2=0 \end{cases},$$

即
$$\begin{cases} x=\cos\theta \\ y-2=\sin\theta \end{cases},$$

所以
$$x^2+(y-2)^2=1.$$

于是,问题转化为:若圆 $x^2+(y-2)^2=1$ 与直线 $kx-y+5=0$ 只有一个公共点,求 k.

所以
$$\frac{|k\cdot0-2+5|}{\sqrt{k^2+1}}=1,$$

即
$$\sqrt{k^2+1}=3(k<0),$$

解得
$$k=-2\sqrt{2}.$$

故选（A）.

🔖二、填空题

题号	11	12	13	14	15	16	17	18	19	20
答案	-2	$\sqrt{3}+1$	30	$\dfrac{5}{6}$	$\dfrac{5}{12}$	$-\dfrac{2}{3}$	$(1,5)$	± 2	B,C	45

💡 提　示

11. 函数 $f(x)=\max\{-2^x,-x-1,x-3\}\ (x\in\mathbf{R})$ 可以转化为

$$f(x)=\begin{cases} -x-1 & x\leqslant 0 \\ -2^x & 0<x\leqslant 1, \\ x-3 & 1<x \end{cases}$$

作出图像（如图 6），易知

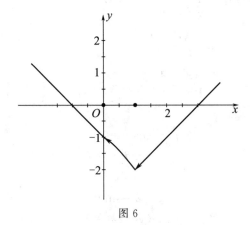

图 6

函数 $f(x)$ 得最小值为 $f(1)=-2$.

12. 令 $x^2+2x=t\,(t\geqslant-1)$，则

$$|x+1|=\sqrt{|x+1|^2}=\sqrt{x^2+2x+1}=\sqrt{t+1},$$

所以
$$f(t)=\sqrt{t+1},$$

故
$$f(3+2\sqrt{3})=\sqrt{(3+2\sqrt{3})+1}=\sqrt{4+2\sqrt{3}}=\sqrt{3}+1.$$

13. 因为函数 $y=f(x)$ 的图像关于直线 $x=6$ 对称，所以 $f(x)=0$ 的实根也关于直线 $x=6$ 对称.

设 $f(x)=0$ 的 5 个实根分别为 x_1,x_2,x_3,x_4,x_5，则一定有一个根为 6，不妨设 $x_5=6$，则每一对实根之和为 12，故这 5 个实数根之和为 $6+2\times 12=30$.

14.
$$a_n=\frac{1}{\sqrt{n(n+1)}\,(\sqrt{n}+\sqrt{n+1})}$$

$$= \frac{\sqrt{n+1} - \sqrt{n}}{\sqrt{n(n+1)}}$$

$$= \frac{1}{\sqrt{n}} - \frac{1}{\sqrt{n+1}},$$

所以
$$S_n = \left(1 - \frac{1}{\sqrt{2}}\right) + \left(\frac{1}{\sqrt{2}} - \frac{1}{\sqrt{3}}\right) + \cdots + \left(\frac{1}{\sqrt{n}} - \frac{1}{\sqrt{n+1}}\right) = 1 - \frac{1}{\sqrt{n+1}},$$

故
$$S_{35} = 1 - \frac{1}{\sqrt{36}} = \frac{5}{6}.$$

15. 因为 $\triangle ADF$ 和 $\triangle ABC$ 有公共角 $\angle A$. 所以

$$\frac{S_{\triangle ADF}}{S_{\triangle ABC}} = \frac{AD \cdot AF}{AB \cdot AC} = \frac{1}{3} \times \frac{4}{5} = \frac{4}{15}.$$

同理可得
$$\frac{S_{\triangle BED}}{S_{\triangle ABC}} = \frac{BD \cdot BE}{AB \cdot BC} = \frac{2}{3} \times \frac{1}{4} = \frac{1}{6},$$

$$\frac{S_{\triangle CEF}}{S_{\triangle ABC}} = \frac{CF \cdot CE}{AC \cdot BC} = \frac{1}{5} \times \frac{3}{4} = \frac{3}{20}.$$

所以
$$\frac{S_{\triangle DEF}}{S_{\triangle ABC}} = 1 - \frac{4}{15} - \frac{1}{6} - \frac{3}{20} = \frac{5}{12}.$$

16. 由题设, 得

$$\cos 2019x$$

$$= \sin\left(\frac{\pi}{2} - 2019x\right)$$

$$= \sin\left(5\pi + 1004\pi + \frac{\pi}{2} - 2019x\right)$$

$$= \sin\left[\pi + 2019 \times \left(\frac{\pi}{2} - x\right)\right]$$

$$= -\sin\left[2019 \times \left(\frac{\pi}{2} - x\right)\right]$$

$$= -f\left[\sin\left(\frac{\pi}{2} - x\right)\right]$$

$$= -f(\cos x)$$

$$= -\frac{2}{3}.$$

另解： $f(\cos x) = f\left[\sin\left(\frac{\pi}{2} - x\right)\right]$

$$= \sin\left[2019 \times \left(\frac{\pi}{2} - x\right)\right]$$

$$= \sin\left(1009\pi + \frac{\pi}{2} - 2019x\right)$$

$$= \sin\left[\pi + \left(\frac{\pi}{2} - 2019x\right)\right]$$

$$= -\sin\left(\frac{\pi}{2} - 2019x\right)$$

$$= -\cos 2019x,$$

又 $$f(\cos x) = \frac{2}{3},$$

所以 $$f(\cos x) = -\cos 2019x = \frac{2}{3},$$

故 $$\cos 2019x = -\frac{2}{3}.$$

17. 由题设,有

$$f(2) = 1,$$

所以 $(2,1)$ 就是点 P 的坐标.

因为 P 点在 $g(x)$ 的图像上,

所以 $$g(2) = \frac{1}{2} + \frac{a}{2} = 1,$$

解得 $$a = 1,$$

因此 $$f(x) = \log_2(x-1) + 1.$$

于是 $$f(x) < 3^{\log_{\sqrt{3}} \sqrt{a+2}},$$

即 $$\log_2(x-1) + 1 < 3,$$

$$0 < x - 1 < 4,$$

所以 $$1 < x < 5.$$

故不等式 $f(x) < 3^{\log_{\sqrt{3}} \sqrt{a+2}}$ 的解集为 $(1,5)$.

18. 因为 $$(5 - 2\sqrt{6})(5 + 2\sqrt{6}) = 1,$$

故原方程等价于 $$(5 - 2\sqrt{6})^x + \frac{1}{(5-2\sqrt{6})^x} = 98,$$

令 $(5 - 2\sqrt{6})^x = t$,则 $$t + \frac{1}{t} = 98,$$

即 $$t = 49 \pm 20\sqrt{6},$$

注意到 $$49 \pm 20\sqrt{6} = (5 \pm 2\sqrt{6})^2,$$

解得 $$x = \pm 2.$$

19. 因为必选 A,所以由 (1),知选 B,不选 E;由 (2),知不选 D;由 (3),知选 C. 综上知,所选的另外 2 人是 B,C.

20. 将集合中的元素按照除以 7 的余数分为以下 7 类,其中 A_i 中的元素除以 7 的余数为 i,即

$$A_0 = \{7,14,21,\cdots,98\}, A_1 = \{1,8,\cdots,99\}, A_2 = \{2,9,\cdots,100\}, A_3 = \{3,10,\cdots,94\},$$
$$A_4 = \{4,11,\cdots,95\}, A_5 = \{5,12,\cdots,96\}, A_6 = \{6,13,\cdots,97\},$$

S 最多只能包含 A_0 的一个元素,且 S 若包含其它任何一个子集的一个元素,则它必可包含这个子集的全部元素,但 S 不能同时包含 A_1 与 A_6,A_2 与 A_5,A_3 与 A_4 的元素. 所以,S 中最多包含元素 $1 + 15 + 15 + 14 = 45$(个).

三、解答题

21. 函数 $f(x)$ 的图像与 x 轴有交点，即方程

$$4^x + a \cdot 2^x + a + 1 = 0 \qquad\qquad ①$$

有实数根.

令 $t = 2^x (t > 0)$，则方程①化为

$$t^2 + at + a + 1 = 0, \qquad\qquad (*)$$

方程①有实数根，即方程 (*) 有正根.

(1) 若方程 (*) 有两个正实数根，分别记为 t_1, t_2，则有

$$\begin{cases} \Delta_t = a^2 - 4(a+1) \geqslant 0 \\ t_1 + t_2 = -a > 0 \\ t_1 t_2 = a + 1 > 0 \end{cases},$$

解得

$$-1 < a \leqslant 2 - 2\sqrt{2}.$$

(2) 若方程 (*) 有一个正实数根.

记 $g(t) = t^2 + at + a + 1$，则有

$$g(0) = a + 1 \leqslant 0,$$

解得

$$a \leqslant -1.$$

综上知，$a \leqslant 2 - 2\sqrt{2}$.

22. (1) 由已知条件有

$$S_{n+2} = 4a_{n+1} + 1,$$

又

$$S_{n+1} = 4a_n + 1,$$

两式相减，得

$$a_{n+2} = 4a_{n+1} - 4a_n,$$

即

$$a_{n+2} - 2a_{n+1} = 2(a_{n+1} - 2a_n),$$

所以，数列 $\{a_{n+1} - 2a_n\}$ 是以 $a_2 - 2a_1$ 为首项，2 为公比的等比数列.

由题设，有

$$a_1 = 1,$$

$$S_2 = 4 \times 1 + 1 = 5 = a_1 + a_2,$$

所以

$$a_2 = 4,$$

$$a_2 - 2a_1 = 2,$$

故

$$a_{n+1} - 2a_n = 2 \times 2^{n-1} = 2^n,$$

上式两边同除以 2^{n+1}，得

$$\frac{a_{n+1}}{2^{n+1}} - \frac{a_n}{2^n} = \frac{1}{2},$$

所以

$$\frac{a_n}{2^n} = \frac{a_1}{2} + (n-1) \times \frac{1}{2} = \frac{n}{2},$$

故

$$a_n = n \cdot 2^{n-1}.$$

(2) $S_n = 4a_{n-1} + 1 = 4(n-1) \cdot 2^{n-2} + 1 = (n-1) \cdot 2^n + 1.$

当 $n > 1$ 时，

$$n - 1 > 0,$$

又因为 $y = 2^x$ 是 **R** 上的单调递增函数，

所以　　　　　　　　　　　　$\{S_n\}$ 是单调递增数列，

又　　　　　　　　　　　　$S_5=4\times2^5+1=129<300$，

　　　　　　　　　　　　　$S_6=5\times2^6+1=321>300$，

所以满足题意的 n 的最大值是 5.

23. 如图 7，取 AC 的中点 G，连结 BG，DG.

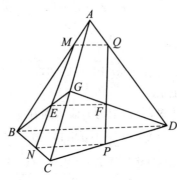

图 7

由点 E，F 分别是 $\triangle ABC$，$\triangle ACD$ 的中心，知点 E，F 分别在 BG，DG 上，且 $EF/\!/BD$.
显然，M，E，B 不共线，所以点 B 不在过点 M，E，F 的截面内，于是 BD 平行于过点 M，E，F 的截面.

　　连结 ME 并延长，交 BC 于点 N；从点 N 作 $NP/\!/BD$ 交 CD 于点 P，连结 PF 并延长，交 AD 于点 Q，连结 MQ.

因为　　　　　　　　　　$EF/\!/BD$，$BD/\!/NP$，

所以　　　　　　　　　　$EF/\!/NP$，

故 EF 和 NP 共面，

又直线 MN，PQ 都在平面 $ENPF$ 内，

所以四边形 $MNPQ$ 就是正四面体过点 M，E，F 的截面.

　　如图 8，在边长为 6 的等边 $\triangle ABC$ 中，从点 M 作高 AH 的垂线 MI，交 AH 于点 I，则

　　　　　　　　　　$\triangle EMI\backsim\triangle ENH$.

所以　　　　$\dfrac{HN}{MI}=\dfrac{EH}{EI}=\dfrac{EH}{AE-AI}$，　　　　（＊）

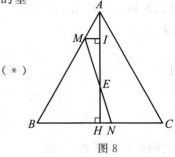

图 8

因为　　　　$AM=1$，$AB=BC=AC=6$，

由等边三角形的性质，得在 Rt$\triangle AMI$ 中，

　　　　　　$\angle MAI=30°$，$MI=\dfrac{1}{2}$，$AI=\dfrac{\sqrt{3}}{2}$，

因为 E 是等边 $\triangle ABC$ 的中心，$AB=6$，所以

　　　　　　　　　　$AE=2\sqrt{3}$，$EH=\sqrt{3}$，

代入（＊），得　　　　　　$HN=\dfrac{1}{3}$，

于是　　　　　　$BN=3+\dfrac{1}{3}=\dfrac{10}{3}$，$CN=3-\dfrac{1}{3}=\dfrac{8}{3}$.

在△MBN 中,由余弦定理,得

$$MN = \sqrt{BM^2 + BN^2 - 2BM \cdot BN\cos 60°} = \frac{5\sqrt{7}}{3}.$$

由正四面体的性质,得△AMQ 是等边三角形,

所以 $$MQ = AM = AQ = 1,$$

于是有 $$MQ /\!/ NP.$$

由△BCD 是等边三角形,且 $CN = \frac{8}{3}$,得

$$NP = \frac{8}{3},$$

因此,截面 MNPQ 是上底为 1,下底为 $\frac{8}{3}$,腰长为 $\frac{5\sqrt{7}}{3}$ 的等腰梯形,其周长为

$$1 + \frac{8}{3} + 2 \times \frac{5\sqrt{7}}{3} = \frac{11 + 10\sqrt{7}}{3}.$$

第 31 届（2021 年）

第 1 试

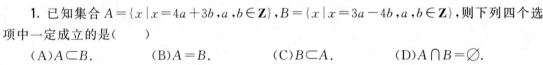

以下每题的四个选项中，仅有一个是正确的，请将正确答案前的英文字母写在题后面的圆括号内．

1. 已知集合 $A=\{x \mid x=4a+3b, a,b\in\mathbf{Z}\}$，$B=\{x \mid x=3a-4b, a,b\in\mathbf{Z}\}$，则下列四个选项中一定成立的是（　　）

(A) $A\subset B$. 　　(B) $A=B$. 　　(C) $B\subset A$. 　　(D) $A\bigcap B=\varnothing$.

2. 已知 $a=\log_2 3, b=\log_4 3, c=\log_8 7$，则（　　）

(A) $a>b>c$. 　　(B) $a>c>b$. 　　(C) $b>a>c$. 　　(D) $c>a>b$.

3. 已知函数 $y=f(x)$ 的图像的对称轴是 $x=1$，则函数 $y=f(2x-1)$ 的图像的对称轴是（　　）

(A) $x=1$. 　　(B) $x=\dfrac{3}{2}$. 　　(C) $x=2$. 　　(D) $x=3$.

4. 已知集合 $A=\{0,1,2\}$，$B=\{x,x^2,x^2+1\}$，若 $A\bigcap B\neq\varnothing$，则 x 的取值有（　　）

(A) 2 个. 　　(B) 3 个. 　　(C) 4 个. 　　(D) 6 个.

5. 已知 $f(x)=\begin{cases}(4a-1)x+3a & x\leqslant 1 \\ \log_a x & x>1\end{cases}$，（$a$ 是常数）是 $\mathbf{R}$ 上的单调递减函数，则实数 a 的取值范围是（　　）

(A) $(0,1)$. 　　(B) $\left(0,\dfrac{1}{4}\right)$. 　　(C) $\left[\dfrac{1}{7},1\right)$. 　　(D) $\left[\dfrac{1}{7},\dfrac{1}{4}\right)$.

6. 若方程 $\ln(3x+1)+2x=10$ 的解是 x_0，则不等式 $7x-2x_0\leqslant 1$ 的最大整数解是（　　）

(A) -1. 　　(B) 0. 　　(C) 1. 　　(D) 2.

7. 若符号 $[m]$ 表示不超过实数 m 的最大整数，则在平面直角坐标系 xOy 中，满足 $[x]^2$

$+[y]^2=2$ 的点 (x,y) 所围成的图形的面积是（　　）

(A)1. 　　　　(B)4. 　　　　(C)9. 　　　　(D)16.

8. 设 a 为实常数，$y=f(x)$ 是定义在 $(-\infty,0)\bigcup(0,+\infty)$ 上的奇函数，当 $x>0$ 时，$f(x)=9x+\dfrac{a^2}{x}-8$，若 $f(x)+a\leqslant 0$ 对一切 $x<0$ 恒成立，则 a 的取值范围是（　　）

A. $a\leqslant -8$. 　　B. $a\leqslant -\dfrac{8}{7}$. 　　C. $a\geqslant \dfrac{8}{5}$. 　　D. $a\leqslant -\dfrac{8}{7}$ 或 $a\geqslant \dfrac{8}{5}$.

9. 如图 1，三棱柱 $ABC\text{-}A'B'C'$ 的体积为 1，P 为 BB' 上一点，则四棱锥 $P\text{-}ACC'A'$ 的体积等于（　　）

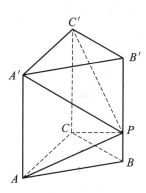

图 1

(A)$\dfrac{2}{3}$. 　　　　(B)$\dfrac{1}{2}$. 　　　　(C)$\dfrac{1}{3}$. 　　　　(D)$\dfrac{1}{4}$.

10. 已知 $f(x)=x^2+2x-1$ 的定义域和值域都是 $[a,b]$，其中 $a<b$，则 $a+b$ 的值有（　　）

(A)1 个. 　　　　(B)2 个. 　　　　(C)3 个. 　　　　(D)4 个.

二、填空题

11. 若集合 $A=\{a-3,2\log_2 b\}$ 与 $B=\{a+3,\log_2(32b-256)\}$ 有且仅有一个公共元素 a，则实数 $a=$_____.

12. 函数 $f(x)=\sqrt{|x-1|-x}+\lg \dfrac{x^2+2|x|-8}{x-4}$ 的定义域是_____.

13. 方程 $\log_{4x}2+\log_8 4x=-\dfrac{4}{3}$ 的两个实根的和是_____.

14. 若公差为 $d(d\neq 0)$ 的等差数列 $\{a_n\}$ 使 a_2+a_3 是 a_1 和 $a_4+a_5+a_6+a_7$ 的等比中项，则 $\dfrac{d}{a_1}=$_____.

15. 在平面直角坐标系 xOy 中，点 $P(m,n)$ 在曲线 $y=1+10^{\lg\frac{1}{x-1}}$ 上，则 $|OP|$ 的最小值是_____.

16. 设 $a_1, a_2, \cdots, a_n$ 是 n 个互不相等的正整数,其和为 2020,则 n 的最大值是_____.

17. 设正实数 x, y, z 满足 $4x^2 - 10xy + 9y^2 - z = 0$. 当 $\dfrac{xy}{z}$ 取得最大值时,$\dfrac{3}{2x} + \dfrac{1}{y} - \dfrac{3}{z}$ 的最大值是_____.

18. 将边长为 1 的正方形 $ABCD$ 绕 CD 旋转一周形成圆柱,点 M, N 分别在圆柱的上、下底面上运动,P 为 MN 的中点,则四棱锥 $P\text{-}ABCD$ 的体积的最大值是_____.

19. 在 $\triangle ABC$ 中,$\sin A + \sqrt{2}\sin B = 2$,则 $\cos C$ 的最小值是_____,此时 $\sin B =$ _____.

20. $f(x) = \sqrt{\dfrac{4x+7}{x+3}} + \sqrt{\dfrac{5x+20}{x+3}}$ 的定义域是_____,值域是_____.

一、选择题

题号	1	2	3	4	5	6	7	8	9	10
答案	B	B	A	C	D	C	B	D	A	B

提 示

1. 若 $x \in A$,则存在 $a, b \in \mathbf{Z}$,可使 $x = 4a + 3b = 3b - 4(-a) \in B$,

同理,若 $x \in B$,则存在 $a, b \in \mathbf{Z}$,可使 $x = 3a - 4b = 4(-b) + 3a \in A$.

所以　　　　　　　　　　　$A = B$,

故选(B).

2. 因为　　　　　　　　　　$a = \log_2 3 > 1$,

$$b = \log_4 3 = \log_2 \sqrt{3} < 1, c = \log_8 7 = \log_2 \sqrt[3]{7} < 1,$$

$$(\sqrt{3})^6 = 27, (\sqrt[3]{7})^6 = 49.$$

由函数 $y = \log_2 x \, (x > 0)$ 是单调递增函数,知

$$a > c > b.$$

故选(B).

3. 函数 $y = f(2x-1)$ 的图像可由函数 $y = f(x)$ 的图像变换得到:

先将 $y = f(x)$ 的图像向右平移 1 个单位,得到 $y = f(x-1)$ 的图像,它的对称轴变为 $x = 2$;

再让 $y = f(x-1)$ 的图像纵坐标不变,横坐标变为原来的 $\dfrac{1}{2}$,得到 $y = f(2x-1)$ 的图像,

它的对称轴变为 $x = 1$.

故选（A）.

4. 因为 $\qquad A \cap B \neq \varnothing$,

所以，A 和 B 中至少有一个相同的元素.

若 A 和 B 中有相同的元素 0，显然

$$x^2 + 1 \neq 0,$$

所以 $\qquad x = 0$ 或 $x^2 = 0$,

可得 $\qquad x = x^2 = 0$,

由集合元素的互异性可知，这不成立.

若 A 和 B 中有相同的元素 1，由 $x^2 + 1 = 1$，得

$$x = 0（舍去）;$$

由 $x = 1$，得 $\qquad x = x^2 = 1（舍去）;$

由 $x^2 = 1$，得 $\qquad x = -1$，或 $x = 1（舍去）.$

若两个集合中有相同的元素 2，显然，$x = 2$ 符合要求；

由 $x^2 = 2$，得 $\qquad x = \pm\sqrt{2};$

由 $x^2 + 1 = 2$，得 $\qquad x = -1$ 或 $x = 1（舍去）.$

综上可知，x 的取值有 $-1, 2, \pm\sqrt{2}$，共 4 个.

故选（C）.

5. 由题意可知

$$\begin{cases} g(x) = (4a-1)x + 3a \text{ 在 }(-\infty, 1] \text{ 上单调递减} \\ h(x) = \log_a x \text{ 在 }[1, +\infty) \text{ 上单调递减} \\ g(1) \geqslant h(1) \end{cases},$$

即 $\qquad \begin{cases} 4a - 1 < 0 \\ 0 < a < 1 \\ 4a - 1 + 3a \geqslant \log_a 1 \end{cases},$

解得 $\qquad \dfrac{1}{7} \leqslant a < \dfrac{1}{4}.$

故选（D）.

6. 由 $\ln(3x+1) + 2x = 10$，得

$$\ln(3x+1) = -2x + 10.$$

在同一坐标系内，分别作出函数 $y = \ln(3x+1)$ 和 $y = -2x + 10$ 的图像，如图 2，它们的交点的横坐标 $x_0 \in (3, 4)$.

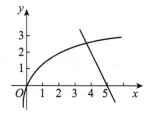

图 2

由 $7x - 2x_0 \leqslant 1$，得 $\qquad x \leqslant \dfrac{2x_0 + 1}{7}$.

因为 $\qquad x_0 \in (3, 4)$,

所以 $\qquad \dfrac{2x_0 + 1}{7} \in \left(1, \dfrac{9}{7}\right)$.

又 $\qquad x \in \mathbf{Z}$,

所以 $\qquad x \leqslant 1$,

故不等式的最大整数解是 1.

故选(C).

7. 方程 $[x]^2 + [y]^2 = 2$ 等价于

$$\begin{cases} [x] = 1 \\ [y] = 1 \end{cases}, \begin{cases} [x] = 1 \\ [y] = -1 \end{cases}, \begin{cases} [x] = -1 \\ [y] = 1 \end{cases}, \begin{cases} [x] = -1 \\ [y] = -1 \end{cases}.$$

即

$$\begin{cases} 1 \leqslant x < 2 \\ 1 \leqslant y < 2 \end{cases}, \begin{cases} 1 \leqslant x < 2 \\ -1 \leqslant y < 0 \end{cases}, \begin{cases} -1 \leqslant x < 0 \\ 1 \leqslant y < 2 \end{cases}, \begin{cases} -1 \leqslant x < 0 \\ -1 \leqslant y < 0 \end{cases}.$$

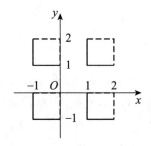

图 3

如图 3，点 (x, y) 所围成的图形是 4 个边长为 1 的正方形,

所以满足 $[x]^2 + [y]^2 = 2$ 的点 (x, y) 所围成的图形的面积是 $4 \times 1 \times 1 = 4$.

故选(B).

8. 任取 $x < 0$，则 $\qquad -x > 0$,

所以 $\qquad f(-x) = -9x - \dfrac{a^2}{x} - 8$,

又 $f(x)$ 为 $(-\infty, 0) \cup (0, +\infty)$ 上的奇函数，所以

$$f(x) = -f(-x) = 9x + \dfrac{a^2}{x} + 8 \, (x < 0),$$

所以，当 $x < 0$ 时，不等式 $9x + \dfrac{a^2}{x} + 8 + a \leqslant 0$ 恒成立，即

$9x^2 + (a+8)x + a^2 \geqslant 0$ 恒成立，再由二次函数图像可知，需满足

$$-\dfrac{a+8}{2 \times 9} \geqslant 0, \text{且 } f(0) \geqslant 0,$$

或 $\qquad \Delta = [-(a+8)]^2 - 4 \times 9a^2 \leqslant 0,$

解得
$$a \leqslant -8 \ \text{或} \ a \leqslant -\frac{8}{7} \ \text{或} \ a \geqslant \frac{8}{5}.$$

即
$$a \leqslant -\frac{8}{7} \ \text{或} \ a \geqslant \frac{8}{5},$$

故选(D).

9. 设点 P 到面 ABC，面 $A'B'C'$ 的距离分别为 h_1, h_2，

则棱柱的高
$$h = h_1 + h_2,$$

又记
$$s = S_{\triangle ABC} = S_{\triangle A'B'C'},$$

则

三棱柱的体积
$$V = sh = 1.$$

从三棱柱 $ABC\text{-}A'B'C'$ 去掉四棱锥 $P\text{-}ACC'A'$ 后剩余部分的体积

$$V' = V_{P-ABC} + V_{P-A'B'C'} = \frac{1}{3}sh_1 + \frac{1}{3}sh_2 = \frac{1}{3}s(h_1 + h_2) = \frac{1}{3},$$

从而
$$V_{P-ACC'A'} = V - V' = 1 - \frac{1}{3} = \frac{2}{3}.$$

故选(A).

10. 因为函数 $f(x) = x^2 + 2x - 1$ 的图像在对称轴 $x = -1$ 的两侧都是单调的，可分 3 种情况：

(1) $a < b \leqslant -1$，

因为 $f(x)$ 在区间 $[a, b]$ 上单调递减，所以
$$f(a) = b, \ f(b) = a,$$

即
$$\begin{cases} a^2 + 2a - 1 = b \\ b^2 + 2b - 1 = a \end{cases},$$

两式相减,整理得
$$a^2 - b^2 + 3a - 3b = 0,$$

即
$$(a - b)(a + b + 3) = 0,$$

因为 $a < b$，方程两边同除以 $a - b$，可得
$$a + b = -3,$$

当
$$\begin{cases} a = -2 \\ b = -1 \end{cases}$$
，时满足题意.

(2) $a < -1 < b$，

此时函数的最小值是 $f(-1) = -2$，即 $a = -2$，最大值可能在 $x = a$ 或 $x = b$ 处取得，于是
$$(-2)^2 + 2 \times (-2) - 1 = b, \quad \text{①}$$

或
$$b^2 + 2b - 1 = b, \quad \text{②}$$

由①,得
$$b = -1(\text{舍去}).$$

由②,得
$$b = \frac{-1 \pm \sqrt{5}}{2}.$$

因为
$$b = \frac{-1 - \sqrt{5}}{2} < -1, \text{与} \ b > -1 \ \text{矛盾},$$

所以
$$b = \frac{-1 + \sqrt{5}}{2},$$

此时
$$a+b=-2+\frac{-1+\sqrt5}{2}=\frac{-5+\sqrt5}{2}.$$

（3）$-1\leqslant a<b$

因为在此区间函数单调递增，所以
$$f(a)=a,f(b)=b,$$

即
$$\begin{cases}a^2+2a-1=a\\b^2+2b-1=b\end{cases},$$

两式相减，得
$$a^2-b^2+a-b=0,$$

即
$$(a-b)(a+b-1)=0.$$

由 $a<b,-1\leqslant a<b$，得
$$a-b<0,a+b+1>0,$$

所以 $(a-b)(a+b-1)=0$ 无实数解.

综上，知
$$a+b=-3\ 或\ \frac{-5+\sqrt5}{2}.$$

故选（B）.

二、填空题

题号	11	12	13	14	15	16	17
答案	8	$\left(-2,\frac12\right]$	$\frac{5}{32}$	$\frac23$	$2\sqrt2$	63	1

题号	18	19	20
答案	$\frac13$	$\frac{\sqrt2}{4};\frac{5\sqrt2}{8}$	$(-\infty,-4]\cup\left[-\frac74,+\infty\right);[3,3\sqrt2]$

提　示

11. 因为 $a-3\neq a,a+3\neq a,$
所以公共元素 $a=2\log_2b=\log_2(32b-256),$
解得 $b=16,a=2\log_2b=8.$

12. 由 $|x-1|-x\geqslant0$，得 $x\leqslant\frac12,$ ①
又由 $\frac{x^2+2|x|-8}{x-4}>0$，得 $\frac{(|x|-2)(|x|+4)}{x-4}>0.$
因为 $|x|+4>0,$
所以 $\frac{|x|-2}{x-4}>0.$
结合①，得 $x-4<0,$
所以 $|x|-2<0,且\ x\leqslant\frac12,$

解得
$$\left(-2, \frac{1}{2}\right],$$

所以 $f(x)=\sqrt{|x-1|-x}+\lg\dfrac{x^2+2|x|-8}{x-4}$ 的定义域是 $\left(-2,\dfrac{1}{2}\right]$.

13. 题设方程可化为
$$\frac{1}{\log_2 4x}+\frac{1}{3}\log_2 4x=-\frac{4}{3},$$

令 $t=\log_2 4x$, 则
$$\frac{1}{t}+\frac{1}{3}t=-\frac{4}{3},$$

即
$$t^2+4t+3=0,$$

解得
$$t=-1 \text{ 或 } -3,$$

即
$$\log_2 4x=-1 \text{ 或 } -3,$$

解得
$$x=\frac{1}{8} \text{ 或 } \frac{1}{32},$$

所以方程的两根和是
$$\frac{1}{8}+\frac{1}{32}=\frac{5}{32}.$$

14. 由 a_2+a_3 是 a_1 和 $a_4+a_5+a_6+a_7$ 的等比中项, 得
$$(a_2+a_3)^2=a_1(a_4+a_5+a_6+a_7), \qquad\qquad ①$$

又因为 $\{a_n\}$ 是公差为 d 的等差数列, 所以①式即
$$(a_1+d+a_1+2d)^2=a_1(a_1+3d+a_1+4d+a_1+5d+a_1+6d),$$

即
$$9d^2=6a_1 d.$$

因为
$$d\neq 0,$$

所以
$$2a_1=3d,$$

故
$$\frac{d}{a_1}=\frac{2}{3}.$$

15. 因为
$$y=1+10^{\lg\frac{1}{x-1}}=1+\frac{1}{x-1}(x>1),$$

由 $P(m,n)$ 是 $y=1+\dfrac{1}{x-1}(x>1)$ 图像上一点, 则 $P(m,n)$ 到原点的距离

$$|OP|=\sqrt{m^2+n^2}=\sqrt{m^2+\left(1+\frac{1}{m-1}\right)^2}$$

$$=\sqrt{(m-1)^2+\frac{1}{(m-1)^2}+2(m-1)+\frac{2}{m-1}+2}$$

$$\geqslant\sqrt{2+2\sqrt{4}+2}=2\sqrt{2},$$

当 $m=2, n=2$ 时, 等号成立, 所以
$$|OP|_{\min}=2\sqrt{2}.$$

16. 依题意, 可设 $0<a_1<a_2<\cdots<a_n$, 因为 $a_1, a_2, \cdots, a_n$ 是互不相等的正整数, 从而有
$$a_1\geqslant 1, a_2\geqslant 2, \cdots, a_n\geqslant n,$$

则
$$1+2+\cdots+n\leqslant a_1+a_2+\cdots+a_n=2020,$$

所以
$$\frac{n(n+1)}{2}\leqslant 2020,$$

解得

$$n \leqslant 63,$$

故 n 的最大值为 63.

17. 由题设, 得

$$z = 4x^2 - 10xy + 9y^2,$$

于是

$$\frac{xy}{z} = \frac{xy}{4x^2 - 10xy + 9y^2}$$

$$= \frac{1}{\dfrac{4x}{y} + \dfrac{9y}{x} - 10}$$

$$\leqslant \frac{1}{2\sqrt{\dfrac{4x}{y} \cdot \dfrac{9y}{x}} - 10}$$

$$= \frac{1}{12 - 10}$$

$$= \frac{1}{2},$$

（当且仅当 $\dfrac{4x}{y} = \dfrac{9y}{x}$, 即 $2x = 3y$ 时等号成立）

此时

$$z = 4x^2 - 10xy + 9y^2 = 3y^2,$$

$$\frac{3}{2x} + \frac{1}{y} - \frac{3}{z} = \frac{1}{y} + \frac{1}{y} - \frac{1}{y^2} = -\left(\frac{1}{y} - 1\right)^2 + 1 \leqslant 1,$$

（当且仅当 $y = 1$ 时, 等号成立）

所以满足题意的 $\dfrac{3}{2x} + \dfrac{1}{y} - \dfrac{3}{z}$ 的最大值是 1.

18. 如图 4, 设点 P 到平面 $ABCD$ 的距离是 h, 则四棱锥 $P\text{-}ABCD$ 的体积是

$$V = \frac{1}{3}S_{\text{正方形}ABCD} \times h = \frac{1}{3}h.$$

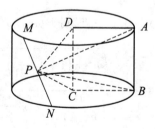

图 4

所以当 MN 为圆柱的母线, 且平面 $PCD \perp$ 平面 $ABCD$ 时, h 最大, 为 1, 所以

$$V \leqslant \frac{1}{3} \times 1 = \frac{1}{3}.$$

故四棱锥 $P\text{-}ABCD$ 的体积的最大值为 $\dfrac{1}{3}$.

19. 因为

$$2 = \sin(B + C) + \sqrt{2}\sin B$$

$$= \sin B \cos C + \cos B \sin C + \sqrt{2}\sin B$$

$$= (\cos C + \sqrt{2})\sin B + \sin C \cos B. \qquad ①$$

由三角方程 $a\sin x + b\cos x = c$ 有解的条件 $a^2 + b^2 \geqslant c^2$,知

$$(\cos C + \sqrt{2})^2 + \sin^2 C \geqslant 2^2,$$

解得

$$\cos C \geqslant \frac{\sqrt{2}}{4},$$

所以,$\cos C$ 的最小值为 $\frac{\sqrt{2}}{4}$.

下面探讨 $\cos C$ 可以取到最小值 $\frac{\sqrt{2}}{4}$ 时 $\sin B$ 的取值.

当 $\cos C = \frac{\sqrt{2}}{4}$ 时, $\sin C = \frac{\sqrt{14}}{4}$,

代入①式,得

$$\frac{5\sqrt{2}}{4}\sin B + \frac{\sqrt{14}}{4}\cos B = 2,$$

$$\sin(B + \varphi) = 1, \text{其中} \tan \varphi = \frac{\sqrt{7}}{5}\left(0 < \varphi < \frac{\pi}{2}\right),$$

所以

$$B = \frac{\pi}{2} - \varphi, \sin B = \cos \varphi = \frac{5\sqrt{2}}{8},$$

从而

$$\sin A = 2 - \sqrt{2}\sin B = 2 - \sqrt{2} \times \frac{5\sqrt{2}}{8} = \frac{3}{4} < 1,$$

故当 $\sin A = \frac{3}{4}$,$\sin B = \frac{5\sqrt{2}}{8}$ 时,$\cos C$ 可以取到最小值 $\frac{\sqrt{2}}{4}$.

20. $f(x) = \sqrt{\dfrac{4x+7}{x+3}} + \sqrt{\dfrac{5x+20}{x+3}}$ 的定义域满足

$$\begin{cases} \dfrac{4x+7}{x+3} \geqslant 0 \\ \dfrac{5x+20}{x+3} \geqslant 0 \end{cases},$$

即

$$\begin{cases} x+3 > 0 \\ 4x+7 \geqslant 0 \\ 5x+20 \geqslant 0 \end{cases} \text{或} \begin{cases} x+3 < 0 \\ 4x+7 \leqslant 0 \\ 5x+20 \leqslant 0 \end{cases},$$

解得

$$x \geqslant -\frac{7}{4} \text{或} x \leqslant -4,$$

所以函数 $f(x) = \sqrt{\dfrac{4x+7}{x+3}} + \sqrt{\dfrac{5x+20}{x+3}}$ 的定义域是 $(-\infty, -4] \cup \left[-\dfrac{7}{4}, +\infty\right)$.

记 $u = \sqrt{\dfrac{4x+7}{x+3}}$,$v = \sqrt{\dfrac{5x+20}{x+3}}$,则

$$u^2 + v^2 = 9(u \geqslant 0, v \geqslant 0),$$

于是求函数 $f(x) = \sqrt{\dfrac{4x+7}{x+3}} + \sqrt{\dfrac{5x+20}{x+3}}$ 的值域转化为:

在平面直角坐标系 uOv 中,当直线 $y=u+v$ 与圆弧 $u^2+v^2=9,u\geqslant0,v\geqslant0$ 有公共点时,直线 $y=u+v$ 在纵轴 v 上的截距 y 的取值范围.

由圆弧与直线的位置关系,知

当直线经过点 $(0,3)$ 或 $(3,0)$ 时,y 取最小值 3;

当直线与圆弧相切时,y 取最大值,此时 $\dfrac{|0+0-y|}{\sqrt{1^2+1^2}}=3$,$y_{\max}=3\sqrt{2}$,

所以,函数 $f(x)=\sqrt{\dfrac{4x+7}{x+3}}+\sqrt{\dfrac{5x+20}{x+3}}$ 的值域是 $\left[3,3\sqrt{2}\right]$.

第2试

以下每题的四个选项中，仅有一个是正确的，请将正确答案前的英文字母写在每题后面的圆括号内．

1. 已知集合 $A = \left\{\dfrac{1}{9}, \dfrac{1}{3}, 1, 3, 9, 27\right\}$，$B = \{y \mid y = \log_3 x, x \in A\}$，则 $A \cap B = ($　　$)$

(A)1 或 3.　　　(B)$\{1, 3\}$.　　　(C)$\varnothing$.　　　(D)$\{0, 1, 2, 3\}$.

2. 已知函数 $f(x) = \dfrac{1}{\ln(x+1) - x}$，则 $y = f(x)$ 的图像大致是(　　)

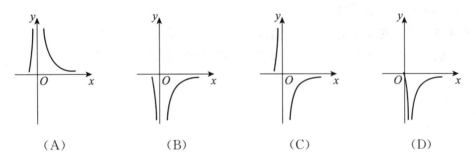

$\qquad$（A）$\qquad\qquad$（B）$\qquad\qquad$（C）$\qquad\qquad$（D）

3. 已知数列 $\{x_n\}$ 满足 $x_1 = 20$，$x_{n+1} = 10x_n - 3 \times 5^{n+1}$，则 $x_6 = ($　　$)$

(A)5^7.　　　(B)6^7.　　　(C)6×5^7.　　　(D)7×5^7.

4. 已知 $f(x)$ 是定义在 $\mathbf{R}$ 上的周期为 7 的奇函数，且 $f(9) = 13$，则 $f(2023) - f(2021) = ($　　$)$

(A)10.　　　(B)11.　　　(C)12.　　　(D)13.

5. 已知 $f(x) = \dfrac{3\sin x + k}{\cos x + 1}$ $(k \in \mathbf{R}^*)$ 的最小值是 4，则 k 的值是(　　)

(A)7.　　　(B)8.　　　(C)9.　　　(D)10.

6. 在边长为 a 的立方体的表面及内部可以找到 9 个点，使得其中任意两个点的距离至少为 1，则 a 的最小值是(　　)

(A)$\dfrac{2\sqrt{2}}{3}$.　　　(B)$\dfrac{2\sqrt{3}}{3}$.　　　(C)1.　　　(D)$\sqrt{3}$.

7. 已知函数 $f(x)$ 满足 $2f(x) - 3f\left(\dfrac{1}{x}\right) = x + a$ $(x \neq 0, a \in \mathbf{R})$，则 $[a + f(x)]$

$\left[a + f\left(\dfrac{1}{x}\right) \right]$ 的最小值是(　　)

(A)3.　　　　　(B)2.　　　　　(C)1.　　　　　(D)0.

二、填空题

8. 已知 $5^a = 3, 4^b = 2, 3^c = 4, 2^d = 5$，则 $(abcd)^{2021} =$ _____ .

9. 方程 $x^4 + 3x^3 - 29x^2 - 33x + 198 = 0$ 的整数解有 _____ 个.

10. 集合 $A = \{(x, y) \mid |2x| + |ay| \leqslant 2a, a > 0\}$，$B = \{(x, y) \mid |xy| + 2 \leqslant |x| + 2|y|\}$. 在平面直角坐标系 xOy 中，$A \bigcap B$ 表示的图形的面积等于 $\dfrac{13}{3}$，则 $a =$ _____ .

11. Rt$\triangle ABC$ 的斜边长为 1，两直角边长分别为 a, b，则 $\sqrt[3]{a}\cos\theta + \sqrt[3]{b}\sin\theta$ 的最大值为 _____ .

12. 等差数列 $\{a_n\}$ 的首项为 3，公差为 5，等差数列 $\{b_n\}$ 的首项为 5，公差为 8. 当 $a_n \leqslant 2021$ 时，数列 $\{a_n\}$ 与 $\{b_n\}$ 共有 _____ 个相同的项.

13. 三棱柱 $ABC\text{-}A_1B_1C_1$ 的底面边长和侧棱长均为 1，$\angle BAA_1 = \angle CAA_1 = 60°$，则直线 BC_1 与 AB_1 所成的角的余弦值为 _____ .

14. 在平面直角坐标系 xOy 中，已知直线 $l: mx + y + \sqrt{5}m - 2 = 0$ 与圆 $x^2 + y^2 = 25$ 交于 A, B 两点，过 A, B 分别作 l 的垂线与 x 轴交于 C, D 两点，若 $AB = 8$，则 $CD =$ _____ .

三、解答题

15. 已知数列 $\{a_n\}$ 满足 $a_1 = 1, a_2 = 2, a_{n+2} = a_n + 2$.
(1) 求数列 $\{a_n\}$ 的通项；

(2) 若 $b_n = \dfrac{(-1)^{n+1}(2n+1)}{a_n a_{n+1}}$，数列 $\{b_n\}$ 的前 n 项和为 S_n，求 S_{2021}.

16. 正实数 a, b, c 满足 $ab + bc + ca = 11$，求 $(a^2 + 1)(b^2 + 1)(c^2 + 1)$ 的最小值.

17. 如图 1，$\triangle ABC$ 是边长为 2 的等边三角形，顶点 A 在 x 轴的正半轴上滑动，顶点 B 在 y 轴的正半轴上滑动，顶点 C 在第一象限，求 $\triangle ABC$ 的重心 G 的轨迹方程.

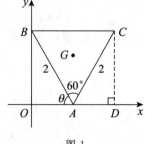

图 1

答·提示

一、选择题

题号	1	2	3	4	5	6	7
答案	B	B	D	D	C	B	C

提 示

1. 由 $A = \left\{ \frac{1}{9}, \frac{1}{3}, 1, 3, 9, 27 \right\}$，知

$$B = \{-2, -1, 0, 1, 2, 3\},$$

所以

$$A \cap B = \{1, 3\}.$$

故选(B).

2. 由 $f(2) = \frac{1}{\ln 3 - 2} < 0$，可排除(A)，

由 $f\left(-\frac{1}{2}\right) = \frac{1}{\ln \frac{1}{2} + \frac{1}{2}} = \frac{1}{\ln \frac{\sqrt{e}}{2}} < 0$，可排除(C)(D).

故选(B).

3. 由 $x_{n+1} = 10x_n - 3 \times 5^{n+1}$，得

$$\frac{x_{n+1}}{5^{n+1}} = \frac{2x_n}{5^n} - 3,$$

即

$$\frac{x_{n+1}}{5^{n+1}} - 3 = 2\left(\frac{x_n}{5^n} - 3\right),$$

所以 $\left\{ \frac{x_n}{5^n} - 3 \right\}$ 是首项为 $\frac{x_1}{5^1} - 3 = 1$，公比为 2 的等比数列，则

$$\frac{x_n}{5^n} - 3 = 2^{n-1},$$

$$x_n = 5^n(3 + 2^{n-1}),$$

于是

$$x_6 = 5^6 \times (3 + 2^5) = 5^7 \times 7.$$

故选(D).

4. 因为 $f(x)$ 是定义在 $\mathbf{R}$ 上的周期为 7 的奇函数，所以

$$f(2023) - f(2021) = f(7 \times 289 + 0) - f(7 \times 289 - 2)$$

$$= f(0) + f(2) = 0 + f(9) = 0 + 13 = 13.$$

故选(D).

5. $$f(x) = \frac{3\sin x + k}{\cos x + 1}$$

$$= \frac{6\sin\frac{x}{2}\cos\frac{x}{2} + k\left(\sin^2\frac{x}{2} + \cos^2\frac{x}{2}\right)}{2\cos^2\frac{x}{2}}$$

$$= 3\tan\frac{x}{2} + \frac{k}{2}\tan^2\frac{x}{2} + \frac{k}{2}$$

$$= \frac{k}{2}\left(\tan\frac{x}{2} + \frac{3}{k}\right)^2 + \frac{k}{2} - \frac{9}{2k},$$

因为 $$\tan\frac{x}{2} \in \mathbf{R},$$

所以,当 $\tan\frac{x}{2} = -\frac{3}{k}$ 时,$f(x)$ 取得最小值 4,于是

$$\frac{k}{2} - \frac{9}{2k} = 4,$$

解得 $$k = 9 \text{ 或} -1(舍去).$$

故选(C).

另解:令 $a = \cos x, b = \sin x (x \in \mathbf{R})$,则 $\odot O: a^2 + b^2 = 1,$

再令 $$m = \frac{1}{3}f(x) = \frac{b - \left(-\frac{k}{3}\right)}{a - (-1)},$$

则 m 表示 $\odot O$ 上的动点 $N(a, b)$ 到定点 $P\left(-1, -\frac{k}{3}\right)$ 的斜率,如图 2 所示,

从图 2 可知,当 PN 与 $\odot O$ 相切时,m 取最小值

$$m = \frac{1}{3}f(x) = \frac{4}{3},$$

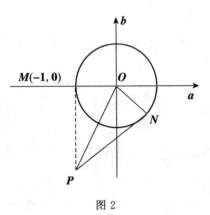

图 2

此时切线 PN 所在直线的解析式为 $\frac{4}{3} = \frac{b + \frac{k}{3}}{a + 1}$,即

$$4a - 3b + (4 - k) = 0,$$

由圆的半径为 1,得 $$r = \frac{|4 - k|}{\sqrt{4^2 + (-3)^2}} = 1,$$

解得 $$k = 9 \text{ 或} -1(舍去).$$

故选(C).

6. 当 $a \geqslant \frac{2\sqrt{3}}{3}$ 时,立方体的对角线长度 $\sqrt{3}a \geqslant \frac{2\sqrt{2}}{3} \times \sqrt{3} = 2.$

又 $$\frac{2\sqrt{3}}{3} > 1,$$

取立方体的 8 个顶点和中心点,则这 9 个点中的任意两点的距离至少为 1.

当 $a < \dfrac{2\sqrt{3}}{3}$ 时，假设存在满足题意的 9 个点．将立方体等分成 8 个边长为 $\dfrac{a}{2}$ 的小立方体．由抽屉原理，知一定有两个点落在同一个小立方体的表面或内部，

又小立方体的对角线长度为 $\dfrac{\sqrt{3}}{2}a < \dfrac{\sqrt{3}}{2} \times \dfrac{2\sqrt{3}}{3} = 1$，

从而这两个点的距离小于 1，矛盾．

综上知，满足题意的 a 的最小值是 $\dfrac{2\sqrt{3}}{3}$．

故选（B）．

7. 由

$$2f(x) - 3f\left(\frac{1}{x}\right) = x + a,$$

得

$$2f\left(\frac{1}{x}\right) - 3f(x) = \frac{1}{x} + a,$$

消去 $f\left(\dfrac{1}{x}\right)$，得

$$-5f(x) = 2x + \frac{3}{x} + 5a,$$

即

$$-5\left[f(x) + a\right] = 2x + \frac{3}{x},$$

所以

$$-5\left[f\left(\frac{1}{x}\right) + a\right] = 3x + \frac{2}{x},$$

于是

$$25\left[a + f(x)\right]\left[a + f\left(\frac{1}{x}\right)\right]$$

$$= \left(2x + \frac{3}{x}\right)\left(3x + \frac{2}{x}\right)$$

$$= 6\left(x^2 + \frac{1}{x^2}\right) + 13$$

$$\geqslant 6 \times 2\sqrt{x^2 \cdot \frac{1}{x^2}} + 13$$

$$= 25,$$

所以 $\left[a + f(x)\right]\left[a + f\left(\dfrac{1}{x}\right)\right] \geqslant 1$，当 $x = \pm 1$ 时等号成立．

即 $\left[a + f(x)\right]\left[a + f\left(\dfrac{1}{x}\right)\right]$ 的最小值是 1，

故选（C）．

二、填空题

题号	8	9	10	11	12	13	14
答案	1	2	3	$\sqrt[3]{4}$	51	$\dfrac{\sqrt{6}}{6}$	12

🖋 **提 示**

8. 由 $5^a = 3, 4^b = 2, 3^c = 4, 2^d = 5$，得

$$a = \log_5 3 = \frac{\ln 3}{\ln 5}, b = \log_4 2 = \frac{\ln 2}{\ln 4},$$

$$c = \log_3 4 = \frac{\ln 4}{\ln 3}, d = \log_2 5 = \frac{\ln 5}{\ln 2},$$

所以

$$abcd = \frac{\ln 3}{\ln 5} \times \frac{\ln 2}{\ln 4} \times \frac{\ln 4}{\ln 3} \times \frac{\ln 5}{\ln 2} = 1.$$

故

$$(abcd)^{2021} = 1.$$

9. 设 m 是原方程的一个整数解,则原方程可因式分解为

$$(x - m)(x^3 + ax^2 + bx + c) = 0,$$

所以

$$x^4 + 3x^3 - 29x^2 - 33x + 198$$

$$= x^4 + (a - m)x^3 + (b - am)x^2 + (c - bm) - cm,$$

对比各项系数可知, $a - m = 3, b - am = -29, c - bm = -33, cm = 198$ 都是整数,
结合 m 是整数,可得 a, b, c 都是整数,
由 c, m 是整数,且 $cm = 198$,得 m 是 198 的因数.
又

$$198 = 2 \times 3^2 \times 11,$$

将 $x = 3$ 代入题设方程验证可知,它是方程的解,于是有

$$x^4 + 3x^3 - 29x^2 - 33x + 198 = (x - 3)(x^3 + 6x^2 - 11x - 66),$$

同理,可知 $x = -6$ 是方程 $x^3 + 6x^2 - 11x - 66 = 0$ 的解,所以

$$x^4 + 3x^3 - 29x^2 - 33x + 198 = (x - 3)(x + 6)(x^2 - 11),$$

又 $x^2 - 11 = 0$ 没有整数解,所以原方程只有两个整数解

$$x = 3 \text{ 或} -6,$$

故方程 $x^4 + 3x^3 - 29x^2 - 33x + 198 = 0$ 的整数解有 2 个.

10. 集合 A 表示顶点为 $(a, 0), (0, 2), (-a, 0), (0, -2)$ 的菱形的内部.
将 $|xy| + 2 \leqslant |x| + 2|y|$,变形为

$$(|x| - 2)(|y| - 1) \leqslant 0,$$

所以,集合 B 表示由四条直线 $x = \pm 2, y = \pm 1$ 围成的矩形的外部.
当 $a \geqslant 4$ 时,如图 3,

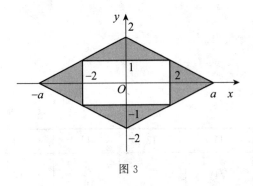

图 3

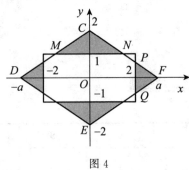

图 4

$A \cap B$ 在平面上表示图形的面积为菱形的面积减去矩形的面积,于是

$$4a - 4 \times 2 = \frac{13}{3},$$

解得

$$a = \frac{37}{12}(舍去).$$

当 $2 < a < 4$ 时,如图 4,

$A \cap B$ 在平面上表示图形的面积为四个三角形的面积(图中阴影部分),易知 MN 是 $\triangle CDF$ 的中位线,所以在 $\triangle CMN$ 中,

$$MN = \frac{1}{2}DF = a,$$

底边 MN 上的高是 1.

易证明

$$\triangle FPQ \backsim \triangle FCE,$$

所以

$$\frac{PQ}{4} = \frac{a-2}{a},$$

因此,在 $\triangle FPQ$ 中,

$$PQ = \frac{4a-8}{a}.$$

底边 PQ 上的高是 $a-2$.

则

$$2\left[\frac{1}{2} \times a \times 1 + \frac{1}{2} \times \frac{4a-8}{a} \times (a-2)\right] = \frac{13}{3},$$

即

$$(a-3)(15a-16) = 0,$$

解得

$$a = 3 \text{ 或} \frac{16}{15}(舍去).$$

当 $a \leqslant 2$ 时,如图 5,此时 $A \cap B$ 在平面上表示图形的面积为

$$S \leqslant 2 \times \left(\frac{1}{2} \times 2 \times 1\right) = 2,$$

不合题意.

综上可知,a 的值是 3.

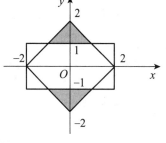

图 5

11. 要求 $f(\theta) = \sqrt[3]{a\cos\theta} + \sqrt[3]{b\sin\theta}$ 的最大值,显然,当 $\sin\theta > 0, \cos\theta > 0$ 时,$f(\theta)$ 取得最大值,不妨取 $\theta \in \left(0, \frac{\pi}{2}\right)$.

由题意知

$$a^2 + b^2 = 1,$$

所以

$$\sin\theta\cos\theta = \frac{1}{2}\sin2\theta \leqslant \frac{1}{2}, \left(当且仅当 \theta = \frac{\pi}{4} 时等号成立\right)$$

$$ab \leqslant \frac{a^2+b^2}{2} = \frac{1}{2}. \left(当且仅当 a = b = \frac{\sqrt{2}}{2} 时等号成立\right)$$

由柯西不等式有

$$a\cos\theta + b\sin\theta \leqslant \sqrt{(a^2+b^2)(\cos^2\theta + \sin^2\theta)} = 1,$$

$$\left(当且仅当 \tan\theta = \frac{b}{a} 时等号成立\right)$$

令 $x = \sqrt[3]{a\cos\theta} + \sqrt[3]{b\sin\theta} > 0$,则

$$x^3 = (\sqrt[3]{a\cos\theta} + \sqrt[3]{b\sin\theta})^3$$
$$= (a\cos\theta + b\sin\theta) + 3\sqrt[3]{ab\cos\theta\sin\theta}(\sqrt[3]{a\cos\theta} + \sqrt[3]{b\sin\theta})$$
$$\leqslant 1 + \frac{3}{2}\sqrt[3]{2}\,x,$$

（当且仅当 $a = b = \dfrac{\sqrt{2}}{2}, \theta = \dfrac{\pi}{4}$ 时，等号成立）

此时　　　　　　　　　　　　　　　　$x = \sqrt[3]{4},$

所以，当且仅当 $a = b = \dfrac{\sqrt{2}}{2}, \theta = \dfrac{\pi}{4}$ 时，$\sqrt[3]{a\cos\theta} + \sqrt[3]{b\sin\theta}$ 的最大值 $\sqrt[3]{4}$.

另解：对于正数 x, y，先证明

$$\frac{x^3 + y^3}{2} \geqslant \left(\frac{x+y}{2}\right)^3, \qquad\qquad ①$$

即　　　　　　　　　　　　$4(x^3 + y^3) \geqslant (x+y)^3,$
$$4(x^3 + y^3) \geqslant x^3 + 3x^2y + 3xy^2 + y^3,$$

所以　　　　　　　　　　　$x^3 + y^3 \geqslant xy(x+y),$

即　　　　　　　　$(x+y)(x^2 - xy + y^2) \geqslant xy(x+y),$
$$(x+y)(x^2 - 2xy + y^2) \geqslant 0,$$
$$(x+y)(x-y)^2 \geqslant 0,$$

即①式成立，当且仅当 $x = y$ 时取等号.

由①式，可得　　　　　　　　$x + y \leqslant \sqrt[3]{4(x^3 + y^3)}. \qquad ②$

令　　　　　　　　$x = \sqrt[3]{a\cos x}, y = \sqrt[3]{b\sin x},$

由柯西不等式，得　　　　$\sqrt[3]{a\cos\theta} + \sqrt[3]{b\sin\theta}$
$$\leqslant \sqrt[3]{4(a\cos\theta + b\cos\theta)}$$
$$\leqslant \sqrt[3]{4(a^2 + b^2)(\cos^2\theta + \cos^2\theta)}$$
$$= \sqrt[3]{4},$$

所以，当且仅当 $\begin{cases} a\cos\theta = b\sin\theta \\ a^2 + b^2 = 1 \end{cases}$，即 $a = b = \dfrac{\sqrt{2}}{2}, \theta = \dfrac{\pi}{4}$ 时取等号，即 $\sqrt[3]{a\cos\theta} + \sqrt[3]{b\sin\theta}$ 的最大值为 $\sqrt[3]{4}$.

12. 解：当 $a_n \leqslant 2021$ 时，等差数列 $\{a_n\}$ 的第 x 项与等差数列 $\{b_n\}$ 的第 y 项相同，

则　　　　　　　　　　　$a_x = b_y (x, y \in \mathbf{N}^*),$

即　　　　　　　　　$3 + 5(x-1) = 5 + 8(y-1),$

所以　　　　　　　　　$x = y + \dfrac{3y-1}{5} \in \mathbf{N}^*,$

可设 $3y - 1 = 5p(p \in \mathbf{N}^*)$，得

$$y = \frac{5p+1}{3} = 2p - \frac{p-1}{3} \in \mathbf{N}^*,$$

可设 $p = 3m + 1(m \in \mathbf{N})$，得

$$y = 2(3m+1) - m = 5m + 2,$$

$$x = y + \frac{y-1}{5} = (5m+2) + (3m+1) = 8m+3,$$

所以
$$\begin{cases} x = 8m+3 \\ y = 5m+2 \end{cases} \quad m \in \mathbf{N},$$

则 $c_m = a_x = 3 + 5(8m+3-1) = 40m+13$ 为数列 $\{a_n\}$ 与 $\{b_n\}$ 的相同项，于是

$$1 \leqslant c_m \leqslant 2021, \quad 即 \quad 1 \leqslant 40m+13 \leqslant 2021,$$

解得
$$0 \leqslant m \leqslant 50, \quad 且 \quad 50-0+1 = 51,$$

所以，1 到 2021 内，两个等差数列 $\{a_n\}$ 与 $\{b_n\}$ 共有 51 个相同的项.

13. 由题设作图 6，延长 CC_1 到 D，使 $CC_1 = C_1D$，则 $\angle AB_1D$ 或其补角即为异面直线 BC_1 与 AB_1 所成的角，如图 7 所示.

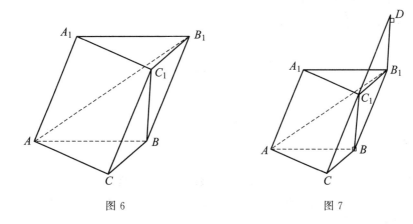

图 6　　　　　　　　图 7

因为三棱柱 $ABC\text{-}A_1B_1C_1$ 的底面边长和侧棱长均为 1，$\angle BAA_1 = \angle CAA_1 = 60°$，

所以在 $\triangle ABB_1$ 中，
$$AB = BB_1 = 1,$$
$$\angle ABA_1 = 180° - \angle BAA_1 = 120°,$$

因此
$$AB_1 = \sqrt{3}.$$

易证明
$$BC \perp CC_1,$$

所以
$$\angle BCC_1 = 90°,$$

于是在 $\mathrm{Rt}\triangle BCC_1$ 中
$$BC_1 = \sqrt{1^2+1^2} = \sqrt{2}.$$

连结 AD，在 $\triangle ACD$ 中，由余弦定理，得

$$AD = \sqrt{AC^2 + CD^2 - 2AC \times CD\cos\angle ACD} = \sqrt{7}.$$

在 $\triangle AB_1D$ 中，
$$AB_1 = \sqrt{3}, B_1D = BC_1 = \sqrt{2}, AD = \sqrt{7}.$$

$$\cos\angle AB_1D = \frac{AB_1^2 + B_1D^2 - AD^2}{2AB_1 \cdot B_1D} = \frac{2+3-7}{2\sqrt{3}\times\sqrt{2}} = -\frac{\sqrt{6}}{6}.$$

故异面直线 BC_1 与 AB_1 所成的角的余弦值为 $\frac{\sqrt{6}}{6}$.

14. 圆心到直线 l 的距离 $d = \frac{|\sqrt{5}m-2|}{\sqrt{m^2+1}} = \sqrt{25 - \left(\frac{AB}{2}\right)^2} = 3,$

解得
$$m = -\frac{\sqrt{5}}{2},$$

所以直线 l 的斜率为
$$-m = \frac{\sqrt{5}}{2},$$

设直线 l 的倾斜角为 α,则
$$\tan \alpha = \frac{\sqrt{5}}{2},$$

所以
$$\cos \alpha = \frac{2}{3},$$

如图 8,作 $CE \perp DE$ 于点 E,则
$$\cos\angle ECD = \frac{2}{3}, CE = AB = 8,$$

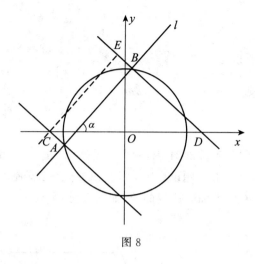

图 8

所以
$$CD = \frac{CE}{\cos\angle ECD} = 12.$$

三、解答题

15. (1)由 $a_{n+2} = a_n + 2$,得数列 $\{a_n\}$ 的奇数项 $\{a_{2k+1}\}$ 满足
$$a_3 = a_1 + 2, a_5 = a_3 + 2, a_7 = a_5 + 2, \cdots, a_{2k+1} = a_{2k-1} + 2,$$
将以上所有等式相加,得
$$a_{2k+1} = a_1 + 2k = 2k + 1.$$

数列 $\{a_n\}$ 的偶数项 $\{a_{2k}\}$ 满足
$$a_4 = a_2 + 2, a_6 = a_4 + 2, a_8 = a_6 + 2, \cdots, a_{2k} = a_{2k-2} + 2,$$
将以上所有等式相加,得
$$a_{2k} = a_2 + 2(k-1) = 2k.$$

综上得,数列 $\{a_n\}$ 的通项 $a_n = n$.

(2)由(1),知
$$a_n = n,$$

所以
$$b_n = \frac{(-1)^{n+1}(2n+1)}{a_n a_{n+1}} = \frac{(-1)^{n+1}(2n+1)}{n(n+1)} = (-1)^{n+1} \times \left(\frac{1}{n} + \frac{1}{n+1}\right).$$

所以 $S_n = b_1 + b_2 + b_3 + b_4 + \cdots + b_n$
$$= \left(1 + \frac{1}{2}\right) - \left(\frac{1}{2} + \frac{1}{3}\right) + \left(\frac{1}{3} + \frac{1}{4}\right) - \left(\frac{1}{4} + \frac{1}{5}\right) + \cdots + (-1)^{n+1} \times \left(\frac{1}{n} + \frac{1}{n+1}\right)$$
$$= 1 + \frac{(-1)^{n+1}}{n+1},$$

故
$$S_{2021} = 1 + \frac{1}{2022} = \frac{2023}{2022}.$$

16. $(b^2 + 1)(c^2 + 1) = b^2 c^2 + (b^2 + c^2) + 1 = (b+c)^2 + (bc-1)^2$,
由柯西不等式,得

$$(a^2+1)\left[(b+c)^2+(bc-1)^2\right]$$
$$\geqslant\left[a(b+c)+(bc-1)\right]^2$$
$$=(ab+bc+ca-1)^2$$
$$=100,$$

当且仅当正实数 a,b,c 满足 $\dfrac{a}{b+c}=\dfrac{1}{bc-1}$，即 $a+b+c=abc$ 且 $ab+bc+ca=11$ 时，等号成立，

又 $a=1,b=2,c=3$ 时，
$$(a^2+1)(b^2+1)(c^2+1)=100,$$

所以 $(a^2+1)(b^2+1)(c^2+1)=100$ 的最小值是 100.

另解： 记 $S=a+b+c$，$f=(a^2+1)(b^2+1)(c^2+1)$，则
$$f=1+(a^2+b^2+c^2)+(a^2b^2+b^2c^2+c^2a^2)+(abc)^2$$
$$=1+S^2-2(ab+bc+ca)+(ab+bc+ca)^2-2abcS+(abc)^2$$
$$=1+S^2-22+11^2-2abcS+(abc)^2$$
$$=100+(S-abc)^2$$
$$\geqslant100,$$

等号成立的条件是 $\begin{cases}ab+bc+ca=11\\a+b+c=abc\end{cases}$，

a,b,c 的值不唯一，如当 $a=1,b=2,c=3$ 时，$(a^2+1)(b^2+1)(c^2+1)=100$.

17. 设 $\angle BAO=\theta(0\leqslant\theta\leqslant90°)$，则
$$A(2\cos\theta,0),B(0,2\sin\theta),$$

过点 C 作 $CD\perp x$ 轴于点 D，
$$\angle CAD=120°-\theta,CD=2\sin(120°-\theta),$$
$$OD=OA+AD=2\cos\theta+2\cos(120°-\theta),$$

设 $C(x_C,y_C)$，则
$$y_C=2\sin(120°-\theta)=2\sin(60°+\theta)=\sin\theta+\sqrt{3}\cos\theta,$$
$$x_C=OD=2\cos\theta-2\cos(60°+\theta)=\cos\theta+\sqrt{3}\sin\theta,$$

即
$$C(\cos\theta+\sqrt{3}\sin\theta,\sin\theta+\sqrt{3}\cos\theta),$$

设重心坐标 $G(x,y)$，则
$$\begin{cases}3\cos\theta+\sqrt{3}\sin\theta=3x\\3\sin\theta+\sqrt{3}\cos\theta=3y\end{cases},$$

解得
$$\begin{cases}\sin\theta=\dfrac{\sqrt{3}}{2}(\sqrt{3}y-x)\\\cos\theta=\dfrac{\sqrt{3}}{2}(\sqrt{3}x-y)\end{cases},$$

代入 $\sin^2\theta+\cos^2\theta=1$，得
$$\frac{3}{4}(\sqrt{3}y-x)^2+\frac{3}{4}(\sqrt{3}x-y)^2=1,$$

即
$$x^2 - \sqrt{3}\,xy + y^2 = \frac{1}{3},$$

由 $\begin{cases} x = \cos\theta + \dfrac{\sqrt{3}}{3}\sin\theta = 2\cos(\theta - 30°) \\[2mm] y = \sin\theta + \dfrac{\sqrt{3}}{3}\cos\theta = 2\cos(\theta - 60°) \end{cases} \quad 0 \leqslant \theta \leqslant 90°,$ 得

$$\begin{cases} \dfrac{\sqrt{3}}{3} \leqslant x \leqslant \dfrac{2\sqrt{3}}{3} \\[3mm] \dfrac{\sqrt{3}}{3} \leqslant y \leqslant \dfrac{2\sqrt{3}}{3} \end{cases}.$$

所以 $\triangle ABC$ 的重心 G 的轨迹方程是 $x^2 - \sqrt{3}\,xy + y^2 = \dfrac{1}{3}\left(\dfrac{\sqrt{3}}{3} \leqslant x, y \leqslant \dfrac{2\sqrt{3}}{3}\right).$

高二

第 28 届(2017 年)

第1试

一、选择题

以下每题的四个选项中,仅有一个是正确的,请将正确答案前的英文字母写在每题后面的圆括号内.

1. 已知集合 $P=\{x\mid x\in\mathbf{R},\mid x-1\mid<1\}$, $Q=\{x\mid x\in\mathbf{R},\mid x-a\mid\leqslant1\}$, 则 $a\leqslant-1$ 是 $P\cap Q=\varnothing$ 的( )

(A)充分且必要条件.　　　　(B)充分但不必要条件.

(C)必要但不充分条件.　　　　(D)既不充分也不必要条件.

2. 如果 $2^x=8^{y+1}$, $9^y=3^{x-9}$, 那么 $x+y=($)

(A)30.　　　(B)27.　　　(C)24.　　　(D)21.

3. 盒子中有 4 个白球,3 个黑球,从中随机取出两个球,则取出的两球颜色相同的概率是( )

(A)$\dfrac{2}{7}$.　　　(B)$\dfrac{3}{7}$.　　　(C)$\dfrac{4}{7}$.　　　(D)$\dfrac{5}{14}$.

4. 在 $\triangle ABC$ 中,角 A, B, C 所对的边分别为 a, b, c. 若 $a^2+c^2=b^2+\sqrt{2}ac$, 则 $\sqrt{2}\cos A+\cos C$ 的最大值是( )

(A)$\dfrac{\sqrt{2}}{2}$.　　　(B)$\sqrt{2}$.　　　(C)1.　　　(D)$\sqrt{2}+1$.

5. Given that $\{a_n\}$ is an arithmetic (equal difference) sequence, if $a_1=10$, and $a_{1009}=-40$, then the value of a_{2017} is( )

(A)-90.　　　(B)-70.　　　(C)70.　　　(D)90.

6. 方程 $2\times3^x+5^x=7^x$ 有( )个不同的实根.

(A)0.　　　(B)1.　　　(C)2.　　　(D)3.

7. 在同一平面内有三个不同的点 P,Q,R.若 $PQ=a$,$QR=b$,$RP=c$,且 $c\leqslant 3$,则 $a^2+b^2-c^2$ 的最小值是（　　）

(A)$-\dfrac{9}{2}$. 　　　(B)$-\dfrac{3}{2}$. 　　　(C)$\dfrac{3}{2}$. 　　　(D)$\dfrac{9}{2}$.

8. Rt△ABC 中,$AC=3$,$BC=4$,在斜边 AB 上依次取点列 $A_1,A_2,A_3,\cdots$,过每个点 A_n 作垂直于 BC 的线段交 BC 于 C_n,使△A_1CC_1,△$A_2C_1C_2$,△$A_3C_2C_3$,$\cdots$ 都是等腰直角三角形,则这些三角形的面积构成的等比数列的公比是（　　）

(A)$\dfrac{9}{49}$. 　　　(B)$\dfrac{16}{49}$. 　　　(C)$\dfrac{3}{7}$. 　　　(D)$\dfrac{4}{7}$.

9. 已知 $12,14,37,65$ 是方程 $ab-ac+bd=182$ 的一组整数解,则 $ab-cd$ 的值等于（　　）

(A)-466. 　　　(B)-262. 　　　(C)2016. 　　　(D)2237.

10. 如图 1,正四面体 $ABCD$ 中,点 E,F 分别是 AB,AC 的中点,面 DEF 和面 DBC 所成二面角的余弦值是（　　）

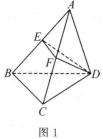

图 1

(A)$\dfrac{\sqrt{3}}{2}$.

(B)$\dfrac{11}{12}$.

(C)$\dfrac{\sqrt{33}}{33}$.

(D)$\dfrac{5\sqrt{33}}{33}$.

二、A组填空题

11. 已知 $a=5+2\sqrt{6}$,$c=5-2\sqrt{6}$,则 a,c 的等比中项 $b=$ _____.

12. 不等式 $\sqrt{x^2+1}-2x>1$ 的解集是_____.

13. 已知 $\alpha\in\mathbf{R}$,集合 $M=\{\sin\alpha,\cos 2\alpha\}$,$N=\{\cos\alpha,\sin 2\alpha\}$.若 $M=N$,则 α 构成的集合是_____.

14. 已知 $f(x)=\dfrac{2}{3^{x+1}+1}$,则 $f(-3)+f(-2)+f(-1)+f(0)+f(1)=$ _____.

15. Rotate the point$(1,2)$60° around $O(0,0)$counter-clockwisely, the coordinates of the point obtained is _____.

（英汉小字典:counter-clockwisely 逆时针）

16. 已知 $\{a_n\}$ 是等差数列,其前 n 项的和为 S_n.若 $a_1=6$,$a_3+a_5=0$,则 $S_6=$ _____.

17. 已知 $\sin x+\sqrt{3}\cos x=\dfrac{6}{5}$,则 $\cos\left(x+\dfrac{5}{6}\pi\right)=$ _____.

18. 已知 A,B,C 是△ABC 的三个内角,向量 $\boldsymbol{m}=(\sin A,\sin B)$,$\boldsymbol{n}=(\cos B,\cos A)$.若 $\boldsymbol{m}\cdot\boldsymbol{n}=\sin 2C$,则 $C=$ _____.

19. 如图 2(见下页),在棱长为 1 的正方体 $ABCD\text{-}A_1B_1C_1D_1$ 中,点 E,F 分别为棱 AA_1,C_1D_1 的中点,点 G 是侧面 BCC_1B_1 的中心,则空间四边形 $AEFG$ 在正方体的六个面内的射

影图形的面积最大是_____.

20. 已知点 P 是双曲线 $x^2-\dfrac{y^2}{b^2}=1(b>0)$ 的右顶点,过左焦点作平行于 y 轴的直线交双曲线于 A 和 B 两点,若 $\triangle PAB$ 是锐角三角形,则 b 的取值范围是_____.

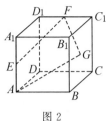

图 2

📖 三、B组填空题

21. 设 $z=\sqrt{x^2+y^2-2x+1}+\sqrt{x^2+y^2+4x-2y+5}$ $(x,y\in\mathbf{R})$,则 z 的最小值是_____,此时 $x+3y+2017=$_____.

22. 已知函数 $f(x)=\sqrt{3}\sin 6x-\cos 6x+1$,则 $f(x)$ 的最小正周期是_____,$f(x)$ 的最大值是_____.

23. 若向量 $\boldsymbol{a}$,$\boldsymbol{b}$ 满足 $\boldsymbol{a}^2+\boldsymbol{a}\boldsymbol{b}+\boldsymbol{b}^2=3$,则 $\boldsymbol{a}^2-\boldsymbol{a}\boldsymbol{b}+\boldsymbol{b}^2$ 的最大值是_____;最小值是_____.

24. 已知数列 $\{a_n\}$,$\{b_n\}$ 满足 $b_n=na_n$.若数列 $\{b_n\}$ 的前 n 项和 $S_n=\dfrac{1}{4}\left(3-\dfrac{2n+3}{3^n}\right)$,则 a_2 =_____,数列 $\{a_n\}$ 的前 n 项和是_____.

25. 在平面直角坐标系 xOy 内,过椭圆 $E:\dfrac{x^2}{7}+\dfrac{y^2}{3}=1$ 的右焦点且斜率为 $k(k\neq0)$ 的直线交 E 于 A,B 两点.若 P 是 E 上一点,且四边形 $OAPB$ 是平行四边形,则 $|k|=$_____,AB =_____.

👤 一、选择题

题号	1	2	3	4	5	6	7	8	9	10
答案	B	B	B	C	A	B	A	B	A	D

✋ 提 示

1. 易知 $P=\{x\mid 0<x<2\}$,$Q=\{x\mid a-1\leqslant x\leqslant a+1\}$,

要使 $P\cap Q=\varnothing$,则有 $a+1\leqslant 0$ 或 $a-1\geqslant 2$,

解得 $a\leqslant -1$ 或 $a\geqslant 3$.

所以 $a\leqslant -1$ 是 $P\cap Q=\varnothing$ 的充分但不必要条件.

故选（B）.

2. 由 $2^x = 8^{y+1} = 2^{3(y+1)}$，$9^y = 3^{2y} = 3^{x-9}$，得

$$\begin{cases} x = 3(y+1), \\ 2y = x-9, \end{cases}$$

所以

$$\begin{cases} x = 21 \\ y = 6 \end{cases}.$$

于是

$$x + y = 27.$$

故选（B）.

3. 从 4 个球中取 2 个，取法有 $C_4^2 = 6$（种）；

从 3 个球中取 2 个，取法有 $C_3^2 = 3$（种）；

从 7 个球中取 2 个，取法有 $C_7^2 = 21$（种）.

即所求概率是

$$\frac{6+3}{21} = \frac{3}{7}.$$

故选（B）.

4. 由余弦定理及题设，得 $\cos B = \dfrac{a^2 + c^2 - b^2}{2ac} = \dfrac{\sqrt{2}\,ac}{2ac} = \dfrac{\sqrt{2}}{2}$,

因为 $0 < B < \pi$，所以

$$B = \frac{\pi}{4},$$

$$A + C = \frac{3\pi}{4}.$$

$$\sqrt{2}\cos A + \cos C = \sqrt{2}\cos A + \cos\left(\frac{3\pi}{4} - A\right)$$

$$= \sqrt{2}\cos A - \frac{\sqrt{2}}{2}\cos A + \frac{\sqrt{2}}{2}\sin A$$

$$= \frac{\sqrt{2}}{2}\cos A + \frac{\sqrt{2}}{2}\sin A$$

$$= \cos\left(A - \frac{\pi}{4}\right).$$

因为 $0 < A < \dfrac{3\pi}{4}$，所以当 $A = \dfrac{\pi}{4}$ 时，$\sqrt{2}\cos A + \cos C$ 取得最大值 1.

故选（C）.

5. 译文：已知 $\{a_n\}$ 是等差数列，满足 $a_1 = 10$，$a_{1009} = -40$，那么 $a_{2017} = ($　　$)$

（A）-90.　　　　（B）-70.　　　　（C）70.　　　　（D）90.

解：因为 $\{a_n\}$ 是等差数列，所以

$$a_1 + a_{2017} = 2a_{\frac{1+2017}{2}} = 2a_{1009},$$

所以

$$a_{2017} = 2a_{1009} - a_1 = -2 \times 40 - 10 = -90.$$

故选（A）.

6. 令 $f(x) = 2\left(\dfrac{3}{7}\right)^x + \left(\dfrac{5}{7}\right)^x - 1$，则

$$f(0)=2>0, f(2)=-\frac{6}{49}<0,$$

所以 $f(x)$ 在区间 $(0,2)$ 内有一个实根，

又 $f(x)$ 在 $(-\infty,+\infty)$ 上严格单调递减，

所以方程 $f(x)=0$ 有唯一实根.

故选（B）.

7. 由基本不等式 $a^2+b^2\geqslant 2ab$，得

$$a^2+b^2\geqslant\frac{1}{2}(a+b)^2.$$

再由两点之间线段最短，得 $\qquad a+b\geqslant c>0,$

于是有 $\qquad a^2+b^2\geqslant\frac{1}{2}(a+b)^2\geqslant\frac{1}{2}c^2,$

所以 $\qquad a^2+b^2-c^2\geqslant-\frac{1}{2}c^2\geqslant-\frac{9}{2},$

当且仅当 $a=b=\frac{3}{2}, c=3$ 时等号成立，

即 $a^2+b^2-c^2$ 的最小值为 $-\frac{9}{2}$.

故选（A）.

8. 如图 3，由题设可得 $\qquad \dfrac{3-x}{x}=\dfrac{x}{4-x}$，

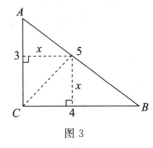

解得 $\qquad x=\dfrac{12}{7}$，

于是 $\qquad \dfrac{x}{3}=\dfrac{4}{7}$，

所以三角形的面积比为 $\left(\dfrac{4}{7}\right)^2=\dfrac{16}{49}$.

图 3

故选（B）.

另解 1： 如图 4，根据 $\dfrac{A_2C_2}{C_2B}=\tan B=\dfrac{AC}{CB}=\dfrac{3}{4}$，得

$$C_2B=\frac{4}{3}A_2C_2,$$

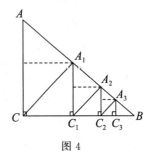

而 $\triangle A_2C_1C_2$ 是等腰直角三角形，所以

$$C_1C_2=A_2C_2.$$

$$\frac{A_1C_1}{C_1C_2+C_2B}=\frac{A_1C_1}{A_2C_2+\frac{4}{3}A_2C_2}=\frac{3}{7}\cdot\frac{A_1C_1}{A_2C_2},$$

图 4

再由 $\dfrac{A_1C_1}{C_1B}=\dfrac{AC}{CB}=\dfrac{3}{4}$，得

$$\frac{3}{7}\cdot\frac{A_1C_1}{A_2C_2}=\frac{3}{4},$$

即
$$\frac{A_2C_2}{A_1C_1}=\frac{4}{7},$$

所以这些三角形的面积构成的等比数列的公比是 $\left(\frac{4}{7}\right)^2=\frac{16}{49}$.

故选（B）.

另解 2： $\triangle A_1CC_1$，$\triangle A_2C_1C_2$，$\triangle A_3C_2C_3$，$\cdots$ 都是等腰直角三角形，所以 A_2C_1 是 $\angle A_1C_1B$ 的角平分线.

由角平分线定理,得
$$\frac{A_1C_1}{C_1B}=\frac{A_1A_2}{A_2B}=\frac{3}{4},$$

即
$$\frac{A_2B}{A_1B}=\frac{A_2B}{A_1A_2+A_2B}=\frac{4}{3+4}=\frac{4}{7},$$

所以这些三角形的面积构成的等比数列的公比是 $\left(\frac{4}{7}\right)^2=\frac{16}{49}$.

故选（B）.

9. 由 $ab-ac+bd=182$，得 $a(b-c)+bd=2\times7\times13$,

（1）若 $a=14$，则 bd 是 7 的倍数,

但 $12,37,65$ 都不是 7 的倍数,矛盾,

所以
$$a\neq14.$$

（2）若 $a=65$，则 bd 是 13 的倍数,

但 $12,14,37$ 都不是 13 的倍数,

所以
$$a\neq65.$$

又方程 $ab-ac+bd=182$ 可改写成 $b(a+d)-ac=2\times7\times13$,

类似地,可得
$$b\neq14\text{ 且 }b\neq65.$$

所以 a,b 分别是 12 与 37,

故
$$ab=444.$$

代入题设方程 $ab-ac+bd=182$，得 $ac-bd=262$. （＊）

又 a,b 中恰有一个是偶数,

所以 ac 与 bd 均为偶数.

当 $a=12,b=37$ 时，$c=65,d=14$，此时 $ac-bd=262$，满足（＊）;

当 $a=37,b=12$ 时，$c=14,d=65$，此时 $ac-bd=-262$，不满足（＊）.

所以
$$a=12,b=37,c=65,d=14.$$

即
$$ab-cd=12\times37-65\times14=-466.$$

故选（A）.

10. 如图 5，取 EF,BC 中点 P,Q，连结 PD,PQ，则 $\angle PDQ$ 就是面 DEF 和面 DBC 所成二面角的平面角.

设正四面体 $ABCD$ 棱长为 a，则

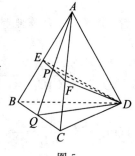

图 5

$$DQ=DE=DF=\frac{\sqrt{3}}{2}a,EF=\frac{1}{2}a,PQ=\frac{\sqrt{3}}{4}a,$$

所以

$$DP=\sqrt{DF^2-FP^2}=\sqrt{\frac{3}{4}a^2-\frac{1}{16}a^2}=\frac{\sqrt{11}}{4}a,$$

$$\cos\angle PDQ=\frac{DP^2+DQ^2-PQ^2}{2DP\cdot DQ}$$

$$=\frac{\frac{11}{16}a^2+\frac{3}{4}a^2-\frac{3}{16}a^2}{2\cdot\frac{\sqrt{11}}{4}a\cdot\frac{\sqrt{3}}{2}a}$$

$$=\frac{\frac{5}{4}}{\frac{\sqrt{33}}{4}}$$

$$=\frac{5\sqrt{33}}{33}.$$

故选(D).

二、A组填空题

题号	11	12	13	14	15
答案	±1	$(-\infty,0)$	$\{\alpha\mid\alpha=2k\pi,k\in Z\}$	5	$\left(\frac{1}{2}-\sqrt{3},1+\frac{\sqrt{3}}{2}\right)$
题号	16	17	18	19	20
答案	6	$-\frac{3}{5}$	$60°$	$\frac{1}{2}$	$(0,\sqrt{3})$

提 示

11. 由等比中项的定义,知

$$b^2=ac=(5+2\sqrt{6})\times(5-2\sqrt{6})=1,$$

所以

$$b=\pm1.$$

12. 原式化成$\sqrt{x^2+1}>2x+1$.有三种可能:

(1)$2x+1<0$;

(2)$2x+1=0$,并且$\sqrt{x^2+1}>0$;

(3)$2x+1>0$,并且$(\sqrt{x^2+1})^2>(2x+1)^2$.

它们的解分别是(1)$x<-\frac{1}{2}$;(2)$x=-\frac{1}{2}$;(3)$-\frac{1}{2}<x<0$.

取它们的并集,得原不等式的解集是$x<0$.

另解：令 $S:y=\sqrt{x^2+1}$，即
$$S:y^2-x^2=1(y\geqslant 1),l:y=2x+1.$$
分别作出它们的图像，如图 6 所示，
可知不等式 $\sqrt{x^2+1}-2x>1$ 的解集是 $x<0$.

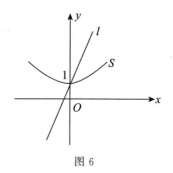

图 6

13. 因为集合 $\{\sin \alpha,\cos 2\alpha\}=\{\cos \alpha,\sin 2\alpha\}$，

所以
$$\begin{cases}\sin \alpha=\cos \alpha\\\cos 2\alpha=\sin 2\alpha\end{cases},或\begin{cases}\sin \alpha=\sin 2\alpha\\\cos 2\alpha=\cos \alpha\end{cases}.$$

其中
$$\begin{cases}\sin \alpha\neq\cos 2\alpha\\\cos 2\alpha\neq\sin 2\alpha\end{cases}.$$

解得所有符合要求的 α 构成的集合为 $\{\alpha\mid\alpha=2k\pi,k\in \mathbf{Z}\}$.

14.
$$f(x_1)+f(x_2)=\frac{2}{3^{x_1+1}+1}+\frac{2}{3^{x_2+1}+1}$$

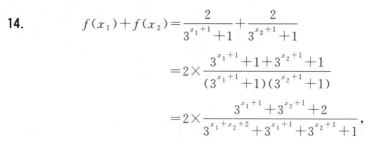

$$=2\times\frac{3^{x_1+1}+1+3^{x_2+1}+1}{(3^{x_1+1}+1)(3^{x_2+1}+1)}$$

$$=2\times\frac{3^{x_1+1}+3^{x_2+1}+2}{3^{x_1+x_2+2}+3^{x_1+1}+3^{x_2+1}+1},$$

当 $x_1+x_2=-2$ 时，$\quad f(x_1)+f(x_2)=2\times\dfrac{3^{x_1+1}+3^{x_2+1}+2}{1+3^{x_1+1}+3^{x_2+1}+1}=2,$

于是
$$f(-3)+f(-2)+f(-1)+f(0)+f(1)$$
$$=[f(-3)+f(1)]+[f(-2)+f(0)]+f(-1)$$
$$=2+2+\frac{2}{3^0+1}$$
$$=5.$$

另解：待求式 $=\dfrac{9}{5}+\dfrac{3}{2}+1+\dfrac{1}{2}+\dfrac{1}{5}=5.$

15. 译文：将点 $(1,2)$ 绕点 $O(0,0)$ 逆时针旋转 $60°$，得到的点的坐标是 _____.

解：点 $(1,2)$ 用复数表示是 $1+2i$，将它对应的向量逆时针旋转 $60°$，得到的向量所对应的

复数是
$$(1+2i)(\cos 60°+i\sin 60°)=\frac{1}{2}-\sqrt{3}+\left(1+\frac{\sqrt{3}}{2}\right)i.$$

因此，将点 $(1,2)$ 绕 $O(0,0)$ 逆时针旋转 $60°$，得到的点是 $\left(\dfrac{1}{2}-\sqrt{3},1+\dfrac{\sqrt{3}}{2}\right).$

16. 因为 $\{a_n\}$ 是等差数列，且 $a_3+a_5=0$，所以
$$2a_4=0,即 a_4=0.$$
于是数列 $\{a_n\}$ 的公差 $\quad d=(a_4-a_1)\div 3=(0-6)\div 3=-2,$

故
$$S_6=6a_1+\frac{6\times(6-1)}{2}d=6\times 6+\frac{6\times(6-1)}{2}\times(-2)=6.$$

另解：$S_6=a_1+(a_2+a_6)\times 5\div 2=6+(a_3+a_5)\times\dfrac{5}{2}=6+0=6.$

17. 因为
$$\sin x + \sqrt{3}\cos x = 2\left(\frac{1}{2}\sin x + \frac{\sqrt{3}}{2}\cos x\right)$$
$$= 2\cos\left(x - \frac{\pi}{6}\right)$$
$$= \frac{6}{5},$$

所以
$$\cos\left(x - \frac{\pi}{6}\right) = \frac{3}{5}.$$

故
$$\cos\left(x + \frac{5}{6}\pi\right) = \cos\left(\pi + x - \frac{1}{6}\pi\right) = -\cos\left(x - \frac{\pi}{6}\right) = -\frac{3}{5}.$$

另解：
$$\cos\left(x + \frac{5}{6}\pi\right) = \cos x \cos\frac{5}{6}\pi - \sin x \sin\frac{5}{6}\pi$$
$$= -\frac{\sqrt{3}}{2}\cos x - \frac{1}{2}\sin x$$
$$= -\frac{1}{2}\left(\sqrt{3}\cos x + \sin x\right)$$
$$= -\frac{1}{2}\times\frac{6}{5}$$
$$= -\frac{3}{5}.$$

18.
$$m \cdot n = \sin A \cdot \cos B + \sin B \cdot \cos A = \sin(A+B).$$
在 △ABC 中，
$$\sin(A+B) = \sin C,$$
所以
$$m \cdot n = \sin C.$$
又
$$m \cdot n = \sin 2C,$$
所以
$$\sin 2C = \sin C,$$
即
$$2\sin C\cos C = \sin C.$$
又 $\sin C \neq 0$，所以
$$\cos C = \frac{1}{2}.$$
又
$$0 < C < 180°,$$
故
$$C = 60°.$$

19. 空间四边形 $AEFG$ 在面 $ABCD$（或面 $A_1B_1C_1D_1$）上的射影如图 7(1) 阴影部分所示；空间四边形 $AEFG$ 在面 ADD_1A_1（或面 BCC_1B_1）上的射影如图 7(2) 阴影部分所示；空间四边形 $AEFG$ 在面 CDD_1C_1（或面 ABB_1A_1）上的射影如图 7(3) 阴影部分所示.

(1)　　　　(2)　　　　(3)

图 7

易知，图 7(3) 中的阴影部分面积最大，为

$$1-\left(\frac{1}{2}\times\frac{1}{2}\times\frac{1}{2}\right)\times2-\frac{1}{2}\times1\times\frac{1}{2}=\frac{1}{2}.$$

20. 如图 8,由点 P 是双曲线 $x^2-\dfrac{y^2}{b^2}=1(b>0)$ 的右顶点,知

$$P(1,0).$$

因为过左焦点 F 作平行于 y 轴的直线交双曲线于 A,B 两点,
所以 AB 所在直线方程是

$$x=-c,\text{其中 } c^2=a^2+b^2=1+b^2.$$

代入 $x^2-\dfrac{y^2}{b^2}=1$,得 A 和 B 的坐标分别是

$$(-\sqrt{1+b^2},b^2)\text{ 和 }(-\sqrt{1+b^2},-b^2).$$

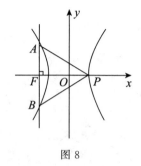

图 8

由对称性,知 $\qquad\qquad PA=PB,$
即 $\triangle PAB$ 是等腰三角形.
因此,$\triangle PAB$ 是锐角三角形的充要条件是角 P 为锐角.

由余弦定理,知 $\qquad\qquad \cos P=\dfrac{AP^2+BP^2-AB^2}{2\times AP\times BP}.$

所以角 P 为锐角的充要条件是 $AP^2+BP^2-AB^2>0$,即

$$(-\sqrt{1+b^2}-1)^2+(b^2-0)^2+(-\sqrt{1+b^2}-1)^2+(-b^2-0)^2-(2b^2)^2>0.$$

于是 $\qquad\qquad b^4-b^2-2\sqrt{1+b^2}-2<0,$

$$(b^2-\sqrt{1+b^2}-1)(\sqrt{1+b^2}-2)(\sqrt{1+b^2}+1)<0,$$

所以 $\qquad b^2-\sqrt{1+b^2}-1<0$ 或 $(\sqrt{1+b^2}-2)(\sqrt{1+b^2}+1)<0.$

注意到 b 是正数,得 $\qquad\qquad 0<b<\sqrt{3}.$

另解: 由点 P 是双曲线 $x^2-\dfrac{y^2}{b^2}=1(b>0)$ 的右顶点,知

$$P(1,0).$$

令 $c^2=a^2+b^2=1+b^2(c>0).$

由对称性,知 $\qquad\qquad PA=PB,$
即 $\triangle PAB$ 是等腰三角形.
于是由 $\triangle PAB$ 是锐角三角形,得 $\angle APB$ 是锐角,

即 $\qquad\qquad \angle APF=\dfrac{1}{2}\angle APB<\dfrac{1}{2}\times90°=45°,$

所以 $\qquad\qquad AF<PF,$

其中 $\qquad AF=\sqrt{(c^2-1)b^2}=\sqrt{(c^2-1)\cdot(c^2-1)}=c^2-1,PF=1+c,$

于是 $AF<PF$,即 $\qquad\qquad c^2-1<1+c,$

解得 $\qquad\qquad 0<c<2.$

所以 $\qquad\qquad b^2=c^2-1<3,$

即 $\qquad\qquad 0<b<\sqrt{3}.$

三、B组填空题

题号	21	22	23	24	25
答案	$\sqrt{10}$；2018	$\dfrac{\pi}{3}$；3	9；1	$\dfrac{1}{9}$；$\dfrac{1}{2}-\dfrac{1}{2\times3^n}$	$\dfrac{\sqrt{3}}{3}$；$\dfrac{3}{2}\sqrt{7}$

提示

21. $z=\sqrt{x^2+y^2-2x+1}+\sqrt{x^2+y^2+4x-2y+5}$

$\qquad=\sqrt{(x-1)^2+y^2}+\sqrt{(x+2)^2+(y-1)^2}$.

如图 9，设 $P(1,0)$，$Q(-2,1)$，$M(x,y)$，则

$$z=|MP|+|MQ|,$$

当 M,P,Q 共线时 z 最小，

$$z_{\min}=|PQ|=\sqrt{10}.$$

此时 M 点在线段 PQ 上，所以

$$M(x,y)\text{中的}x,y\text{满足}\dfrac{y-0}{1-0}=\dfrac{x-1}{-2-1},$$

即 $\qquad x+3y-1=0,-2\leqslant x\leqslant 1,$

所以 $\qquad x+3y+2017=1+2017=2018.$

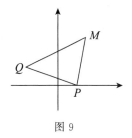

图 9

22. 因为 $\qquad f(x)=\sqrt{3}\sin 6x-\cos 6x+1$

$$=2\left(\dfrac{\sqrt{3}}{2}\sin 6x-\dfrac{1}{2}\cos 6x\right)+1$$

$$=2\sin\left(6x-\dfrac{\pi}{6}\right)+1.$$

于是有 $f(x)$ 最小正周期 $\qquad T=\dfrac{2\pi}{6}=\dfrac{\pi}{3},$

$$f(x)\leqslant 2\times1+1=3,$$

所以 $f(x)$ 的最小正周期是 $\dfrac{\pi}{3}$，最大值是 3.

23. 设 $a^2-ab+b^2=t$，与 $a^2+ab+b^2=3$ 联立，得

$$a^2+b^2=\dfrac{t+3}{2},ab=\dfrac{3-t}{2},$$

由 $(a-b)^2=|a-b|^2\geqslant0$，得

$$a^2+b^2\geqslant2ab,(a=b\text{ 时等号成立})$$

所以 $\qquad\dfrac{t+3}{2}\geqslant3-t,$

解得 $\qquad t\geqslant1.$

由 $(a+b)^2=|a+b|^2\geqslant 0$,得

$$a^2+b^2\geqslant -2ab,(a=-b \text{ 时等号成立})$$

所以

$$\frac{t+3}{2}\geqslant t-3,$$

解得

$$t\leqslant 9.$$

故 a^2-ab+b^2 的最大值是 9,最小值是 1.

24. (1)在数列 $\{b_n\}$ 的前 n 项和表示式 $S_n=\dfrac{1}{4}\left(3-\dfrac{2n+3}{3^n}\right)$ 中,取 $n=1,2$,得

$$S_1=b_1=\frac{1}{4}\left(3-\frac{2\times 1+3}{3^1}\right)=\frac{1}{3}, \qquad ①$$

$$S_2=b_1+b_2=\frac{1}{4}\left(3-\frac{2\times 2+3}{3^2}\right)=\frac{5}{9}, \qquad ②$$

②－①,得

$$b_2=\frac{5}{9}-\frac{1}{3}=\frac{2}{9},$$

所以

$$a_2=\frac{b_2}{2}=\frac{1}{9}.$$

(2)因为数列 $\{b_n\}$ 的前 n 项和

$$S_n=\frac{1}{4}\left(3-\frac{2n+3}{3^n}\right),$$

所以 $b_{n+1}=S_{n+1}-S_n=\dfrac{1}{4}\left(3-\dfrac{2(n+1)+3}{3^{n+1}}\right)-\dfrac{1}{4}\left(3-\dfrac{2n+3}{3^n}\right)=\dfrac{n+1}{3^{n+1}}$,

由(1),知 $b_1=\dfrac{1}{3}$,满足上式,

所以

$$b_n=\frac{n}{3^n}.$$

又 $b_n=na_n$,所以

$$a_n=\frac{1}{3^n}.$$

即数列 $\{a_n\}$ 是首项、公比都是 $\dfrac{1}{3}$ 的等比数列,

因此,数列 $\{a_n\}$ 的前 n 项和是

$$\frac{1}{3}\times\frac{1-\left(\frac{1}{3}\right)^n}{1-\frac{1}{3}}=\frac{1}{2}-\frac{1}{2\times 3^n}.$$

25. 如图 10,由 $E:\dfrac{x^2}{7}+\dfrac{y^2}{3}=1$,知 $c^2=7-3=4$,

故右焦点 $F(2,0)$.

设 $A(x_1,y_1),B(x_2,y_2)$,则

$$\begin{cases}\dfrac{x_1^2}{7}+\dfrac{y_1^2}{3}=1,\\[2mm]\dfrac{x_2^2}{7}+\dfrac{y_2^2}{3}=1,\end{cases}$$

两式相减，得

$$\frac{x_1^2-x_2^2}{7}+\frac{y_1^2-y_2^2}{3}=0,$$

即

$$\frac{3}{7}+\frac{y_1^2-y_2^2}{x_1^2-x_2^2}=0.$$

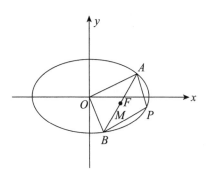

图 10

设 AB 的中点 $M(x_0,y_0)$，于是有

$$0=\frac{3}{7}+\frac{y_1^2-y_2^2}{x_1^2-x_2^2}=\frac{3}{7}+\frac{y_1-y_2}{x_1-x_2}\cdot\frac{2y_0}{2x_0}$$

$$=\frac{3}{7}+k_{FM}\cdot\frac{y_0}{x_0}=\frac{3}{7}+\frac{y_0}{x_0-2}\cdot\frac{y_0}{x_0},$$

由 $0=\frac{3}{7}+\frac{y_0}{x_0-2}\cdot\frac{y_0}{x_0}$，得

$$\frac{y_0^2}{3}=\frac{x_0(2-x_0)}{7}. \qquad (*)$$

由四边形 $OAPB$ 是平行四边形，M 是 AB 的中点 (x_0,y_0)，

$$OP=2OM,$$

所以

$$P(2x_0,2y_0),$$

因为点 $P(2x_0,2y_0)$ 是椭圆 E 上一点，所以

$$\frac{(2x_0)^2}{7}+\frac{(2y_0)^2}{3}=1,$$

再结合 $(*)$，即得

$$\frac{x_0^2}{7}+\frac{x_0(2-x_0)}{7}=\frac{1}{4},$$

解得

$$x_0=\frac{7}{8}.$$

代入 $(*)$，得

$$y_0^2=\frac{3}{7}\times\frac{7}{8}\times\left(2-\frac{7}{8}\right)=\frac{27}{64},$$

即

$$y_0=\pm\frac{3\sqrt{3}}{8}.$$

由对称性，知

$$|k|=|k_{FM}|=\left|\frac{y_0}{x_0-2}\right|=\frac{\frac{3\sqrt{3}}{8}}{2-\frac{7}{8}}=\frac{\sqrt{3}}{3}.$$

当 $M\in\left(\frac{7}{8},\frac{3\sqrt{3}}{8}\right)$ 时，右准线 $l_0:x=\frac{7}{2}$.

作 $MN\perp l_0$ 于 N，则

$$MN=\frac{7}{2}-\frac{7}{8}=\frac{21}{8}.$$

作 $AA_1\perp l_0$ 于 A_1，$BB_1\perp l_0$ 于 B_1，离心率 $e=\frac{2}{\sqrt{7}}$，$\frac{FA}{AA_1}=e$，

所以

$$FA=e\cdot AA_1.$$

同理

$$FB=e\cdot BB_1.$$

于是

$$AB=FA+FB=e\cdot(AA_1+BB_1)$$

$$=e\cdot 2MN=\frac{2}{\sqrt{7}}\times 2\times\frac{21}{8}=\frac{3}{2}\sqrt{7}.$$

第2试

一、选择题

以下每题的四个选项中，仅有一个是正确的，请将正确答案前的英文字母写在每题后面的圆括号内.

1. 已知 $x \in \left(0, \dfrac{\pi}{4}\right)$，则 $\sin(\cos x)$，$\cos(\sin x)$，$\lg(\sin x)$，$(\sin x)^{\cos x}$ 中最小的是（　　）

(A)$\sin(\cos x)$. 　　　　　　　　(B)$\cos(\sin x)$.

(C)$\lg(\sin x)$. 　　　　　　　　(D)$(\sin x)^{\cos x}$.

2. 已知 $2+\sqrt{5}$ 是函数 $f(x)=kx+\dfrac{9}{x}-3$ 的零点，则 $f\left(\dfrac{1}{2-\sqrt{5}}\right)=$（　　）

(A)-6. 　　(B)$-3-\sqrt{5}$. 　　(C)$3+\sqrt{5}$. 　　(D)6.

3. The number of the real number solution of the function $x^2-2|x|=1$ is（　　）

(A)1. 　　(B)2. 　　(C)3. 　　(D)4.

4. 已知数列 $\{a_n\}$ 与 $\{b_n\}$ 的通项公式分别为 $a_n=2^n$，$b_n=3n+1$，两个数列中数值相同的项由小到大依次排列组成数列 $\{c_n\}$，则 c_{2017} 的值是（　　）

(A)2^{2016}. 　　(B)2^{2017}. 　　(C)4^{2016}. 　　(D)4^{2017}.

5. 已知 $\boldsymbol{a}=(3,6)$，$\boldsymbol{b}=(-4,2)$，且 $(2\boldsymbol{a}-3\boldsymbol{c})\cdot(\boldsymbol{b}-2\boldsymbol{c})=0$，则 $|\boldsymbol{c}|$ 的最大值是（　　）

(A)2. 　　(B)3. 　　(C)5. 　　(D)12.

6. 已知函数 $f(x)=|\lg x|$，若 $f(a)=f(b)(a>b>0)$，则 $\dfrac{a}{1+a}+\dfrac{b}{1+b}=$（　　）

(A)$\dfrac{1}{4}$. 　　(B)$\dfrac{1}{2}$. 　　(C)1. 　　(D)2.

7. 已知 $\boldsymbol{a}$，$\boldsymbol{b}$ 是两个互不相等的非零向量，若 $|(1-t)\boldsymbol{a}+t\boldsymbol{b}|\geqslant|\boldsymbol{b}|$ 对于一切实数 t 都成立，则下面四个式子中成立的是（　　）

(A)$\boldsymbol{a}\perp(\boldsymbol{a}+\boldsymbol{b})$. 　　　　　　　　(B)$\boldsymbol{b}\perp(\boldsymbol{a}+\boldsymbol{b})$.

(C)$\boldsymbol{a}\perp(\boldsymbol{a}-\boldsymbol{b})$. 　　　　　　　　(D)$\boldsymbol{b}\perp(\boldsymbol{a}-\boldsymbol{b})$.

8. 已知两个数列 $\{a_n\}$ 和 $\{b_n\}$，其中 b_n 是数列 $\{a_n\}$ 前 n 项的平均数.

命题 P：数列 $\{a_n\}$ 是等差数列. 　　　命题 Q：数列 $\{b_n\}$ 是等差数列.

则（　　）

(A)P 是 Q 的充分不必要条件.

(B)P 是 Q 的必要不充分条件.

(C) P 既不是 Q 的充分条件,也不是必要条件.

(D) P 是 Q 的充分必要条件.

9. 已知 a,b,c 是 $\triangle ABC$ 的三边的长,若 $a^2-4b^2+c^2=0$,则 $\dfrac{\cot A+\cot C}{\cot B}=($ $)$

(A) -3.   (B) $-\sqrt{5}$.   (C) $\dfrac{2}{3}$.   (D) $\dfrac{3}{2}$.

10. 正四面体 $ABCD$ 中,点 P 在 CD 上,若 $PC=2PD$,从 P 点作垂直于 CD 的平面,该平面将四面体 $ABCD$ 分成两部分,则这两部分的体积的比值是(   )

(A) $\dfrac{4}{27}$.   (B) $\dfrac{4}{23}$.   (C) $\dfrac{2}{9}$.   (D) $\dfrac{2}{27}$.

二、填空题

11. 函数 $f(x)=\dfrac{x}{\ln x}-e$ 的零点的个数是_____.

12. 已知 $a\neq b$,若函数 $f(x)=|2x+a|+|3x+b|$ 的最小值是 4,则 $|3a-2b|$ =_____.

13. 满足 $1+23m=n^2(n\in\mathbf{N})$,且 $m\leqslant 2017$ 的自然数 m 的个数是_____.

14. Suppose $P(m,n)$ is a point on the line $4x+9y=1$, P is in the first quadrant, then the minimum value of $\dfrac{1}{m}+\dfrac{1}{n}$ is _____.   (英汉词典:the first quadrant 第一象限)

15. 设 a,b,c 是 $\triangle ABC$ 的三边的长,且满足 $(b+c)\sin\dfrac{A}{2}=24$,$|b-c|\cos\dfrac{A}{2}=7$,则 a =_____.

16. 正四面体 $ABCD$ 的高是 2017,点 P 在四面体 $ABCD$ 内,则点 P 到四面体 $ABCD$ 四个面的距离之和为_____.

17. 已知数列 $\{a_n\}$ 是单调递增的,且满足 $a_1=1$,$a_{n+1}=ka_n+1$,则实数 k 的取值范围是_____.

18. 如图 1,矩形纸片 $ABCD$ 的边 $AB=18$,$BC=12$. 将其对折,使点 C 和 A 重合,折痕为 EF;进一步将其对折,使点 F 和 A 重合,此时四层重合的部分(阴影部分)的面积等于_____.

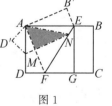

图 1

19. $\triangle ABC$ 中,$AB=3$,$AC=2$,$\angle BAC=120°$,若 $\boldsymbol{BD}=-2\boldsymbol{CD}$,则 $\boldsymbol{AD}\cdot\boldsymbol{AB}=$_____.

20. 已知椭圆 $C:\dfrac{x^2}{16}+\dfrac{y^2}{9}=1$,点 $M(0,3)$,点 $N(0,-3)$,点 P 在 C 外,直线 PN 交椭圆于点 A. 若 $PM\perp MA$,则点 P 所在的直线方程是_____.

三、解答题

每题都要写出推算过程.

21. 已知二次函数 $y=f(x)=x^2+bx+c$ 的图像过点 $(1,13)$，且函数 $y=f\left(x-\dfrac{1}{2}\right)$ 是偶函数.

(1) 求 $f(x)$ 的解析式.

(2) 已知点 $P(m,n^2)$ 是函数 $y=f(x)$ 的图像上一点，其中 $m,n\in\mathbf{N}$，求点 P 的坐标.

22. 已知数列 $\{a_n\}$ 满足：$a_1=1$，$a_{n+1}=a_n+(-1)^n n\,(n\in\mathbf{N}^*)$.

(1) 求 a_3 的值.

(2) 求数列 $\{a_n\}$ 的通项公式.

(3) 若 $a_n=2017$，求 n.

23. 已知 $(\sqrt{3}-1)\sin 2\theta+\cos 2\theta+2\sqrt{3}\cos^2\theta\geqslant 1$，$\theta\in\left(-\dfrac{\pi}{2},\dfrac{\pi}{2}\right)$，$\log_a(a-2)\leqslant\dfrac{1}{2}$.

(1) 求曲线 $C:ax^2+y^2\cos\theta=a\cos\theta$ 的离心率的取值范围.

(2) 在平面直角坐标系 xOy 中，动直线 $l:x-y\sin\theta+(2a-1)\sin\theta=0$ 与两坐标轴围成的三角形的面积是否存在最大值？若存在，求出该值；若不存在，说明理由.

答·提示

一、选择题

题号	1	2	3	4	5	6	7	8	9	10
答案	C	A	B	D	C	C	D	D	C	B

提 示

1. 当 $x\in\left(0,\dfrac{\pi}{4}\right)$ 时，题设四个选项的函数值中，仅有 $\lg(\sin x)<0$，

所以 $\sin(\cos x),\cos(\sin x),\lg(\sin x),(\sin x)^{\cos x}$ 中最小的是 $\lg(\sin x)$.

故选（C）.

2. $\dfrac{1}{2-\sqrt{5}}=\dfrac{2+\sqrt{5}}{(2-\sqrt{5})(2+\sqrt{5})}=-(2+\sqrt{5})$,

记 $2+\sqrt{5}=x_0$，则 $\dfrac{1}{2-\sqrt{5}}=-x_0$.

由 $2+\sqrt{5}$ 是函数 $f(x)=kx+\dfrac{9}{x}-3$ 的零点，得

$$kx_0 + \frac{9}{x_0} = 3,$$

即

$$k(-x_0) + \frac{9}{-x_0} = -\left(kx_0 + \frac{9}{x_0}\right) = -3,$$

所以

$$f\left(\frac{1}{2-\sqrt{5}}\right) = -3 - 3 = -6.$$

故选(A).

3. 译文:方程 $x^2 - 2|x| = 1$ 的实数解的个数是(　　)

(A)1. 　　　　　　(B)2. 　　　　　　(C)3. 　　　　　　(D)4.

解: 由 $x \in \mathbf{R}, x^2 - 2|x| = 1$,得 $x^2 = |x|^2, |x|^2 - 2|x| = 1$,

解得

$$|x| = 1 + \sqrt{2},\ 即\ x = \pm(1 + \sqrt{2}).$$

所以题设方程共有 2 个实根.

故选(B).

另解: 图像法.

如图 2,由函数的图像知方程 $x^2 - 2|x| = 1$ 的实数解的个数是 2.

故选(B).

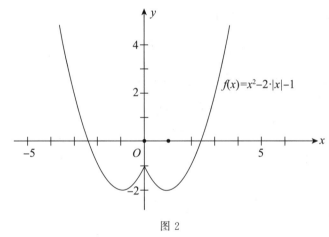

图 2

4. a_{2n} 被 3 除余 1,a_{2n+1} 被 3 除余 2,所以 $c_n = a_{2n}$,

于是

$$c_{2017} = a_{2 \times 2017} = 4^{2017}.$$

故选(D).

另解 1: 不妨令 $a_n = b_m (m, n \in \mathbf{N}^*)$,即有

$$2^n = 3m + 1,$$

显然

$$a_2 = 4 = 3 \times 1 + 1 = b_1 = c_1,$$

所以 $a_{n+1} = 2^{n+1} = 2 \cdot 2^n = 6m + 2 = 3 \cdot (2m) + 2$,不是 $\{b_n\}$ 中的项.

$$a_{n+2} = 2^{n+2} = 4 \cdot 2^n = 4 \cdot (3m + 1) = 12m + 4 = 3(4m + 1) + 1,\ 是\ \{b_n\}\ 中的项,$$

从而可知,若 a_n 是 $\{b_n\}$ 中的项,则 a_{n+2} 是 $\{b_n\}$ 中的项,

所以,数列 $\{c_n\}$ 是以 4 为首项,4 为公比的等比数列,

即

$$c_n = 4^n,$$

所以

$$c_{2017} = a_{2 \times 2017} = 4^{2017}.$$

故选(D).

另解 2：设 $c_n = a_k = b_m (n, k, m \in \mathbf{N}^*)$，则 $c_n = 2^k = 3m + 1$，

即 2^k 被 3 除余 1.

而 $\qquad 2^k = (3-1)^k = 3l + (-1)^k$，其中 $l \in \mathbf{N}$，

所以 k 为偶数，

从而 a_k 与 b_m 的公共项为 2^{2n}，即 $\qquad c_n = a_{2n} = 2^{2n} = 4^n$，

所以 $\qquad c_{2017} = a_{2 \times 2017} = 4^{2017}$.

故选(D).

5. 设 $\boldsymbol{c} = (x, y)$，则 $2\boldsymbol{a} - 3\boldsymbol{c} = (6, 12) - (3x, 3y) = (6 - 3x, 12 - 3y)$，

$$\boldsymbol{b} - 2\boldsymbol{c} = (-4, 2) - (2x, 2y) = (-4 - 2x, 2 - 2y).$$

由题意可知 $\qquad (6 - 3x, 12 - 3y) \cdot (-4 - 2x, 2 - 2y) = 0$，

整理，得 $\qquad x^2 + \left(y - \dfrac{5}{2}\right)^2 = \left(\dfrac{5}{2}\right)^2$. $\qquad\qquad (*)$

又 $|\boldsymbol{c}| = \sqrt{x^2 + y^2}$ 表示 $(*)$ 上的点与原点 O 的距离，

所以 $\qquad\qquad |\boldsymbol{c}|_{\max} = 5$.

故选(C).

另解：由 $(2\boldsymbol{a} - 3\boldsymbol{c}) \cdot (\boldsymbol{b} - 2\boldsymbol{c}) = 0$，得

$$\left(\dfrac{2}{3}\boldsymbol{a} - \boldsymbol{c}\right) \cdot \left(\dfrac{1}{2}\boldsymbol{b} - \boldsymbol{c}\right) = 0.$$

设 $\boldsymbol{OA} = \dfrac{2}{3}\boldsymbol{a} = (2, 4), \boldsymbol{OB} = \dfrac{1}{2}\boldsymbol{b} = (-2, 1), \boldsymbol{OC} = \boldsymbol{c}$，

则 $\qquad\qquad (\boldsymbol{OA} - \boldsymbol{OC}) \cdot (\boldsymbol{OB} - \boldsymbol{OC}) = 0$，

即 $\qquad\qquad \boldsymbol{CA} \cdot \boldsymbol{CB} = 0$，

于是，点 C 在以线段 AB 为直径的圆 $x^2 + \left(y - \dfrac{5}{2}\right)^2 = \left(\dfrac{5}{2}\right)^2$ 上，如图 3 所示.

又此圆恰与 x 轴相切于原点 O，

所以 $|\boldsymbol{c}|$ 的最大值就是该圆的直径的长，即 5.

故选(C).

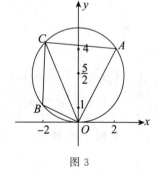

图 3

6. 由 $f(x) = |\lg x|$，$f(a) = f(b) (a > b > 0)$，得

$$0 < b < 1 < a.$$

又 $\qquad\qquad f(a) = f(b)$，

所以 $\qquad\qquad |\lg a| = |\lg b|$，即 $\lg a = -\lg b$，

于是 $\qquad\qquad \lg a + \lg b = 0$，即 $ab = 1$.

因此 $\qquad \dfrac{a}{1+a} + \dfrac{b}{1+b} = 2 - \left(\dfrac{1}{1+a} + \dfrac{1}{1+b}\right)$

$$= 2 - \dfrac{2 + a + b}{(1+a)(1+b)}$$

$$= 2 - \dfrac{2 + a + b}{1 + ab + a + b}$$

$$= 2 - 1 = 1.$$

故选(C).

7.（本题考查：共线向量的性质）

设向量起点都是点 O，向量 a,b 的终点分别为 A,B，则 $(1-t)a+tb$ 表示起点在 O 点终点在直线 AB 上的所有向量.

而 $|(1-t)a+tb|\geqslant|b|$ 表示点 O 与直线 AB 上点的连线中，OB 最短，

所以 $\qquad\qquad OB\perp$ 直线 AB，即 $b\perp(a-b)$.

故选（D）.

结论：设向量 a,b,c 起点都是点 O，终点分别为 A,B,C，则 A,B,C 三点共线的充要条件是 $c=(1-t)a+tb,t\in\mathbf{R}$.

8. 假设数列 $\{b_n\}$ 是等差数列，则 $b_n=b_1+(n-1)d$，

由题设条件，知数列 $\{a_n\}$ 的前 n 项和是 nb_n，

所以当 $n>1$ 时，
$$
\begin{aligned}
a_n &=S_n-S_{n-1}\\
&=nb_n-(n-1)b_{n-1}\\
&=n(b_1+(n-1)d)-(n-1)(b_1+(n-2)d)\\
&=b_1+2(n-1)d.
\end{aligned}
$$

显而易见，$a_1=b_1$，数列 $\{a_n\}$ 是公差为 $2d$ 的等差数列.

反之，当 $\{a_n\}$ 是公差为 d 的等差数列时，其前 n 项和是 $\dfrac{n}{2}(a_1+a_n)$，这时
$$
b_n=\frac{1}{2}(a_1+a_n)=a_1+(n-1)\frac{d}{2},
$$

所以 $\{b_n\}$ 是首项为 a_1，公差为 $\dfrac{d}{2}$ 的等差数列.

综上可知，P 是 Q 的充分必要条件.

故选（D）.

9.
$$
\begin{aligned}
\frac{\cot A+\cot C}{\cot B}&=\frac{\dfrac{\cos A}{\sin A}+\dfrac{\cos C}{\sin C}}{\dfrac{\cos B}{\sin B}}\\
&=\frac{\cos A\sin C+\cos C\sin A}{\sin A\sin C}\times\frac{\sin B}{\cos B}\\
&=\frac{\sin(A+C)}{\sin A\sin C}\times\frac{\sin B}{\cos B}\\
&=\frac{\sin^2 B}{\sin A\sin C}\times\frac{1}{\cos B}\quad(\text{用 }B=\pi-(A+C)\text{ 及 }\sin\alpha=\sin(\pi-\alpha))\\
&=\frac{b^2}{ac}\times\frac{2ac}{a^2+c^2-b^2}\quad(\text{用正弦定理和余弦定理})\\
&=\frac{2b^2}{3b^2}\\
&=\frac{2}{3}.
\end{aligned}
$$

故选（C）.

10. 如图 4，在平面 ACD 中，从点 P 作 CD 的垂线，交 AD 于 Q；在面 BCD 中，从点 P 作 CD 的垂线，交 BD 于 R，则由 $ABCD$ 是正四面体，可知平面 PQR 是题设中所作的截面，

由 $PQ \perp CD$，$\angle ADC = 60^0$，知

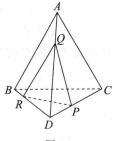

图 4

$$DQ = 2DP.$$

又 $PC = 2PD$，所以

$$DP = \frac{1}{3}CD, DQ = \frac{2}{3}CD = \frac{2}{3}AD.$$

同理

$$RD = \frac{2}{3}BD.$$

于是

$$\frac{S_{\triangle QPD}}{S_{\triangle DCA}} = \frac{DQ \times DP}{AD \times CD} = \frac{1}{3} \times \frac{2}{3} = \frac{2}{9},$$

$$\frac{V_{R\text{-}DPQ}}{V_{B\text{-}DCA}} = \frac{2}{9} \times \frac{2}{3} = \frac{4}{27},$$

所以平面 PQR 将四面体 $ABCD$ 分成的两部分的体积的比值是

$$\frac{V_{R\text{-}DPQ}}{V_{ABC\text{-}PQR}} = \frac{4}{27-4} = \frac{4}{23}.$$

故选（B）.

✎ 二、填空题

题号	11	12	13	14	15
答案	1	12	19	25	25
题号	16	17	18	19	20
答案	2017	$(0, +\infty)$	$\frac{507}{16}$	1	$y = -\frac{75}{7}$

💡 提 示

11. 求函数 $f(x) = \frac{x}{\ln x} - e$ 的零点个数，即求方程 $\frac{x}{\ln x} - e = 0$ 解的个数，

由 $\frac{x}{\ln x} - e = 0$，得 $x = \ln x^e$，

即 $e^x = x^e$.（当 $x = e$ 时等式成立）

在同一坐标系中，分别作出 $x > 0$ 且 $x \neq 1$ 时，函数 $y = e^x$ 和 $y = x^e$ 的图像，

易知两图像只有 1 个交点，

所以函数 $f(x) = \frac{x}{\ln x} - e$ 的零点的个数是 1.

12.
$$f(x) = |2x+a| + |3x+b|$$
$$= 2\left|x+\frac{a}{2}\right| + 3\left|x+\frac{b}{3}\right|$$
$$= \left|x+\frac{a}{2}\right| + \left|x+\frac{a}{2}\right| + \left|x+\frac{b}{3}\right| + \left|x+\frac{b}{3}\right| + \left|x+\frac{b}{3}\right|.$$

由绝对值的几何意义，知当 $x = -\dfrac{b}{3}$ 时，$f(x) = |2x+a| + |3x+b|$ 取得最小值，

于是 $\qquad\qquad\qquad\qquad\left|2\left(-\dfrac{b}{3}\right)+a\right| = 4,$

故 $\qquad\qquad\qquad\qquad |3a-2b| = 12.$

13. 由 $1 + 23m = n^2 (n \in \mathbf{N})$，得 $(n-1)(n+1) = 23m.$ $\qquad\qquad$ （＊）

当 $m = 0, n = 1$ 时，（＊）成立，即满足题意。

当 $m > 0$ 时，由（＊）以及 23 为质数，得

$$23 \mid n-1 \text{ 或 } 23 \mid n+1.$$

（1）若 $23 \mid n-1$，则可设 $n-1 = 23b (b \in \mathbf{N}^*)$，

于是由（＊），得 $\qquad\qquad\qquad m = 23b^2 + 2b \leqslant 2017,$

即 $b \leqslant 9$，与此对应的 m 有 9 个不同取值。

（2）若 $23 \mid n+1$，则可设 $n+1 = 23c (c \in \mathbf{N}^*)$，

同（1）可求得，$n+1 = 23c$ 时也有 9 个不同取值，

综上知，满足自然数 m 的个数是共有 $1 + 9 + 9 = 19$（个）。

14. 译文: 设点 $P(m, n)$ 是直线 $4x + 9y = 1$ 上位于第一象限的点，则 $\dfrac{1}{m} + \dfrac{1}{n}$ 的最小值是_____.

解: 由点 $P(m, n)$ 是直线 $4x + 9y = 1$ 上位于第一象限的点，得

$$4m + 9n = 1,$$

$$\frac{1}{m} + \frac{1}{n} = \left(\frac{1}{m} + \frac{1}{n}\right)(4m + 9n) = 4 + \frac{9n}{m} + \frac{4m}{n} + 9 \geqslant 13 + 2\sqrt{9 \times 4} = 25,$$

$$\left(\text{当 } \frac{9n}{m} = \frac{4m}{n} = 6, \text{即 } m = \frac{1}{10}, n = \frac{1}{15} \text{ 时，上述不等式等号成立}\right)$$

所以 $\dfrac{1}{m} + \dfrac{1}{n}$ 的最小值是 25.

15. 由余弦定理，得

$$a^2 = b^2 + c^2 - 2bc\cos A$$

$$= (b^2 + c^2)\left(\sin^2\frac{A}{2} + \cos^2\frac{A}{2}\right) - 2bc\left(\cos^2\frac{A}{2} - \sin^2\frac{A}{2}\right)$$

$$= (b+c)^2 \sin^2\frac{A}{2} + (b-c)^2 \cos^2\frac{A}{2}$$

$$= 24^2 + 7^2 = 25^2,$$

所以 $\qquad\qquad\qquad\qquad\qquad a = 25.$

16. 设点 P 到 $ABCD$ 四个面的距离分别为 h_1, h_2, h_3, h_4，如图 5 所示。

根据正四面体 $ABCD$ 的体积 V 的计算公式，得

$$V = \frac{1}{3}S_{\triangle BCD} \cdot 2017,$$ ①

$$或 V = \frac{1}{3}S_{\triangle BCD}h_1 + \frac{1}{3}S_{\triangle ACD}h_2 + \frac{1}{3}S_{\triangle ABC}h_3 + \frac{1}{3}S_{\triangle ABD}h_4.$$ ②

由①②，得 $h_1 + h_2 + h_3 + h_4 = 2017.$

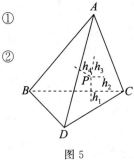

图 5

17. 当 $k = 1$ 时，由 $a_{n+1} = ka_n + 1$，得 $a_{n+1} - a_n = 1$，

即数列 $\{a_n\}$ 是公差为 1，单调递增的等差数列，满足题意.

当 $k \neq 1$ 时，$a_{n+1} = ka_n + 1$ 可变形为

$$a_{n+1} + \frac{1}{k-1} = k\left(a_n + \frac{1}{k-1}\right),$$

于是 $b_n = a_n + \frac{1}{k-1}$ 是公比为 k 的等比数列，

即 $$b_n = a_n + \frac{1}{k-1} = \left(a_1 + \frac{1}{k-1}\right)k^{n-1} = \left(1 + \frac{1}{k-1}\right)k^{n-1} = \frac{k^n}{k-1},$$

所以 $$a_n = \frac{k^n - 1}{k-1}.$$

假设数列 $\{a_n\}$ 为递增，则有 $a_{n+1} > a_n,$

即 $$\frac{k^{n+1}-1}{k-1} > \frac{k^n-1}{k-1},$$

解得 $k > 0,$ 且 $k \neq 1.$

综上知，实数 k 的取值范围是 $(0, +\infty).$

18. 设 $DF = x$，则 $AF = CF = AE = 18 - x.$

在 $\mathrm{Rt}\triangle ADF$ 中，由 $AF = FC$ 及勾股定理得

$$AD^2 + DF^2 = AF^2, \ 即 \ 12^2 + x^2 = (18-x)^2,$$

解得 $x = 5.$

从点 E 作 EG 平行于 BC，交 CD 于点 G，如图 6.

在直角 $\triangle EFG$ 中，

$$EG = BC = 12, FG = CD - DF - GC = 18 - 5 - 5 = 8,$$

由勾股定理可得

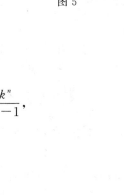

图 6

$$EF = \sqrt{EG^2 + FG^2} = \sqrt{12^2 + 8^2} = 4\sqrt{13}.$$

设 AF 中点为 M，折痕与 EF 交点为 N，由折叠的对称性，知

$$\angle AFE = \angle CFE,$$

所以 $MN : MF = \tan\angle AFE = \tan\angle CFE = EG : FG = 12 : 8 = 3 : 2.$

在 $\mathrm{Rt}\triangle ADF$ 中，由勾股定理可得

$$AF = 13,$$

所以 $AM = MF = \frac{13}{2}$，即 $MN = \frac{39}{4},$

所以 $$S_{阴影} = S_{\triangle AMN} = \frac{1}{2} \times \frac{13}{2} \times \frac{39}{4} = \frac{507}{16}.$$

19. 在 $\triangle ABC$ 中，由余弦定理，得

$$BC^2 = 3^2 + 2^2 - 2 \times 3 \times 2\cos 120° = 19,$$

所以

$$BC = \sqrt{19},$$

$$\cos B = \frac{AB^2 + BC^2 - AC^2}{2AB \cdot BC} = \frac{3^2 + (\sqrt{19})^2 - 2^2}{2 \times 3 \times \sqrt{19}} = \frac{4\sqrt{19}}{19}.$$

由 $\boldsymbol{BD} = -2\boldsymbol{CD}$，可知点 D 在线段 BC 上，且

$$BD = \frac{2}{3}BC = \frac{2\sqrt{19}}{3},$$

所以

$$\begin{aligned}
\boldsymbol{AD} \cdot \boldsymbol{AB} &= (\boldsymbol{AB} + \boldsymbol{BD}) \cdot \boldsymbol{AB} \\
&= \boldsymbol{AB}^2 + \boldsymbol{BD} \cdot \boldsymbol{AB} \\
&= |\boldsymbol{AB}|^2 + |\boldsymbol{BD}| \cdot |\boldsymbol{AB}| \cdot \cos(\pi - B) \\
&= 3^2 + \frac{2\sqrt{19}}{3} \times 3 \times \left(-\frac{4\sqrt{19}}{19}\right) \\
&= 1.
\end{aligned}$$

20. 设 $P(x_P, y_P)$，$A(x_A, y_A)$.

已知

$$M(0,3), N(0,-3),$$

所以 PM 和 MA 的斜率分别是 $\dfrac{y_P - 3}{x_P}$ 和 $\dfrac{y_A - 3}{x_A}$，

又

$$PM \perp MA,$$

所以它们所在直线的斜率之积为 -1，

即

$$\frac{y_P - 3}{x_P} \cdot \frac{y_A - 3}{x_A} = -1,$$

整理，得

$$3 - y_A = \frac{x_P x_A}{y_P - 3}. \qquad ①$$

由直线 PN 交椭圆于另一点 A，得 $\dfrac{y_A + 3}{x_A} = \dfrac{y_P + 3}{x_P}$，

整理，得

$$y_A + 3 = \frac{x_A}{x_P}(y_P + 3). \qquad ②$$

由点 A 在椭圆上，得

$$\frac{x_A^2}{16} + \frac{y_A^2}{9} = 1,$$

将①②代入上式，得

$$\begin{aligned}
\frac{x_A^2}{16} &= \frac{1}{9}(9 - y_A^2) \\
&= \frac{1}{9}(3 + y_A)(3 - y_A) \\
&= \frac{1}{9} \cdot \frac{x_A}{x_P}(y_P + 3) \cdot \frac{x_P x_A}{y_P - 3} \\
&= \frac{x_A^2(y_P + 3)}{9(y_P - 3)},
\end{aligned}$$

解得

$$y_P = -\frac{75}{7},$$

所以点 P 所在的直线方程是 $y = -\dfrac{75}{7}$.

三、解答题

21. (1)因为函数 $y = f\left(x - \dfrac{1}{2}\right)$ 是偶函数,

所以
$$f\left(-x - \dfrac{1}{2}\right) = f\left(x - \dfrac{1}{2}\right),$$

即
$$f\left(-\dfrac{1}{2} - x\right) = f\left(-\dfrac{1}{2} + x\right),$$

所以二次函数 $f(x) = x^2 + bx + c$ 的对称轴方程是
$$x = -\dfrac{1}{2},$$

即
$$x = -\dfrac{b}{2 \times 1} = -\dfrac{1}{2},$$

解得
$$b = 1.$$

又因为二次函数 $f(x) = x^2 + bx + c$ 的图像过点 $(1, 13)$,

所以
$$1 + b + c = 13,$$

即
$$c = 13 - 1 - 1 = 11.$$

因此,$f(x)$ 的解析式为
$$f(x) = x^2 + x + 11.$$

(2)由点 $P(m, n^2)$ 在函数 $y = f(x)$ 的图像上,得
$$m^2 + m + 11 = n^2,$$

即
$$4n^2 - (2m + 1)^2 = 43,$$

亦即
$$[2n + (2m + 1)] \cdot [2n - (2m + 1)] = 43.$$

注意到 43 是质数,且
$$2n + (2m + 1) > 0, \ m, n \in \mathbf{N},$$

得
$$\begin{cases} 2n + (2m + 1) = 43 \\ 2n - (2m + 1) = 1 \end{cases},$$

解得
$$\begin{cases} m = 10 \\ n = 11 \end{cases}.$$

所以点 P 的坐标 (m, n^2),即 $P(10, 121)$.

22. (1)由 $a_1 = 1, a_{n+1} = a_n + (-1)^n n (n \in \mathbf{N}^*)$,得
$$a_2 = a_{1+1} = a_1 + (-1)^1 \times 1 = 1 - 1 = 0,$$
$$a_3 = a_{2+1} = a_2 + (-1)^2 \times 2 = 0 + 2 = 2.$$

(2)由 $a_{n+1} = a_n + (-1)^n n (n \in \mathbf{N}^*)$,得
$$a_{n+1} - a_n = (-1)^n n,$$

即
$$a_2 - a_1 = -1,$$
$$a_3 - a_2 = 2,$$
$$a_4 - a_3 = -3,$$

$$a_5 - a_4 = 4,$$

$$\cdots$$

$$a_n - a_{n-1} = (-1)^{n-1} \cdot (n-1).$$

将上面 $n-1$ 个等式两端分别相加,并化简,得

$$a_n - a_1 = -1 + 2 - 3 + 4 - \cdots + (-1)^{n-1} \cdot (n-1),$$

又

$$a_1 = 1,$$

所以

$$a_n = 2 - 3 + 4 - \cdots + (-1)^{n-1} \cdot (n-1).$$

注意到,上面等式右边共有 $n-2$ 项,且从第 1 项开始,相邻两项的和为 -1,

当 n 是偶数时,$a_n = \dfrac{n-2}{2} \times (-1) = \dfrac{2-n}{2}$;

当 n 是奇数时,前 $n-3$ 项之和为 $\dfrac{n-3}{2} \times (-1)$,最后一项为 $n-1$,此时

$$a_n = \dfrac{3-n}{2} + n - 1 = \dfrac{n+1}{2}.$$

综上知

$$a_n = \begin{cases} \dfrac{n+1}{2} & n \text{ 是奇数} \\[2mm] \dfrac{2-n}{2} & n \text{ 是偶数} \end{cases}.$$

(3)若 $a_n = 2017$,且 n 是奇数,则有

$$\dfrac{n+1}{2} = 2017,$$

解得

$$n = 4033.$$

若 $a_n = 2017$,且 n 是偶数,则有

$$\dfrac{2-n}{2} = 2017,$$

解得 $n = -4032$,与 $n \in \mathbf{N}^*$ 矛盾,舍去.

所以 $a_n = 2017$ 时,

$$n = 4033.$$

23. (1)由 $(\sqrt{3}-1)\sin 2\theta + \cos 2\theta + 2\sqrt{3}\cos^2\theta \geqslant 1$,得

$$2(\sqrt{3}-1)\sin\theta\cos\theta + 1 - 2\sin^2\theta + 2\sqrt{3}\cos^2\theta \geqslant 1,$$

整理,得 $\quad \sin^2\theta - (\sqrt{3}-1)\sin\theta\cos\theta - \sqrt{3}\cos^2\theta \leqslant 0,$ $\qquad$ $(*)$

因为 $\theta \in \left(-\dfrac{\pi}{2}, \dfrac{\pi}{2}\right)$,所以 $\qquad\qquad \cos\theta > 0.$

$(*)$ 两边同除以 $\cos^2\theta$,得 $\quad \tan^2\theta - (\sqrt{3}-1)\tan\theta - \sqrt{3} \leqslant 0,$

解得 $\qquad\qquad\qquad -1 \leqslant \tan\theta \leqslant \sqrt{3},$

所以 $\qquad\qquad\qquad -\dfrac{\pi}{4} \leqslant \theta \leqslant \dfrac{\pi}{3},$

于是 $\qquad\qquad\qquad \dfrac{1}{2} \leqslant \cos\theta \leqslant 1.$

由 $\log_a(a-2) \leqslant \dfrac{1}{2}$,得 $\qquad\qquad 0 < a - 2 \leqslant \sqrt{a},$

解得 $2<a\leqslant 4.$

所以曲线 C 的方程可化为 $\dfrac{x^2}{\cos\theta}+\dfrac{y^2}{a}=1,$

因为 $a>\cos\theta>0$,所以曲线 C 是中心在原点,焦点在 y 轴上的椭圆,其离心率

$$e=\dfrac{\sqrt{a-\cos\theta}}{\sqrt{a}}=\sqrt{1-\dfrac{\cos\theta}{a}},$$

又 $$\sqrt{1-\dfrac{1}{2}}<\sqrt{1-\dfrac{\cos\theta}{a}}\leqslant\sqrt{1-\dfrac{\dfrac{1}{2}}{4}}=\dfrac{\sqrt{14}}{4},$$

所以曲线 C 的离心率的取值范围是 $\left(\dfrac{\sqrt{2}}{2},\dfrac{\sqrt{14}}{4}\right].$

(2)由 $-\dfrac{\pi}{4}\leqslant\theta\leqslant\dfrac{\pi}{3}$,得 $-\dfrac{\sqrt{2}}{2}\leqslant\sin\theta\leqslant\dfrac{\sqrt{3}}{2},$

当 $\sin\theta=0$ 时,直线 l 的方程为 $x=0$,此时 l 与两坐标轴不能围成三角形,

所以 $\sin\theta\neq 0,$

又 l 在 x 轴、y 轴上的截距分别为 $-(2a-1)\sin\theta$ 和 $2a-1,$

因此,直线 l 与两坐标轴围成的三角形的面积为

$$S=\dfrac{1}{2}\cdot|-(2a-1)\sin\theta|\cdot|2a-1|=\dfrac{1}{2}(2a-1)^2|\sin\theta|.$$

又 $$2<a\leqslant 4,-\dfrac{\sqrt{2}}{2}\leqslant\sin\theta\leqslant\dfrac{\sqrt{3}}{2},$$

所以,当 $a=4$ 且 $\sin\theta=\dfrac{\sqrt{3}}{2}$ 时,S 取得最大值,为

$$S_{\max}=\dfrac{1}{2}(2\times 4-1)^2\times\dfrac{\sqrt{3}}{2}=\dfrac{49\sqrt{3}}{4}.$$

第 29 届(2018 年)

第1试

一、选择题

以下每题的四个选项中,仅有一个是正确的,请将正确答案前的英文字母写在每题后面的圆括号内.

1. 已知 $P:a<5$;$Q:$ 函数 $f(x)=\log_2(x^2-2x-a)$ 的图像与直线 $x=-1$ 有交点,那么,P 是 Q 的( )

(A)充分而不必要条件.

(B)必要而不充分条件.

(C)充分必要条件.

(D)既不充分也不必要条件.

2. 将函数 $y=x^2$ 的图像沿向量 $(2,-1)$ 平移,所得函数图像的解析式是( )

(A)$y=x^2-4x+3$.　　　　　　　(B) $y=x^2-4x+5$.

(C)$y=x^2+4x-3$.　　　　　　　(D) $y=x^2+4x-5$.

3. The minimum value of $y=x+\sqrt{1-x^2}$ is ( )

(A)-1.　　　(B)$-\sqrt{2}$.　　　(C)$-\dfrac{\sqrt{2}}{2}$.　　　(D)0.

4. 设 S_n 是等差数列 $\{a_n\}$ 的前 n 项的和,若 $a_{11}=0$,则下列选项中正确的是( )

(A)$S_9=S_{14}$.　　　(B)$S_6=S_{15}$.　　　(C)$S_4=S_{18}$.　　　(D)$S_2=S_{20}$.

5. 如图 1,棱长为 1 的正方体 $ABCD\text{-}A_1B_1C_1D_1$ 中,E,F 分别为棱 AA_1,C_1D_1 的中点,G 是面 BCC_1B_1 的中心,则空间四边形 $AEFG$ 在正方体的六个面上的射影图形面积的最大值是( )

(A)$\dfrac{1}{4}$.　　　(B)$\dfrac{3}{8}$.　　　(C)$\dfrac{1}{2}$.　　　(D)$\dfrac{5}{8}$.

6. 方程 $2 \times 3^x + 5^x = 7^x$ 不同的实根的个数是（　　　）

(A)0.　　　　　　　　　　　(B)1.

(C)2.　　　　　　　　　　　(D)3.

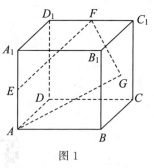

图 1

7. 如果 $\sin A \sin B = \dfrac{1}{2}$，那么 $\cos A \cos B$ 的取值范围是（　　　）

(A)$\left[-\dfrac{1}{2}, \dfrac{1}{2}\right]$.

(B) $\left[-\dfrac{3}{2}, \dfrac{1}{2}\right]$.

(C) $\left[-\dfrac{1}{2}, \dfrac{3}{2}\right]$.

(D) $[-1, 1]$.

8. 已知函数 $f(x)$ 和 $g(x)$ 满足 $f(x) = g(x) - x^2$，如果 $g(x)$ 在 $x = 1$ 处的切线方程是 $x + y = 1$，那么 $f(x)$ 在 $x = 1$ 处的切线方程是（　　　）

(A)$y = -3x + 3$.　　　　　(B) $y = -2x + 1$.

(C) $y = -3x + 2$.　　　　　(D) $y = -2x - 1$.

9. 在 $\triangle ABC$ 中，若 $(2\boldsymbol{CA} + \boldsymbol{CB}) \cdot \boldsymbol{AB} = 3\boldsymbol{AB}^2$，则 $\dfrac{\tan A}{\tan B} = $（　　　）

(A)$-\dfrac{5}{2}$.　　　(B)$-\dfrac{3}{2}$.　　　(C)$\dfrac{3}{2}$.　　　(D)$\dfrac{5}{2}$.

10. 设 F_1，F_2 分别是椭圆 $\dfrac{x^2}{25} + \dfrac{y^2}{9} = 1$ 的左、右焦点，P 是椭圆上一点，且 $|PF_1| : |PF_2| = 3 : 2$，则 $\triangle PF_1 F_2$ 的面积为（　　　）

(A)$2\sqrt{3}$.　　　(B)$\dfrac{3\sqrt{15}}{4}$.　　　(C)$3\sqrt{15}$.　　　(D)$5\sqrt{3}$.

二、A组填空题

11. 函数 $f(x) = \left(\dfrac{1}{2}\right)^{\ln\cos x}$ 的单调递增区间是 _____．

12. 已知非空集合 $A = \left\{x \,\middle|\, \dfrac{x+5}{3} \leqslant a \leqslant \dfrac{x-1}{2}\right\}$，$B = \{x \mid -x^2 + 25x - 66 \geqslant 0\}$，若实数 a 使得 $A \subseteq B$ 恒成立，则 a 的取值范围是 _____．

13. 已知角 A，B，C 分别为 $\triangle ABC$ 的三边 a，b，c 所对的角，若向量 $\boldsymbol{m} = (\sin A, \sin B)$，$\boldsymbol{n} = (\cos B, \cos A)$，且 $\boldsymbol{m} \cdot \boldsymbol{n} = \sin 2C$，则 $\angle C = $ _____ 度．

14. 函数 $y = \dfrac{x^2 + 4}{\sqrt{x^2 + 3}}$ 的最小值是 _____．

15. 已知角 A，B，C 分别为 $\triangle ABC$ 的三边 a，b，c 所对的角，若 $|b - c| \cos \dfrac{A}{2} = 7$，$(b + c) \sin \dfrac{A}{2} = 24$，则 $a = $ _____．

16. 如图 2（见下页），$AC = 5$，$BC = 4$，$BD = 5$，四边形 $CDEF$ 是边长为 1 的正方形．以 AC

为旋转轴,将此平面图形绕 AC 旋转 $270°$,则其扫过的空间图形的体积是_____.

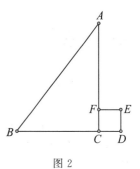

17. 已知 $\triangle ABC$ 中,$AB=6$,$BC=7$,$AC=8$,$\angle BAC$ 的角平分线交 BC 于点 D,则 $AD=$_____.

18. 已知数列 $\{a_n\}$ 中,$a_1=1$,$a_2=\frac{1}{3}$,$2a_{n+1}a_{n-1}=a_na_{n+1}+a_na_{n-1}$ $(n\geqslant2)$,则 $a_1a_2+a_2a_3+\cdots+a_9a_{10}=$_____.

图 2

19. 已知 $S=\{x\in\mathbf{N}\,|\,1\leqslant x\leqslant9\}$. 若 $A\subseteq S$,$B\subseteq S$,且 $A\cap B=\{1,2,3\}$,称有序对 (A,B) 为"优对",则满足题意的"优对"的个数是_____.

20. 若椭圆 $4(x-a)^2+y^2=4$ 与抛物线 $y^2=4x$ 有公共点,则实数 a 的取值范围是_____.

三、B组填空题

21. If
$$M=\{x\,|\,y=\sqrt{-x^2+6x+7}\,,x,y\in\mathbf{R}\},$$
$$N=\{x\,|\,y=\sqrt{15-4x^2+4x}\,,x,y\in\mathbf{R}\},$$
then $M\cap N=$_____,$M\cup N=$_____.

22. 已知函数 $f(x)=|2x+1|+|x-1|-|x-3|$,则 $f(x)$ 的最小值是_____,单调递增区间是_____.

23. 方程 $\sqrt[3]{(9+x)^2}+5\sqrt[3]{(9-x)^2}=6\sqrt[3]{81-x^2}$ 的根是_____或_____.

24. 矩形 $ABCD$ 中,$\boldsymbol{BM}=3\boldsymbol{MC}$,$\boldsymbol{CN}=2\boldsymbol{ND}$,则 $\tan\angle MAN$ 的最大值是_____,此时 $\frac{AD}{AB}=$_____.

25. 数列 $\{a_n\}$,$\{b_n\}$ 中,$a_1=15$,$b_1=12$,且对 $\forall n\in\mathbf{N}^*$ 有 $\begin{cases}a_{n+1}=a_n+4b_n\\b_{n+1}=-a_n+5b_n\end{cases}$,则 $a_n=$_____,$b_n=$_____.

一、选择题

题号	1	2	3	4	5	6	7	8	9	10
答案	B	A	A	B	C	B	A	C	A	C

提 示

1. 函数 $f(x)=\log_2(x^2-2x-a)$ 的图像与直线 $x=-1$ 有交点的充要条件是
$$(-1)^2-2\times(-1)-a>0,\text{即 } a<3.$$
由 $a<3$，得 $a<5$，反之不成立；
所以 P 是 Q 的必要而不充分条件.
故选(B).

2. 将函数 $y=x^2$ 的图像沿向量 $(2,-1)$ 平移，
即先向右平移 2 个单位，得 $y=(x-2)^2$，
再向下平移 1 个单位，得 $y=(x-2)^2-1=x^2-4x+3$.
故选(A).

3. 译文：函数 $y=x+\sqrt{1-x^2}$ 的最小值是( )

(A)-1.　　　(B)$-\sqrt{2}$.　　　(C)$-\dfrac{\sqrt{2}}{2}$.　　　(D)0.

解：设 $x=\cos t(0\leqslant t\leqslant\pi)$，则
$$y=\cos t+\sin t=\sqrt{2}\sin\left(t+\frac{\pi}{4}\right)(0\leqslant t\leqslant\pi),$$
所以
$$y\in[-1,\sqrt{2}].$$
故选(A).

4. 由 $a_{11}=0$，得 $\qquad a_n+a_{22-n}=2a_{11}=0,$
即
$$a_{11}=0,$$
$$a_{10}+a_{12}=0,$$
$$a_9+a_{13}=0,$$
$$a_8+a_{14}=0,$$
$$a_7+a_{15}=0,$$
$$a_6+a_{16}=0,$$
$$a_5+a_{17}=0,$$
$$a_4+a_{18}=0,$$
$$a_3+a_{19}=0,$$
$$a_2+a_{20}=0,$$
所以 $\qquad S_9=S_{12},S_6=S_{15},S_4=S_{17},S_2=S_{19}.$
故选(B).

5. 空间四边形 $AEFG$ 在正方体的相对两个面上的射影图形的面积相等，
在面 $ABCD$、面 ABB_1A_1、面 ADD_1A_1 上的射影图形如图 3 阴影部分所示，
显然，在 ABB_1A_1 面上的射影面积最大，此时射影面积为 $\dfrac{1}{2}$.
故选(C).

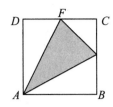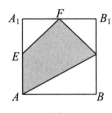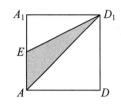

图 3

6. 令 $f(x)=2\left(\dfrac{3}{7}\right)^{x}+\left(\dfrac{5}{7}\right)^{x}-1$，则 $f(x)$ 在 $(-\infty,+\infty)$ 上严格单调递减，

又
$$f(0)=2>0,$$
$$f(2)=-\frac{6}{49}<0,$$

所以 $f(x)$ 在区间 $(0,2)$ 内有且仅有一个实根．

故选（B）．

7. 因为
$$-1\leqslant\cos(A-B)=\cos A\cos B+\sin A\sin B\leqslant1,$$
$$-1\leqslant\cos(A+B)=\cos A\cos B-\sin A\sin B\leqslant1,$$

又
$$\sin A\sin B=\frac{1}{2},$$

所以
$$-\frac{3}{2}\leqslant\cos A\cos B\leqslant\frac{1}{2},\text{且}-\frac{1}{2}\leqslant\cos A\cos B\leqslant\frac{3}{2},$$

即
$$-\frac{1}{2}\leqslant\cos A\cos B\leqslant\frac{1}{2}.$$

当 $A=B=\dfrac{\pi}{4}$ 时，$\cos A\cos B$ 取得最大值 $\dfrac{1}{2}$；

当 $A=\dfrac{\pi}{4}$，$B=\dfrac{3\pi}{4}$ 时，$\cos A\cos B$ 取得最小值 $-\dfrac{1}{2}$，

故选（A）．

8. 在 $x+y=1$ 中令 $x=1$，得 $y=0$．

所以题设 $g(x)$ 的切点是 $(1,0)$，即 $\qquad g(1)=0.$

由 $f(x)=g(x)-x^{2}$，知 $f(1)=g(1)-1=-1$，

即所求 $f(x)$ 的切点是 $(1,-1)$．　　　　　　　　　　　　　　　①

对 $f(x)=g(x)-x^{2}$ 求导，得 $f'(x)=g'(x)-2x$，

因为 $g'(1)$ 表示 $x+y=1$ 的斜率，为 -1，

所以
$$f'(1)=g'(1)-2=-3.\qquad\qquad②$$

由①②，知 $f(x)$ 在 $x=1$ 处的切线方程，即过点 $(1,-1)$，斜率为 -3 的直线方程，

即
$$y-(-1)=-3(x-1),$$
$$y=-3x+2.$$

故选（C）．

9. 作图 4，过点 C 作 $CH\perp AB$ 于 H，则
$$-3\,\boldsymbol{AB}^{2}=(2\,\boldsymbol{AC}+\boldsymbol{BC})\cdot\boldsymbol{AB}$$
$$=2\,\boldsymbol{AB}\cdot\boldsymbol{AC}+\boldsymbol{AB}\cdot\boldsymbol{BC}$$

$$= 2\,AB \cdot AH + AB \cdot BH$$

$$= 2\,AB \cdot AH + AB \cdot (AH - AB)$$

$$= 3\,AB \cdot AH - AB^2,$$

所以 $\qquad -2\,AB^2 = 3\,AB \cdot AH,$

即 $\qquad AB \cdot (3\,AH + 2\,AB) = 0,$

故 $\qquad AH = -\dfrac{2}{3}AB.$

可见 $\triangle ABC$ 如图 4 所示,

不妨设 $AB = 3$,则 $\qquad AH = 2$,

$$\frac{\tan A}{\tan B} = \frac{-\dfrac{CH}{AH}}{\dfrac{CH}{BH}} = -\frac{BH}{AH} = -\frac{5}{2}.$$

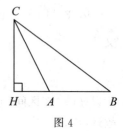

图 4

故选(A).

10. 由条件知 $|PF_1| + |PF_2| = 2a = 10$,且 $|PF_1| : |PF_2| = 3 : 2$,

所以 $\qquad |PF_1| = 6, |PF_2| = 4,$

又 $\qquad |F_1F_2| = 2c = 8,$

由余弦定理,得

$$\cos\angle F_1PF_2 = \frac{|PF_1|^2 + |PF_2|^2 - |F_1F_2|^2}{2|PF_1||PF_2|} = \frac{6^2 + 4^2 - 8^2}{2 \times 6 \times 4} = -\frac{1}{4},$$

即 $\qquad \sin\angle F_1PF_2 = \sqrt{1 - \left(-\dfrac{1}{4}\right)^2} = \dfrac{\sqrt{15}}{4},$

于是 $\qquad S_{\triangle F_1PF_2} = \dfrac{1}{2}|PF_1||PF_2|\sin\angle F_1PF_2 = \dfrac{1}{2} \times 6 \times 4 \times \dfrac{\sqrt{15}}{4} = 3\sqrt{15}.$

故选(C).

二、A组填空题

题号	11	12	13	14	15
答案	$\left[2k\pi, 2k\pi+\dfrac{\pi}{2}\right), k\in Z$	$[6,9]$	60	$\dfrac{4\sqrt{3}}{3}$	25
题号	16	17	18	19	20
答案	$\dfrac{81}{4}\pi$	6	$\dfrac{9}{19}$	729	$\left[-1, \dfrac{5}{4}\right]$

提 示

11. 因为 $y = \left(\dfrac{1}{2}\right)^x$ 是单调递减函数,$y = \ln x$ 是单调递增函数,

由复合函数性质知,要使函数 $f(x) = \left(\dfrac{1}{2}\right)^{\ln\cos x}$ 单调递增,

则有 $\qquad\qquad\qquad u = \cos x > 0$,且 $u = \cos x$ 单调递减,

由 $u = \cos x$ 的图像及性质,知 $\qquad x \in \left[2k\pi, 2k\pi + \dfrac{\pi}{2}\right), k \in Z$.

12. $A = \left\{x \;\middle|\; \dfrac{x+5}{3} \leqslant a \leqslant \dfrac{x-1}{2}\right\} = \{x \mid 2a+1 \leqslant x \leqslant 3a-5\}$,

$\qquad\qquad\qquad B = \{x \mid -x^2 + 25x - 66 \geqslant 0\} = \{x \mid 3 \leqslant x \leqslant 22\}$,

由非空集合 $A \subseteq B$,得 $\qquad \begin{cases} 2a+1 \leqslant 3a-5 \\ 2a+1 \geqslant 3 \\ 3a-5 \leqslant 22 \end{cases}$,

解得 $\qquad\qquad\qquad\qquad 6 \leqslant a \leqslant 9$.

故满足题意的 a 的取值范围是 $[6, 9]$.

13. $\boldsymbol{m} \cdot \boldsymbol{n} = \sin A \cdot \cos B + \sin B \cdot \cos A = \sin(A+B)$.

在 $\triangle ABC$ 中,$\qquad\qquad\qquad \sin(A+B) = \sin C$,

所以 $\qquad\qquad\qquad\qquad \boldsymbol{m} \cdot \boldsymbol{n} = \sin C$.

又因为 $\qquad\qquad\qquad\qquad \boldsymbol{m} \cdot \boldsymbol{n} = \sin 2C$,

所以 $\qquad\qquad\qquad\qquad \sin 2C = \sin C$,

即 $\qquad\qquad\qquad\qquad 2\sin C \cos C = \sin C$.

又 $\sin C \neq 0$,所以 $\qquad\qquad \cos C = \dfrac{1}{2}$.

而 $0 < C < \pi$,因此 $\qquad\qquad C = 60°$.

14. 将函数 $y = \dfrac{x^2 + 4}{\sqrt{x^2 + 3}}$ 变形,得

$$y = \dfrac{x^2 + 4}{\sqrt{x^2 + 3}} = \sqrt{x^2 + 3} + \dfrac{1}{\sqrt{x^2 + 3}}.$$

再考虑函数 $y = t + \dfrac{1}{t}(t > 0)$,对 t 求导,得 $\quad y' = 1 - \dfrac{1}{t^2}$,

令 $y' = 1 - \dfrac{1}{t^2} > 0, t > 0$,得 $\qquad\qquad t > 1$,

即 $\qquad\qquad\qquad$ 当 $t \geqslant 1$ 时,$y = t + \dfrac{1}{t}$ 单调递增,

所以 $y = \dfrac{x^2 + 4}{\sqrt{x^2 + 3}}$ 在 $x = 0$ 取得最小值,为 $\dfrac{4}{\sqrt{3}} = \dfrac{4\sqrt{3}}{3}$.

15. 由余弦定理,得

$$a^2 = b^2 + c^2 - 2bc \cos A$$

$$= (b^2 + c^2)\left(\sin^2 \frac{A}{2} + \cos^2 \frac{A}{2}\right) - 2bc\left(\cos^2 \frac{A}{2} - \sin^2 \frac{A}{2}\right)$$

$$= (b+c)^2 \sin^2 \frac{A}{2} + (b-c)^2 \cos^2 \frac{A}{2}$$

$$= 24^2 + 7^2$$

$$= 25^2,$$

所以 $\qquad a = 25.$

16. $V = \dfrac{1}{3}\pi \times 4^2 \times 5 \times \dfrac{270°}{360°} + \pi \times 1^2 \times 1 \times \dfrac{360° - 270°}{360°} = \dfrac{81}{4}\pi.$

17. 延长 AD 交 $\triangle ABC$ 的外接圆于点 E,则

$$BD \times CD = AD \times DE.$$

由角平分线定理,得 $\qquad \dfrac{BD}{CD} = \dfrac{AB}{AC} = \dfrac{6}{8} = \dfrac{3}{4},$

又 $\qquad BC = BD + CD = 7,$

所以 $\qquad BD = 3, CD = 4.$

因为 $\qquad \angle BAE = \angle CAE, \angle ABC = \angle AEC,$

所以 $\qquad \triangle ABD \backsim \triangle AEC,$

于是 $\qquad AB \times AC = AD \times AE,$

即 $\qquad 48 = AD \times AE$

$$= AD \times (AD + DE)$$

$$= AD^2 + AD \times DE$$

$$= AD^2 + BD \times CD$$

$$= AD^2 + 3 \times 4,$$

所以 $\qquad AD^2 = 36,$

解得 $\qquad AD = 6.$

另解: 同上可求得 $BD = 3, CD = 4.$

在 $\triangle ABC$ 中应用余弦定理,可求得

$$\cos \angle B = \frac{1}{4},$$

在 $\triangle ABD$ 中应用余弦定理,代入数据可得

$$AD^2 = 36,$$

所以 $\qquad AD = 6.$

18. $2a_{n+1}a_{n-1} = a_n a_{n+1} + a_n a_{n-1} \, (n \geqslant 2)$ 等号两边同除以 $a_{n-1}a_n a_{n+1}$,得

$$\frac{2}{a_n} = \frac{1}{a_{n-1}} + \frac{1}{a_{n+1}},$$

所以数列 $\left\{\dfrac{1}{a_n}\right\}$ 是首项为 $\dfrac{1}{a_1} = 1$,公差为 $\dfrac{1}{a_2} - \dfrac{1}{a_1} = 2$ 的等差数列,

即 $\qquad \dfrac{1}{a_n} = 1 + 2(n-1) = 2n - 1,$

从而
$$a_n = \frac{1}{2n-1},$$

$$a_n a_{n+1} = \frac{1}{(2n-1)(2n+1)} = \frac{1}{2}\left(\frac{1}{2n-1} - \frac{1}{2n+1}\right),$$

所以
$$a_1 a_2 + a_2 a_3 + \cdots + a_9 a_{10}$$

$$= \frac{1}{2}\left[\left(1 - \frac{1}{3}\right) + \left(\frac{1}{3} - \frac{1}{5}\right) + \cdots + \left(\frac{1}{17} - \frac{1}{19}\right)\right]$$

$$= \frac{1}{2} \times \left(1 - \frac{1}{19}\right)$$

$$= \frac{9}{19}.$$

19. 令 $A \cap C_S\{1,2,3\} = A_1, B \cap C_S\{1,2,3\} = B_1, P = S \cap C_S(A \cup B).$

因为
$$S = \{x \in N \mid 1 \leqslant x \leqslant 9\} = \{1,2,3,4,5,6,7,8,9\},$$

$$A \subseteq S, B \subseteq S, \text{且} A \cap B = \{1,2,3\},$$

如图 5,将集合 $C_S\{1,2,3\} = \{4,5,6,7,8,9\}$ 中的每一个元素放入 A_1, B_1, P 三个集合中的一个中,其中,每一种放法对应一个"优对",

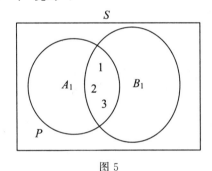

图 5

因此,满足题意的"优对"的个数为
$$3^6 = 729.$$

20. 联立椭圆 $4(x-a)^2 + y^2 = 4$ 与抛物线 $y^2 = 4x$ 方程,消去 y,得
$$4(x-a)^2 + 4x = 4 \Rightarrow x^2 + (1-2a)x + a^2 - 1 = 0,$$

于是
$$\Delta_x = (1-2a)^2 - 4(a^2 - 1) \geqslant 0,$$
即
$$-4a + 5 \geqslant 0,$$

解得
$$a \leqslant \frac{5}{4}. \qquad \qquad ①$$

由 $y^2 = 4x$,知交点的横坐标 x 必须大于等于 0, ②

若 $x^2 + (1-2a)x + a^2 - 1 = 0$ 的两根都小于 0,则有
$$\begin{cases} x_1 + x_2 = -(1-2a) < 0 \\ x_1 x_2 = a^2 - 1 > 0 \end{cases},$$

解得
$$a < -1,$$

结合②,知满足题意的
$$a \geqslant -1, \qquad \qquad ③$$

由①③,得
$$-1 \leqslant a \leqslant \frac{5}{4}.$$

所以满足题意的实数 a 的取值范围是 $\left[-1,\dfrac{5}{4}\right]$.

另解：同上，由 $\Delta_x=(1-2a)^2-4(a^2-1)\geqslant0$，得 $a\leqslant\dfrac{5}{4}$.

椭圆 $4(x-a)^2+y^2=4$，即 $(x-a)^2+\dfrac{y^2}{4}=1$，

即椭圆的中心是 $(a,0)$，短半轴长为 1，

所以椭圆 $4(x-a)^2+y^2=4$ 与抛物线 $y^2=4x$ 有公共点，需 $a\geqslant-1$，如图 6 所示.

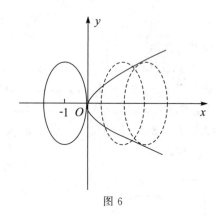

图 6

综上知，满足题意的实数 a 的取值范围是 $\left[-1,\dfrac{5}{4}\right]$.

三、B组填空题

题号	21	22	23	24	25
答案	$\left[-1,\dfrac{5}{2}\right]$；$\left[-\dfrac{3}{2},7\right]$	-2；$\left[-\dfrac{1}{2},+\infty\right)$	0；$\dfrac{62}{7}$	$\dfrac{3}{4}$；$\dfrac{2}{3}$	$(2n+3)3^n$；$(n+3)3^n$

提　示

21. 译文：集合 $M=\{x\mid y=\sqrt{-x^2+6x+7}\,,x,y\in\mathbf{R}\}$，

$N=\{x\mid y=\sqrt{15-4x^2+4x}\,,x,y\in\mathbf{R}\}$，

则 $M\cap N=$_____，$M\cup N=$_____.

解：集合 $M=\{x\mid y=\sqrt{-x^2+6x+7}\,,x,y\in\mathbf{R}\}$ 是 $(x-3)^2+y^2=16$ 的上半部分的自变量的值，所以 $M=[-1,7]$，

集合 $N=\{x\mid y=\sqrt{15-4x^2+4x}\,,x,y\in\mathbf{R}\}$ 是 $4\left(x-\dfrac{1}{2}\right)^2+y^2=16$ 的上半部分的自变量的值，所以 $N=\left[-\dfrac{3}{2},\dfrac{5}{2}\right]$，

故 $$M \cap N = \left[-1, \frac{5}{2}\right], M \cup N = \left[-\frac{3}{2}, 7\right].$$

22. 作出 $y = f(x)$ 的图像，如图 7，

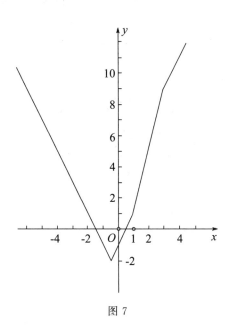

图 7

$f(x)$ 的图像由两条射线与两条线段连接而得，且

当 $x \leqslant -\frac{1}{2}$ 时，$f(x)$ 的对应直线的斜率为 -2；

当 $x \geqslant 3$ 时，$f(x)$ 对应的直线斜率为 2.

又 $$f\left(-\frac{1}{2}\right) = -2, f(1) = 1, f(3) = 9,$$

由图可得，$f(x)$ 的最小值为 -2，单调递增区间为 $\left[-\frac{1}{2}, +\infty\right)$.

23. 显然，$x = 9$ 不是方程的根，

两端除以 $\sqrt[3]{(9-x)^2}$，得 $$\sqrt[3]{\left(\frac{9+x}{9-x}\right)^2} + 5 = 6\sqrt[3]{\frac{9+x}{9-x}}.$$

令 $\sqrt[3]{\frac{9+x}{9-x}} = t$，则有 $$t^2 + 5 = 6t,$$

解得 $$t_1 = 1, t_2 = 5.$$

当 $t_1 = 1$ 时，$\frac{9+x}{9-x} = 1$，解得 $x = 0$；

当 $t_2 = 5$ 时，$$\frac{9+x}{9-x} = 125 = \frac{125}{1},$$

$$\frac{9+x}{18} = \frac{125}{126},$$

$$9 + x = \frac{125 \times 18}{126} = \frac{125}{7},$$

解得 $$x = \frac{62}{7}.$$

综上知，方程 $\sqrt[3]{(9+x)^2} + 5\sqrt[3]{(9-x)^2} = 6\sqrt[3]{81-x^2}$ 的根是 0 或 $\frac{62}{7}$.

24. 设 $AD = m, AB = n$，则 $$BM = \frac{3}{4}m, DN = \frac{1}{3}n.$$

记 $\angle BAM = \alpha, \angle DAN = \beta$，则

$$\tan \alpha = \frac{BM}{AB} = \frac{3m}{4n}, \tan \beta = \frac{ND}{AD} = \frac{n}{3m},$$

于是

$$\tan(\alpha+\beta) = \frac{\dfrac{3m}{4n} + \dfrac{n}{3m}}{1 - \dfrac{3m}{4n} \cdot \dfrac{n}{3m}}$$

$$= \frac{\dfrac{3m}{4n} + \dfrac{n}{3m}}{\dfrac{3}{4}}$$

$$\geqslant \frac{4}{3} \cdot 2\sqrt{\frac{3m}{4n} \cdot \frac{n}{3m}}$$

$$= \frac{4}{3},$$

等号成立的条件是 $\dfrac{3m}{4n} = \dfrac{n}{3m}$，即 $\dfrac{m^2}{n^2} = \dfrac{4}{9}, \dfrac{m}{n} = \dfrac{2}{3}$，

此时 $\tan(\alpha+\beta)$ 有最小值 $\dfrac{4}{3}$.

令 $\tan\angle MAN = t$，则 $$t = \tan\left[\frac{\pi}{2} - (\alpha+\beta)\right] = \frac{1}{\tan(\alpha+\beta)} \leqslant \frac{3}{4},$$

故 $t_{max} = \dfrac{3}{4}$，此时 $\dfrac{AD}{AB} = \dfrac{m}{n} = \dfrac{2}{3}$.

25. 由 $a_1 = 15, b_1 = 12, \begin{cases} a_{n+1} = a_n + 4b_n \\ b_{n+1} = -a_n + 5b_n \end{cases}$，可求得

$$a_2 = 63, b_2 = -15 + 5 \times 12 = 45.$$

$$\begin{cases} a_{n+1} = a_n + 4b_n \\ b_{n+1} = -a_n + 5b_n \end{cases},$$

消去 a_n，得 $$a_{n+1} + b_{n+1} = 9b_n,$$

即 $$-a_{n+1} = b_{n+1} - 9b_n,$$

于是有 $$b_{n+2} = -a_{n+1} + 5b_{n+1} = 6b_{n+1} - 9b_n,$$

即 $$b_{n+2} - 3b_{n+1} = 3(b_{n+1} - 3b_n),$$

$$\frac{b_{n+2} - 3b_{n+1}}{b_{n+1} - 3b_n} = 3,$$

所以 $$b_{n+1} - 3b_n = (b_2 - 3b_1) \cdot 3^{n-1} = 3^{n+1},$$

即

$$\frac{b_{n+1}}{3^{n+1}} - \frac{b_n}{3^n} = 1,$$

于是有

$$\frac{b_n}{3^n} = \frac{b_1}{3} + (n-1) = n+3,$$

所以

$$b_n = (n+3)3^n,$$

故

$$a_n = 5b_n - b_{n+1} = 5 \cdot (n+3) \cdot 3^n - (n+4) \cdot 3^{n+1} = (2n+3)3^n.$$

第2试

一、选择题

以下每题的四个选项中,仅有一个是正确的,请将正确答案前的英文字母写在每题后面的圆括号内.

1. 已知数列 $\{a_n\}$,则"所有点 (n,a_n) 都在同一条直线上"是"数列 $\{a_n\}$ 是等差数列"的（　　）

(A)充分而不必要条件.　　　　(B)必要而不充分条件.

(C)充要条件.　　　　　　　(D)既不充分也不必要条件.

2. 已知实数 x,y 满足: $x+y-3\geqslant0$, $y-4\leqslant0$, $2x-y-6\leqslant0$,若实数 a,b 满足 $a^2+b^2\leqslant1$,则 $ax+by$ 的最大值为（　　）

(A)4.　　　　(B)5.　　　　(C) $\sqrt{41}$.　　　　(D) $2\sqrt{5}$

3. 在 $\triangle ABC$ 中, $(2\boldsymbol{CA}+\boldsymbol{CB})\cdot\boldsymbol{AB}=3\boldsymbol{AB}^2$,则 $\dfrac{\tan A}{\tan B}=$（　　）

(A) $-\dfrac{5}{2}$.　　　　(B) $-\dfrac{3}{2}$.　　　　(C) $\dfrac{3}{2}$.　　　　(D) $\dfrac{5}{2}$.

4. The number of the points having the same distance with x-axis, y-axis and the line $y=3x+2$ is（　　）

(A)1.　　　　(B)4.　　　　(C)6.　　　　(D)9.

5. 在三棱柱 $ABC\text{-}A_1B_1C_1$ 中,侧棱 AA_1 垂直于底面 $A_1B_1C_1$,上底面 $\triangle ABC$ 是等边三角形, E 是 BC 中点,则下列叙述中正确的是（　　）

(A) CC_1 与 B_1E 是异面直线.

(B) $AC\perp$ 平面 ABB_1A_1.

(C) AE 与 B_1C_1 是异面直线,且 $AE\perp B_1C_1$.

(D) $A_1C_1/\!/$ 平面 AB_1E.

6. 在平面直角坐标系 xOy 中,点 $(1,2)$ 在椭圆 $\dfrac{x^2}{a^2}+\dfrac{y^2}{b^2}=1$ 上,则 $a^{-4}+b^{-4}$ 的最小值是（　　）

(A) $\dfrac{\sqrt{5}}{5}$.　　　　(B) $\dfrac{1}{5}$.　　　　(C) $\dfrac{\sqrt{17}}{17}$.　　　　(D) $\dfrac{1}{17}$.

7. 已知三条直线 $x+y=1$, $mx+y=0$, $2x+(m-1)y=4$ 不能围成一个三角形,则参数 m 的不同的取值的个数是（　　）

(A)2.   (B)4.   (C)6.   (D) 无穷多

8. 已知 $\triangle ABC$ 的三个顶点都在抛物线 $M:y=x^2$ 上，且 $\triangle ABC$ 的重心与 M 的焦点 F 重合，则 $FA+FB+FC$ 的值等于（　　）

(A)1.   (B)$\dfrac{3}{2}$.   (C)2.   (D)3.

9. 设 x,y,z 是集合 $\{1,2,\cdots,2017\}$ 中的三个互不相同的元素. 若 xyz 为奇数的概率是 p，则（　　）

(A)$p<\dfrac{1}{8}$.   (B)$p=\dfrac{1}{8}$.   (C)$\dfrac{1}{8}<p<\dfrac{1}{3}$.   (D)$p>\dfrac{1}{3}$.

10. 已知 $a_{m+n}+a_{m-n}=\dfrac{1}{2}(a_{2m}+a_{2n})$，其中 $m\geqslant n$ 且 $m,n\in\mathbf{N}$. 若 $a_1=1$，则满足 $a_i-a_j=2018$ 的下标 (i,j) 有（　　）组.

(A)0.   (B)1.   (C)2.   (D)2018.

二、填空题

11. If $M=x^2+7y^2+6x-36y-4xy+65\ (x,y\in\mathbf{R})$, then the minimum value of M is _____.

12. 若关于 x 的不等式 $a(x^2+5)\geqslant\sqrt{x^2+4}$ 恒成立，则 a 的取值范围是 _____.

13. 在 $\triangle ABC$ 中，角 A,B,C 所对的边分别为 a,b,c，已知 $a^2+c^2=b^2+\sqrt{2}ac$，则当 $\sqrt{2}\cos A+\cos C$ 取得最大值时，$\angle A=$ _____ 度.

14. 设 F_1,F_2 分别是椭圆 $\dfrac{x^2}{25}+\dfrac{y^2}{9}=1$ 的左、右焦点，P 是椭圆上一点，且 $|PF_1|:|PF_2|=3:2$，则 $\triangle PF_1F_2$ 的面积是 _____.

15. 已知数列 $\{a_n\}$ 的前 n 项和为 S_n，若 $a_n=n\cos\dfrac{2n\pi}{3}$，则 $S_{100}=$ _____.

16. 已知关于 x 的方程 $|x^2+4x|=a|x-2|$ 有 4 个不同的实数根，则 a 的取值范围是 _____.

17. 已知 $\triangle ABC$ 的三边的长分别是 a,b,c，则 $\dfrac{a^2+b^2+c^2}{ab+bc+ca}$ 的取值范围是 _____.

18. 已知集合 $S=\{1,2,3,4,5,6,7,8,9,10,11,12\}$，若 $A=\{a_1,a_2,a_3\}$ 是 S 的子集，其中 $a_1<a_2<a_3$，且 $a_3-a_2\leqslant3$，则满足条件的集合 A 的个数是 _____.

19. 设数列 $\{x_n\}$ 满足 $x_1=\dfrac{2}{3}$，$x_{k+1}=x_1^2+x_2^2+\cdots+x_k^2$，$k\in\mathbf{N}^*$，则 $\dfrac{1}{x_1+1}+\dfrac{1}{x_2+1}+\cdots+\dfrac{1}{x_{2018}+1}$ 的整数部分是 _____.

20. 人工智能棋手 AlphaGo 中，使用了蒙特卡罗树查找法（Monte Carlo tree search，缩写是 MCTS）. 它的基础是二叉树（Binary tree，缩写是 BT）. BT 有种特殊的形式，叫作二叉查找树，（Binary Search Tree，缩写是 BST）. 那么 BST 的算法复杂度是 _____.

三、解答题

21. 设平面点集 $A=\left\{(x,y)\mid(y-x)\cdot\left(y-\dfrac{18}{25x}\right)\geqslant 0\right\}$,

$B=\{(x,y)\mid(x-1)^2+(y-1)^2\leqslant 1\}$,若 $(x,y)\in A\bigcap B$,求 $2x-y$ 的最小值.

22. 已知数列 $\{a_n\}$ 的前 n 项和为 S_n,$a_1=2$,$a_2=2$,且 $\{nS_n+(n+2)a_n\}$ 是等差数列.

(1)求 $\{a_n\}$ 的通项公式.

(2)若数列 $\{c_n\}$ 满足 $\dfrac{a_n}{n}c_n=\log_2\dfrac{a_n}{n}$,求 $\{c_n\}$ 的前 n 项的和.

23. 在平面直角坐标系 xOy 中,椭圆 $C:\dfrac{x^2}{a^2}+y^2=1(a>1)$ 的左焦点是 F_1,不经过点 F_1

且斜率为 $\dfrac{1}{2}$ 的直线 l 与椭圆交于两个点 A,B,若直线 AF_1,l,BF_1 的斜率依次成等差数列,求线段 AB 的长度的取值范围.

一、选择题

题号	1	2	3	4	5	6	7	8	9	10
答案	C	C	A	B	C	D	C	B	A	A

提 示

1.(1)若所有点 (n,a_n) 在同一条直线上,可设所在直线方程为
$$y=kx+b(k\text{ 为常数}),$$
则 $a_n=kn+b$ 对所有的 n 成立,

于是
$$a_{n+1}-a_n=k(k\text{ 为常数}),$$
所以数列 a_n 为等差数列.

(2)若数列 a_n 为等差数列,则有
$$a_n=a_1+(n-1)d=d\times n+(a_1-d),\text{ 其中 }d\text{ 是公差(常数)},$$
即所有点 (n,a_n) 都在同一条直线 $y=dx+(a_1-d)$ 上.

综上知,"所有点 (n,a_n) 在同一条直线上"是"数列 $\{a_n\}$ 是等差数列"的充要条件.

故选(C).

2. 将 $(a,b),(x,y)$ 视为两个向量,则 $ax+by$ 为两个向量的内积.
因为 a,b 的任意性,总可以使两个向量方向相同,而 (a,b) 的长度最大值为 1,
所以只要求 (x,y) 长度最大值即可.

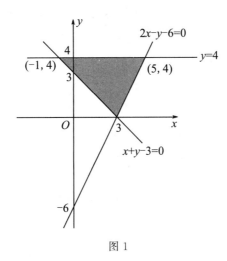

图 1

又因为满足 $x+y-3\geqslant0,y-4\leqslant0,2x-y-6\leqslant0$ 的区域如图 1 阴影部分所示,其中,距离原点最远的点为 $(5,4)$,
所以 $ax+by$ 的最大值为 $\sqrt{5^2+4^2}=\sqrt{41}$.
故选(C).

另解: 由柯西不等式,得
$$(ax+by)^2\leqslant(a^2+b^2)(x^2+y^2)\leqslant x^2+y^2,$$
所以
$$ax+by\leqslant\sqrt{x^2+y^2},$$
结合 (x,y) 的分布可知
$$x^2+y^2\leqslant5^2+4^2=41,$$
因此,$(ax+by)_{max}=\sqrt{41}$.
故选(C).

3. 本题请参考第 29 届(2018 年)第 1 试第 9 题解题步骤,故选(A).

4. **译文:** 到 x 轴、y 轴和直线 $y=3x+2$ 的距离相等的点个数是(   )
(A)1.   (B)4.   (C)6.   (D)9.

解: 如图 2,x 轴、y 轴和直线 $y=3x+2$ 围成 $\triangle AOB$,
由三角形内心和旁心的定义,知

满足题设条件的点是该三角形的内心和三个旁心,共 4 个.

注:旁心是一个内角平分线与其不相邻的两个外角平分线的交点,
它到三边的距离相等. 如图 3,点 O,M,N 是 $\triangle ABC$ 的三个旁心.
故选(B).

另解: 到 x 轴和 y 轴距离相等的点在第一、三或二、四象限的角平分线上,所对应的方程为 $y=\pm x$,不妨任取其上一点 $M(x_0,y_0)$,则

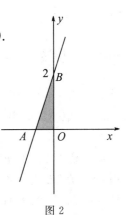

图 2

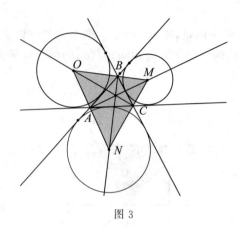

图 3

点 $M(x_0,y_0)$ 到直线 $y=3x+2$ 的距离为 $\dfrac{|3x_0-y_0+2|}{\sqrt{1^2+3^2}}$.

若点 $M(x_0,y_0)$ 到 x 轴,y 轴和直线 $y=3x+2$ 的距离相等,则有

$$|x_0|=|y_0|=\frac{|3x_0-y_0+2|}{\sqrt{1^2+3^2}}.$$

分类讨论可知,满足条件的点有 4 个.

故选(B).

5. 如图 4,在直三棱柱 $ABC\text{-}A_1B_1C_1$ 中,

(1)因为 CC_1 与 B_1E 都在平面 BCC_1B_1 内,

所以 CC_1 与 B_1E 不是异面直线,排除(A);

(2)显然,$\angle CAB$ 是平面 BAA_1B_1 和平面 CAA_1C_1 的二面角,

又 $\triangle ABC$ 是等边三角形,

即 $\qquad\qquad\qquad\qquad \angle CAB=60°$,

所以 AC 与平面 ABB_1A_1 所成角是 $60°$.

故 AC 不垂直于平面 ABB_1A_1,排除(B);

(3)因为平面 ABC//平面 $A_1B_1C_1$,$AE\subset$平面 ABC,$B_1C_1\subset$平面 $A_1B_1C_1$,

所以 AE,B_1C_1 是异面直线.

又点 E 是等边 $\triangle ABC$ 的边 BC 的中点,

所以 $\qquad\qquad\qquad\qquad AE\perp BC$,

由平面 ABC//平面 $A_1B_1C_1$,得 BC//B_1C_1,

所以 $\qquad\qquad\qquad\qquad AE\perp B_1C_1$,

故 AE,B_1C_1 是异面直线,且 $AE\perp B_1C_1$,即(C)正确;

(4)取 AB 的中点为 D,连结 DE,则

$$DE//AC//A_1C_1,$$

又点 $E\in$平面 AB_1E,点 $D\notin$平面 AB_1E,

所以直线 DE 与平面 AB_1E 相交,

即直线 A_1C_1 与平面 AB_1E 相交,排除(D).

故选(C).

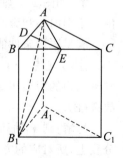

图 4

另解：设 E_1 是 B_1C_1 的中点，连结 A_1E_1.

过 B_1 点作 $B_1F_1 /\!/ A_1E_1$ 且 $B_1F_1 = A_1E_1$；

延长 B_1F_1、C_1A_1 交于点 G，如图 5，

又 $AE /\!/ A_1E_1$ 且 $AE = A_1E_1$，

所以 $B_1F_1 /\!/ AE$ 且 $B_1F_1 = AE$，

故四边形 AEB_1F_1 是平行四边形，即平面 AEB_1 与平面 AEB_1F_1 是同一平面．

由点 G 是直线 B_1F_1 与 C_1A_1 的交点，知直线 C_1A_1 过平面内的点 G，

所以直线 C_1A_1 与平面 AEB_1F_1（即平面 AB_1E）相交，排除(D)．

故选(C)．

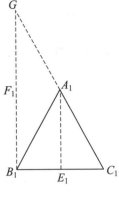

图 5

6. 由 $\dfrac{x^2}{a^2} + \dfrac{y^2}{b^2} = 1 (a, b > 0)$ 过点 $(1, 2)$，得

$$\frac{1}{a^2} + \frac{4}{b^2} = 1.$$

令 $\dfrac{1}{a^2} = m$，$\dfrac{1}{b^2} = n$，则 $m > 0, n > 0$，且 $m + 4n = 1$.

于是原命题转化为：已知 $m, n \in \mathbf{R}^*$，且 $m + 4n = 1$，求 $m^2 + n^2$ 的最小值．

因为 $m^2 + n^2$ 表示原点 $(0, 0)$ 到线段 $m + 4n = 1 (m, n \in \mathbf{R}^*)$ 上一点 (m, n) 的距离的平方，

又原点 $(0, 0)$ 到线段 $m + 4n = 1 (m, n \in \mathbf{R}^*)$ 的距离为 $\dfrac{\sqrt{17}}{17}$，如图 6，

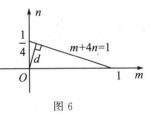

图 6

所以 $m^2 + n^2$ 的最小值为 $\left(\dfrac{\sqrt{17}}{17} \right)^2 = \dfrac{1}{17}$.

故选(D)．

7. 三条直线 $x + y = 1$，$mx + y = 0$，$2x + (m-1)y = 4$ 不能围成一个三角形，则其中有两条直线平行（包括重合），或三条直线交于一点．

下面分类讨论：

(1) 有两条直线平行（包括重合）．

① 当直线 $x + y = 1$ 和 $mx + y = 0$ 平行（包括重合），有

$$1 : m = 1 : 1,$$

解得 $m = 1$；

② 当直线 $mx + y = 0$ 和 $2x + (m-1)y = 4$ 平行（包括重合），有

$$m : 2 = 1 : (m-1),$$

解得 $m = -1$ 或 2；

③ 当直线 $x + y = 1$ 和 $2x + (m-1)y = 4$ 平行（包括重合），有

$$1 : 2 = 1 : (m-1),$$

解得 $m = 3$；

(2) 三条直线交于一点．

当 m 不取 $-1, 1, 2, 3$ 这四个值时，

易求得直线 $x+y=1$ 和 $mx+y=0$ 的交点是 $\left(\dfrac{1}{1-m},\dfrac{m}{m-1}\right)$,

由三条直线交于一点,知点 $\left(\dfrac{1}{1-m},\dfrac{m}{m-1}\right)$ 在直线 $2x+(m-1)y=4$ 上,

所以
$$2\times\dfrac{1}{1-m}+(m-1)\dfrac{m}{m-1}=4,$$

即
$$m^2-5m+2=0,$$

解得
$$m=\dfrac{5\pm\sqrt{17}}{2}.$$

综上知,满足条件的 m 有 6 个不同的值.

故选(C).

8. 由 $y=x^2$,得
$$F\left(0,\dfrac{1}{4}\right).$$

设 $A(x_1,y_1),B(x_2,y_2),C(x_3,y_3)$.

由重心公式,知
$$\dfrac{y_1+y_2+y_3}{3}=\dfrac{1}{4},$$

所以
$$y_1+y_2+y_3=\dfrac{3}{4},$$

又抛物线 $y=x^2$ 的准线方程为 $y=-\dfrac{1}{4}$,

由抛物线上的点到焦点和到准线的距离相等,得
$$FA=y_1+\dfrac{1}{4},FB=y_2+\dfrac{1}{4},FC=y_3+\dfrac{1}{4},$$

于是
$$FA+FB+FC=y_1+y_2+y_3+\dfrac{3}{4}=\dfrac{3}{4}+\dfrac{3}{4}=\dfrac{3}{2}.$$

故选(B).

9. 因为 xyz 为奇数 $\Leftrightarrow x,y,z$ 均为奇数,

又
$$x,y,z\in\{1,2,\cdots,2017\},$$

$1,2,\cdots,2017$ 中,共有奇数 1009 个,

所以 $xyz(x,y,z$ 互不同$)$ 为奇数的概率

$$
\begin{aligned}
p&=\dfrac{1009}{2017}\times\dfrac{1008}{2016}\times\dfrac{1007}{2015}\\
&=\dfrac{1}{2}\times\dfrac{1009}{2017}\times\dfrac{1007}{2015}\\
&=\dfrac{1}{2}\times\dfrac{(1008.5+0.5)(1007.5-0.5)}{2017\times2015}\\
&=\dfrac{1}{2}\times\dfrac{1008.5\times1007.5-0.5-0.25}{2017\times2015}\\
&<\dfrac{1}{2}\times\dfrac{1008.5\times1007.5}{2017\times2015}\\
&=\dfrac{1}{8}.
\end{aligned}
$$

故选（A）．

10. 令 $m=n$，代入题设等式，得

$$a_{2m}+a_0=\frac{1}{2}(a_{2m}+a_{2m}),$$

所以
$$a_0=0;$$

令 $n=0$，代入题设等式，得 $a_m+a_m=\frac{1}{2}(a_{2m}+a_0)$，

所以
$$a_{2m}=4a_m;$$

令 $m=n+2$，代入题设等式，得

$$a_{n+2+n}+a_2=\frac{1}{2}[a_{2(n+2)}+a_{2n}],$$

即
$$a_{2(n+1)}+a_2=\frac{1}{2}[a_{2(n+2)}+a_{2n}],$$

结合 $a_{2m}=4a_m$，得 $4a_{n+1}+a_2=2(a_{n+2}+a_n),a_2=4a_1=4$，

所以
$$(a_{n+2}-a_{n+1})-(a_{n+1}-a_n)=2,$$

即 $\{a_{n+1}-a_n\}$ 是首项为 1，公差为 2 的等差数列，

于是
$$a_{n+1}-a_n=2n+1,$$

分别令 $n=1,2,3,\cdots$，由累加法可求得 $a_n=n^2$，

所以
$$a_i-a_j=i^2-j^2=(i-j)(i+j).$$

又
$$2018=2\times1009,$$

且两个整数 $(i-j),(i+j)$ 的奇偶性相同，

所以不存在两个整数的平方差为 2018，

即不存在满足 $a_i-a_j=2018$ 的下标 (i,j)，这样的下标 (i,j) 有 0 组.

故选（A）．

二、填空题

题号	11	12	13	14	15
答案	8	$\left[\dfrac{2}{5},+\infty\right)$	45	$3\sqrt{15}$	$-\dfrac{1}{2}$
题号	16	17	18	19	20
答案	$(0,8-4\sqrt{3})$	$[1,2)$	136	2	$O(Log2N)$

提 示

11. 译文：已知 $M=x^2+7y^2+6x-36y-4xy+65(x,y\in\mathbf{R})$，则 M 的最小值是_____．

解： $M=x^2+7y^2-4xy+6x-36y+65$

$$=x^2-4xy+4y^2+3y^2+6x-36y+65$$

$$= (x-2y)^2 + 3y^2 + 6x - 36y + 65$$
$$= (x-2y)^2 + 6(x-2y) + 3y^2 - 24y + 65$$
$$= (x-2y+3)^2 + 3(y-4)^2 + 8,$$

所以当 $x=5, y=4$ 时, M 取得最小值 8.

12. 由 $a(x^2+5) \geqslant \sqrt{x^2+4}$, 得 $a \geqslant \dfrac{\sqrt{x^2+4}}{x^2+5}$.

记 $f(x) = \dfrac{\sqrt{x^2+4}}{x^2+5}$, 于是问题转化为 $a \geqslant f(x)_{\max}$.

因为

$$f(x) = \frac{\sqrt{x^2+4}}{x^2+4+1} = \frac{1}{\sqrt{x^2+4} + \dfrac{1}{\sqrt{x^2+4}}},$$

又 $\sqrt{x^2+4} \geqslant 2$, 显然有

$$\sqrt{x^2+4} + \frac{1}{\sqrt{x^2+4}} \geqslant 2 + \frac{1}{2} = \frac{5}{2}, \text{(当 } x^2=0 \text{ 时等号成立)}$$

所以

$$f(x) = \frac{1}{\sqrt{x^2+4} + \dfrac{1}{\sqrt{x^2+4}}} \leqslant \frac{1}{\dfrac{5}{2}} = \frac{2}{5},$$

即

$$f(x)_{\max} = \frac{2}{5}.$$

故满足题意的 a 的取值范围是 $\left[\dfrac{2}{5}, +\infty\right)$.

13. 由余弦定理及题设, 得 $\quad \cos B = \dfrac{a^2+c^2-b^2}{2ac} = \dfrac{\sqrt{2}\,ac}{2ac} = \dfrac{\sqrt{2}}{2}.$

又因为 $0° < \angle B < 180°$, 所以

$$\angle B = 45°, \quad \angle A + \angle C = 135°.$$

于是

$$\sqrt{2}\cos A + \cos C$$
$$= \sqrt{2}\cos A + \cos(135° - A)$$
$$= \sqrt{2}\cos A - \frac{\sqrt{2}}{2}\cos A + \frac{\sqrt{2}}{2}\sin A$$
$$= \frac{\sqrt{2}}{2}\cos A + \frac{\sqrt{2}}{2}\sin A$$
$$= \cos(A - 45°),$$

又由 $\angle A + \angle C = 135°$, 得 $\quad 0° < \angle A < 135°$,

所以当 $\angle A = 45°$ 时, $\sqrt{2}\cos A + \cos C$ 取得最大值 1.

14. 由条件知 $|PF_1| + |PF_2| = 2a = 10$, 且 $|PF_1| : |PF_2| = 3 : 2$,

所以 $\qquad\qquad\qquad |PF_1| = 6, |PF_2| = 4,$

又 $\qquad\qquad\qquad\qquad |F_1F_2| = 2c = 8,$

由余弦定理, 得

$$\cos\angle F_1PF_2 = \frac{|PF_1|^2 + |PF_2|^2 - |F_1F_2|^2}{2|PF_1||PF_2|} = \frac{6^2 + 4^2 - 8^2}{2 \times 6 \times 4} = -\frac{1}{4},$$

即
$$\sin\angle F_1PF_2 = \sqrt{1 - \left(-\frac{1}{4}\right)^2} = \frac{\sqrt{15}}{4},$$

于是
$$S_{\triangle F_1PF_2} = \frac{1}{2}|PF_1||PF_2|\sin\angle F_1PF_2 = \frac{1}{2} \times 6 \times 4 \times \frac{\sqrt{15}}{4} = 3\sqrt{15}.$$

15. 当 n 取 $1,2,3,4,5,\cdots\cdots$ 时，$\cos\frac{2n\pi}{3}$ 的值依次为 $-\frac{1}{2}$, $-\frac{1}{2}$, 1, $-\frac{1}{2}$, $-\frac{1}{2}$, 1, $\cdots\cdots$

即 $\cos\frac{2n\pi}{3}$ 的值以 3 为周期循环出现，

再将 1 改为 $\left(-\frac{1}{2} + \frac{3}{2}\right)$, 则

$$S_{100} = a_1 + a_2 + a_3 + \cdots + a_{98} + a_{99} + a_{100}$$

$$= 1 \times \left(-\frac{1}{2}\right) + 2 \times \left(-\frac{1}{2}\right) + 3 \times \left(-\frac{1}{2} + \frac{3}{2}\right) + 4 \times \left(-\frac{1}{2}\right) + 5 \times \left(-\frac{1}{2}\right) +$$

$$6 \times \left(-\frac{1}{2} + \frac{3}{2}\right) + \cdots + 97 \times \left(-\frac{1}{2}\right) + 98 \times \left(-\frac{1}{2}\right) + 99 \times \left(-\frac{1}{2} + \frac{3}{2}\right) +$$

$$100 \times \left(-\frac{1}{2}\right)$$

$$= (1 + 2 + 3 + \cdots + 100) \times \left(-\frac{1}{2}\right) + (3 + 6 + 9 + \cdots + 99) \times \frac{3}{2}$$

$$= \frac{100 \times 101}{2} \times \left(-\frac{1}{2}\right) + \frac{(3 + 99) \times 33}{2} \times \frac{3}{2}$$

$$= -2525 + 2524.5$$

$$= -\frac{1}{2}.$$

16. 由方程 $|x^2 + 4x| = a|x - 2|$ 有 4 个不同的实数根，得
$$a > 0.$$

在同一个直角坐标系中，分别作出 $y = |x^2 + 4x|$ 和 $y = a|x - 2|$ 的图像，如图 7，可知若要方程 $|x^2 + 4x| = a|x - 2|$ 有 4 个不同的实数根，

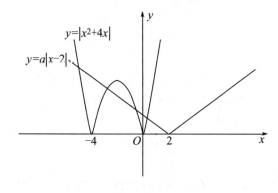

图 7

只要 $\begin{cases} y=a(2-x) \\ y=-x^2-4x \end{cases}$ 有 2 个不等实根.

将 $y=a(2-x)$ 代入 $y=-x^2-4x(-4 \leqslant x \leqslant 0)$, 得

$$x^2+(4-a)x+2a=0(-4 \leqslant x \leqslant 0),$$

令 $\Delta=(4-a)^2-8a>0$, 解得 $0<a<8-4\sqrt{3}$.

17. 由均值不等式, 得

$$a^2+b^2+c^2=\frac{1}{2}\left[(a^2+b^2)+(b^2+c^2)+(c^2+a^2)\right]$$

$$\geqslant \frac{1}{2}(2ab+2bc+2ca)$$

$$=ab+bc+ca,$$

当且仅当 $a=b=c$ 时等号成立,

所以 $\dfrac{a^2+b^2+c^2}{ab+bc+ca} \geqslant 1$, (当且仅当 $a=b=c$ 时等号成立)

由三角形三边的关系, 得 $(a-b)^2+c^2<2c^2$.

由 $(a-b)^2+c^2<2c(a+b)$, 得

$$a^2+b^2+c^2<2(ab+bc+ca),$$

即 $\dfrac{a^2+b^2+c^2}{ab+bc+ca}<2,$

当 $a \to 0, b=c$ 时, $\dfrac{a^2+b^2+c^2}{ab+bc+ca} \to 2.$

所以 $1 \leqslant \dfrac{a^2+b^2+c^2}{ab+bc+ca}<2$, 即 $\dfrac{a^2+b^2+c^2}{ab+bc+ca}$ 的取值范围是 $[1,2)$.

18. (1) 当 $a_3-a_2=1$ 时, 满足条件的集合 A 的个数有

$$C_{11}^2=55(种);$$

(2) 当 $a_3-a_2=2$ 时, 满足条件的集合 A 的个数有

$$C_{10}^2=45(种);$$

(3) 当 $a_3-a_2=3$ 时, 满足条件的集合 A 的个数有

$$C_9^2=36(种);$$

综上知, 满足条件的集合 A 的个数是

$$55+45+36=136.$$

另解: 分类讨论.

(1) 当 $a_2 \leqslant 9$ 时,

由 $a_1<a_2<a_3$ 和 $a_3-a_2 \leqslant 3$, 得 a_1 有 a_2-1 种选择, a_3 有 3 种选择, 所以对于固定的 $a_2 \leqslant 9$, 满足条件的集合 A 的个数是 $3(a_2-1)$, 此时, 满足条件的集合 A 的个数是

$$3+6+\cdots+24=108;$$

(2) 当 $a_2 \geqslant 10$ 时,

由 $a_1<a_2<a_3$ 和 $a_3-a_2 \leqslant 3$, 得 a_1 有 a_2-1 种选择, a_3 有 $12-a_2$ 种选择, 所以对于固定的 $a_2 \geqslant 10$, 满足条件的集合 A 的个数是 $(a_2-1) \cdot (12-a_2)$,

此时,满足条件的集合 A 的个数是
$$(10-1) \cdot (12-10) + (11-1) \cdot (12-11) + (12-1) \cdot (12-12) = 28.$$
由(1)、(2)知,满足条件的集合 A 的个数是
$$108 + 28 = 136.$$

19. 由 $x_{k+1} = x_1^2 + x_2^2 + \cdots + x_k^2$,得
$$x_2 = x_1^2 = \frac{4}{9}.$$

且当 $k \geq 2$ 时,
$$x_{k+1} = x_1^2 + x_2^2 + \cdots + x_{k-1}^2 + x_k^2$$
$$= x_k + x_k^2$$
$$= x_k(x_k + 1),$$

所以
$$\frac{1}{x_{k+1}} = \frac{1}{x_k(x_k+1)} = \frac{1}{x_k} - \frac{1}{x_k+1},$$

即
$$\frac{1}{x_k+1} = \frac{1}{x_k} - \frac{1}{x_{k+1}} \quad (k \geq 2),$$

于是
$$\frac{1}{x_1+1} + \frac{1}{x_2+1} + \cdots + \frac{1}{x_{2018}+1}$$
$$= \frac{1}{x_1+1} + \left(\frac{1}{x_2} - \frac{1}{x_3}\right) + \cdots + \left(\frac{1}{x_{2018}} - \frac{1}{x_{2019}}\right)$$
$$= \frac{1}{x_1+1} + \frac{1}{x_2} - \frac{1}{x_{2019}}$$
$$= \frac{3}{5} + \frac{9}{4} - \frac{1}{x_{2019}}$$
$$= \frac{57}{20} - \frac{1}{x_{2019}}.$$

由 $x_1 = \frac{2}{3}, x_{k+1} = x_1^2 + x_2^2 + \cdots + x_k^2 \ (k \in \mathbf{N}^*)$ 计算,得
$$x_2 = \frac{4}{9},$$
$$x_3 = x_1^2 + x_2^2 = \frac{4}{9} + \frac{16}{81} = \frac{52}{81},$$
$$x_4 = x_1^2 + x_2^2 + x_3^2 = \frac{4}{9} + \frac{16}{81} + \left(\frac{52}{81}\right)^2 = \frac{6916}{6561} > 1,$$

由 $x_{k+1} = x_k(x_k+1)$ 及 $x_4 > 1$,得
$$x_5 > 2x_4, x_6 > 2x_5, x_7 > 2x_6, \cdots, x_{2019} > 2x_{2018},$$

所以
$$x_{2019} > 2^{2015} x_4 > 2^{2015},$$

即
$$\frac{1}{x_{2019}} < \frac{1}{2^{2015}},$$

于是 $2 < \dfrac{1}{x_1+1} + \dfrac{1}{x_2+1} + \cdots + \dfrac{1}{x_{2018}+1} = \dfrac{57}{20} - \dfrac{1}{x_{2019}} = 2 + \dfrac{17}{20} - \dfrac{1}{x_{2019}} < 3,$

故
$$\frac{1}{x_1+1} + \frac{1}{x_2+1} + \cdots + \frac{1}{x_{2017}+1} \text{的整数部分是 } 2.$$

20. BST 是很有代表性的特殊二叉树.

其结构特点是,任意一个节点 n,其左子(left subtree)下的每个后节点
(descendant node)的值都小于节点 n 的值;

其右子(right subtree)下的每个后节点的值都大于节点 n 的值.

由此可以计算出,BST 的算法复杂度,是 $O(Log2N)$,或者 $O(LgN)$.

例如,对于有 2048 个节点的一个 BST,仅需要查找 11 个节点.

算法复杂度的格式,是 $O($ $)$,必须写 O.

三、解答题

21. $(y-x) \cdot (y - \dfrac{18}{25x}) \geqslant 0$ 等价于 $\begin{cases} y-x \geqslant 0 \\ y - \dfrac{18}{25x} \geqslant 0 \end{cases}$,或 $\begin{cases} y-x \leqslant 0 \\ y - \dfrac{18}{25x} \leqslant 0 \end{cases}$.

作出平面点集 A,B 所表示的平面区域,如图 8,其中 $A \cap B$ 表示的区域为图中的阴影部分,记为 D.

令 $z = 2x - y$,则 $y = 2x - z$,

$-z$ 表示直线 $y = 2x - z$ 的纵截距.

求 $z = 2x - y$ 的最小值,即求 $y = 2x - z$ 的纵截距的最大值,由图易知,直线 $y = 2x - z$ 经过点 P 时,$z = 2x - y$ 取得最小值.

因为点 P 在圆 $(x-1)^2 + (y-1)^2 = 1$ 上,

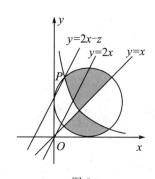

图 8

所以可设点 P 的坐标为 $(1+\cos\theta, 1+\sin\theta), \theta \in \left(\dfrac{\pi}{2}, \pi\right)$;

又由点 P 在 $y = \dfrac{18}{25x}$ 上,得 $(1+\cos\theta)(1+\sin\theta) = \dfrac{18}{25}$,

即 $$\sin\theta\cos\theta + \sin\theta + \cos\theta + \dfrac{7}{25} = 0. \qquad (*)$$

设 $t = \sin\theta + \cos\theta = \sqrt{2}\sin\left(\theta + \dfrac{\pi}{4}\right), \theta \in \left(\dfrac{\pi}{2}, \pi\right)$,则

$$\sin\theta\cos\theta = \dfrac{1}{2}(t^2 - 1), t \in (-1, 1),$$

代入 $(*)$,得 $$\dfrac{1}{2}(t^2-1) + t + \dfrac{7}{25} = 0,$$

解得 $$t = \dfrac{1}{5} \text{ 或 } t = -\dfrac{11}{5}(\text{舍去}),$$

所以 $$\sin\theta + \cos\theta = \dfrac{1}{5}.$$

结合 $\sin^2\theta + \cos^2\theta = 1$,并注意到 $\theta \in \left(\dfrac{\pi}{2}, \pi\right)$,解得

$$\sin\theta = \dfrac{4}{5}, \cos\theta = -\dfrac{3}{5}.$$

所以点 P 的坐标为 $\left(\dfrac{2}{5}, \dfrac{9}{5}\right)$,

故 $z = 2x - y$ 的最小值为

$$z_{\min} = 2 \times \dfrac{2}{5} - \dfrac{9}{5} = -1.$$

22. (1) 因为 $\{nS_n + (n+2)a_n\}$ 是等差数列,

又 $\qquad\qquad S_1 + 3a_1 = 4a_1 = 8, S_2 + 4a_2 = (2+2) + 8 = 16,$

所以 $\{nS_n + (n+2)a_n\}$ 是首项为 8, 公差为 $16 - 8 = 8$ 的等差数列,

于是 $\qquad\qquad\qquad nS_n + (n+2)a_n = 8n,$

即 $\qquad\qquad\qquad S_n + \left(1 + \dfrac{2}{n}\right)a_n = 8,$

$$S_{n+1} + \left(1 + \dfrac{2}{n+1}\right)a_{n+1} = 8,$$

以上两式相减, 得

$$a_{n+1} + \dfrac{n+3}{n+1}a_{n+1} - \dfrac{n+2}{n}a_n = 0,$$

整理, 得

$$\dfrac{a_{n+1}}{n+1} = \dfrac{1}{2} \cdot \dfrac{a_n}{n},$$

所以 $\left\{\dfrac{a_n}{n}\right\}$ 是首项为 2, 公比为 $\dfrac{1}{2}$ 的等比数列.

即

$$\dfrac{a_n}{n} = \left(\dfrac{1}{2}\right)^{n-2},$$

所以 $\{a_n\}$ 的通项公式为 $a_n = \dfrac{n}{2^{n-2}}$.

(2) 由 $\dfrac{a_n}{n}c_n = \log_2 \dfrac{a_n}{n}$ 及 (1), 得

$$c_n = \dfrac{n}{a_n}\log_2 \dfrac{a_n}{n} = 2^{n-2}\log_2\left(\dfrac{1}{2}\right)^{n-2} = (2-n)2^{n-2} = 2^{n-1} - n \cdot 2^{n-2},$$

所以 $\{c_n\}$ 的前 n 项和为 $\qquad T_n = \displaystyle\sum_{k=1}^{n} 2^{k-1} - \sum_{k=1}^{n} k2^{k-2}.$

又 $\qquad\qquad\qquad \displaystyle\sum_{k=1}^{k=n} 2^{k-1} = 2^n - 1;$

$$\sum_{k=1}^{n} k2^{k-2} = 2^{-1} + 2 \times 2^0 + 3 \times 2^1 + \cdots + n2^{n-2},$$

等号两边同乘以 2, 得 $\qquad 2\displaystyle\sum_{k=1}^{n} k2^{k-2} = 2^0 + 2 \times 2^1 + \cdots + n2^{n-1},$

以上两式相减, 得 $-\displaystyle\sum_{k=1}^{n} k2^{k-2} = 2^{-1} + 2^0 + \cdots + 2^{n-2} - n2^{n-1} = (1-n)2^{n-1} - \dfrac{1}{2},$

所以 $\qquad\qquad\qquad \displaystyle\sum_{k=1}^{k=n} k2^{k-2} = (n-1)2^{n-1} + \dfrac{1}{2},$

故 $\qquad\qquad T_n = \displaystyle\sum_{k=1}^{n} 2^{k-1} - \sum_{k=1}^{n} k2^{k-2}$

$$= 2^n - 1 - \left[(n-1)2^{n-1} + \dfrac{1}{2}\right]$$

$$= (3-n)2^{n-1} - \frac{3}{2}.$$

23. 直线 l 的斜率为 $\frac{1}{2}$，所以可设直线 l 方程为

$$l: y = \frac{1}{2}x + m.$$

设点 $A(x_1, y_1), B(x_2, y_2)$，

联立 $C: \dfrac{x^2}{a^2} + y^2 = 1(a>1)$ 与 $l: y = \frac{1}{2}x + m$ 并化简，得

$$(a^2+4)x^2 + 4a^2mx + 4a^2(m^2-1) = 0, \tag{①}$$

由 l 与 C 交于两个不同的点 A 和 B，知

$$\Delta_x = 16a^4m^2 - 16a^2(a^2+4)(m^2-1) > 0,$$

化简，得

$$a^2 + 4 > 4m^2. \tag{②}$$

设焦点 F_1 坐标为 $(-c, 0)$，则直线 AF_1 和直线 BF_1 的斜率分别为

$$\frac{y_1}{x_1+c} \text{和} \frac{y_2}{x_2+c},$$

于是由三条直线 AF_1, l, BF_1 的斜率依次成等差数列，得

$$\frac{y_1}{x_1+c} + \frac{y_2}{x_2+c} = 2 \times \frac{1}{2}, \tag{③}$$

又由 l 与 C 交于两个不同的点 $A(x_1, y_1)$ 和 $B(x_2, y_2)$，知

$$y_1 = \frac{1}{2}x_1 + m, \quad y_2 = \frac{1}{2}x_2 + m,$$

代入③并化简，得

$$(2m-c)(x_1+x_2+2c) = 0,$$

所以

$$2m-c = 0, \text{或} \; x_1+x_2+2c = 0.$$

由 $l: y = \frac{1}{2}x + m$ 不经过点 $F_1(-c, 0)$，得 $0 \neq \frac{1}{2} \times (-c) + m$，

即

$$2m - c \neq 0,$$

所以

$$x_1 + x_2 + 2c = 0.$$

由韦达定理并结合①，得

$$x_1 + x_2 = -\frac{4a^2m}{a^2+4},$$

因此，有

$$-\frac{4a^2m}{a^2+4} + 2c = 0,$$

解得

$$m = \frac{(a^2+4)c}{2a^2},$$

代入②式整理，得 $a^4 > c^2(a^2+4)$，

又 $a^2 = c^2 + 1$，所以 $a^4 > (a^2-1)(a^2+4)$，

解得

$$1 < a < \frac{2\sqrt{3}}{3}.$$

又线段 AB 的长度 $AB = \sqrt{1+\left(\dfrac{1}{2}\right)^2}\,|x_1-x_2|$

$$= \frac{\sqrt{5}}{2} \cdot \sqrt{(x_1+x_2)^2 - 4x_1x_2}$$

$$= \frac{\sqrt{5}}{2} \cdot \sqrt{\left(\frac{-4a^2m}{a^2+4}\right)^2 - 4 \times \frac{4a^2(m^2-1)}{a^2+4}}$$

$$= \frac{\sqrt{5} \cdot 4a}{2(a^2+4)} \cdot \sqrt{a^2m^2 - (m^2-1)(a^2+4)}$$

$$= \frac{2\sqrt{5}\,a}{a^2+4} \cdot \sqrt{a^2+4-4m^2}$$

$$= \frac{2\sqrt{5}\,a}{a^2+4} \cdot \sqrt{a^2+4-4\left[\frac{(a^2+4)c}{2a^2}\right]^2}$$

$$= 2\sqrt{5}\,a \cdot \sqrt{\frac{1}{a^2+4} - \frac{c^2}{a^4}}$$

$$= 2\sqrt{5}\,a \cdot \sqrt{\frac{a^4 - c^2(a^2+4)}{a^4(a^2+4)}}$$

$$= 2\sqrt{5} \cdot \sqrt{\frac{a^4 - (a^2-1)(a^2+4)}{a^2(a^2+4)}}$$

$$= 2\sqrt{5} \cdot \sqrt{\frac{4-3a^2}{a^2(a^2+4)}},$$

当 $1<a<\dfrac{2\sqrt{3}}{3}$，即 $1<a^2<\dfrac{4}{3}$ 时，

$y=4-3a^2$ 单调递减，$y=a^2(a^2+4)$ 单调递增，

所以当 $1<a<\dfrac{2\sqrt{3}}{3}$ 时，$2\sqrt{5} \cdot \sqrt{\dfrac{4-3a^2}{a^2(a^2+4)}}$ 单调递减，

又当 $a=1$ 时，$\qquad 2\sqrt{5} \cdot \sqrt{\dfrac{4-3a^2}{a^2(a^2+4)}} = 2\sqrt{5} \times \sqrt{\dfrac{1}{5}} = 2$；

当 $a=\dfrac{2\sqrt{3}}{3}$ 时，$\qquad 2\sqrt{5} \cdot \sqrt{\dfrac{4-3a^2}{a^2(a^2+4)}} = 2\sqrt{5} \times 0 = 0$，

因此，线段 AB 的长度的取值范围是 $(0,2)$.

第 30 届(2019 年)

第1试

一、选择题

以下每题的四个选项中,仅有一个是正确的,请将正确答案前的英文字母写在每题后面的圆括号内.

1. 函数 $f(x)=\sqrt{|x+1|-|x-2|-a}$ 的定义域为 **R**,则实数 a 的取值范围是(　　)

(A)$(-\infty,-3)$

(B)$(-\infty,-3]$.

(C)$(-\infty,3)$.

(D)$[-3,+\infty)$

2. 定义在 **R** 上的函数 $y=f(x)$ 使 $y=f(x+1)$ 是奇函数,且 $y=f(x-1)$ 是偶函数,则函数 $y=f(x)$(　　)

(A)的图像关于点$(0,1)$对称.

(B)的图像关于直线 $x=1$ 对称.

(C)是以 4 为周期的周期函数.

(D)是以 8 为周期的周期函数.

3. 某几何体的三视图(单位:cm)如图 1 所示,则此几何体的体积为(　　).

(A)$108\ \mathrm{cm}^3$.　　(B)$72\ \mathrm{cm}^3$.　　(C)$100\ \mathrm{cm}^3$.　　(D)$90\ \mathrm{cm}^3$.

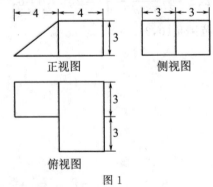

图 1

4. 已知 $f(\sin x)=\sin 11x$,那么 $f(\cos x)=($　　$)$

(A)$\cos 11x$.　　　　(B)$-\cos 11x$.　　　　(C)$\sin 11x$.　　　　(D)$-\sin 11x$.

5. 已知点 $M(-3,0)$ 和点 $N(3,0)$,若直线上存在点 $P(x,y)$,可使 $|PM|+|PN|=10$,则称该直线为"D 型直线". 下列四条直线中,

①$y=x+1$;　　　　②$y=\dfrac{4x}{3}$;　　　　③$y=5$;　　　　④$x=-6$.

"D 型直线"的条数是 (　　)

(A)1.　　　　(B)2.　　　　(C)3.　　　　(D)4.

6. 如图 2,正方体 $ABCD\text{-}A_1B_1C_1D_1$ 的棱长为 1,动点 P 在平面 $A_1B_1C_1D_1$ 内,且异面直线 PD 和 BB_1 所成角恒为 $45°$,则点 P 的轨迹是(　　)

(A)圆的一部分.

(B)椭圆的一部分.

(C)双曲线的一部分.

(D)抛物线的一部分.

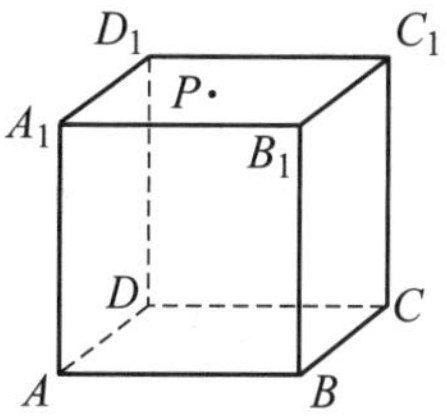

7. 已知数列 $\{a_n\}$ 满足 $a_1=2$,$(n+1)a_{n+1}=na_n+1$,那么 a_{2019} 的值是(　　)

(A)$\dfrac{2017}{2016}$.　　　　(B)$\dfrac{2018}{2017}$.　　　　(C)$\dfrac{2019}{2018}$.　　　　(D)$\dfrac{2020}{2019}$.

图 2

8. $\triangle ABC$ 所在的平面内有一点 G,满足 $\boldsymbol{GA}+2\boldsymbol{GB}+3\boldsymbol{GC}=\boldsymbol{0}$,那么三个三角形面积之比 $S_{\triangle GAB}:S_{\triangle GBC}:S_{\triangle GCA}$ 为(　　)

(A)$1:2:3$.　　　　(B)$2:1:3$.　　　　(C)$3:1:2$.　　　　(D)$3:2:1$.

9. 已知 a,b 为正数,θ 为锐角,且 $\dfrac{a^2}{\sin^2\theta}+\dfrac{b^2}{\cos^2\theta}=(a+b)^2$,则 $\dfrac{a^3}{\sin^6\theta}-\dfrac{b^3}{\cos^6\theta}$ 的值是(　　)

(A)0.　　　　(B)$\dfrac{1}{2}$.　　　　(C)1.　　　　(D)3.

10. 已知双曲线的方程为 $\dfrac{x^2}{a^2}-\dfrac{y^2}{b^2}=1(a>0,b>0)$,其半焦距为 c,若原点到直线 $\dfrac{x}{a}-\dfrac{y}{b}=1$ 的距离为 $\dfrac{c}{2}$,则双曲线的离心率的值是(　　)

(A)2.　　　　(B)$\sqrt{2}$.　　　　(C)3.　　　　(D)$\sqrt{3}$.

二、填空题

11. 函数 $f(x)=\sqrt{1-\sin 2x}$ 的单调递减区间是_____.

12. 已知不在同一条直线上的三个点可以确定一个平面,则从正方体的 8 个顶点中任取 3 个点可以确定_____个不同的平面.

13. 函数 $y=x^2+\dfrac{9}{x^2+1}$ 的最小值是_____.

14. 已知点 O 是 $\triangle ABC$ 的外心,且 $\boldsymbol{AO}\cdot\boldsymbol{AB}=2\boldsymbol{BO}\cdot\boldsymbol{BC}=3\boldsymbol{CO}\cdot\boldsymbol{CA}$,则 $\cos C$ 的值是_____.

15. 已知数列 $\{a_n\}$ 满足 $a_{n+1}=\dfrac{1}{1-a_n}$，若 $a_5=2$，则 $a_{2019}=$ _____.

16. 有 5 条线段，长度分别为 $2,3,4,5,6$，从中任取 3 条，首尾相连，可以构成三角形的概率是 _____.

17. 已知函数 $f(x)=(x^2-1)(x^2-ax+b)$ 的图像关于直线 $x=2$ 对称，则函数 $f(x)$ 的值域为 _____.

18. 一个小球在棱长为 6 的正四面体内可以向各方向自由运动，若小球接触不到的面积是正四面体表面积的 $\dfrac{1}{3}$，则小球的半径是 _____.

19. 已知双曲线 $\dfrac{x^2}{a^2}-\dfrac{y^2}{b^2}=1(a>0,b>0)$ 的左焦点为 F，离心率为 $\dfrac{\sqrt{5}+1}{2}$，点 $A(a,0)$，$B(0,b)$，则 $\angle ABF=$ _____ °.

20. 在锐角 $\triangle ABC$ 中，$\cos A=\dfrac{1}{3}$，则 $\tan B\tan C$ 的最小值为 _____.

一、选择题

题号	1	2	3	4	5	6	7	8	9	10
答案	B	D	D	B	B	A	D	C	A	B

提 示

1. 要使 $y=f(x)$ 的定义域为 $\mathbf{R}$，则需对 $\forall x\in\mathbf{R}$ 有 $|x+1|-|x-2|-a\geqslant 0$ 恒成立，即 $a\leqslant|x+1|-|x-2|$ 恒成立.

令 $g(x)=|x+1|-|x-2|$，易知 $g(x)\in[-3,3]$，

只须 $a\leqslant -3$，

所以 $a\in(-\infty,-3]$.

故选 (B).

2. 由 $y=f(x+1)$ 是奇函数，知 $y=f(x)$ 关于点 $(1,0)$ 对称；

由 $y=f(x-1)$ 是偶函数，知 $y=f(x)$ 关于直线 $x=-1$ 对称，

联想正弦函数周期性，知 $y=f(x)$ 的周期为 $4\times[1-(-1)]=8$.

故选 (D).

3. 三视图对应的几何体是一个长方体和一个直三棱柱的复合体，此几何体的体积为

$$V=4\times 3\times 6+\dfrac{1}{2}\times 4\times 3\times 3=90\text{ cm}^3.$$

故选(D).

4. 因为

$$f(\sin x) = \sin 11x, \cos x = \sin\left(\frac{\pi}{2} - x\right),$$

所以

$$f(\cos x) = f\left[\sin\left(\frac{\pi}{2} - x\right)\right]$$

$$= \sin\left[11\left(\frac{\pi}{2} - x\right)\right]$$

$$= \sin\left(6\pi - \frac{\pi}{2} - 11x\right)$$

$$= -\sin\left(\frac{\pi}{2} + 11x\right)$$

$$= -\cos 11x.$$

故选(B).

5. 点 P 的轨迹是椭圆 $\frac{x^2}{25} + \frac{y^2}{16} = 1$,即"D 型直线"与此椭圆有共同点.
画图即知,只有直线①②满足条件.
故选(B).

6. 由图,知

$$DD_1 \parallel BB_1,$$

因为直线 PD, BB_1 所成角恒为 $45°$,

所以

$$\angle D_1DP = 45°,$$

因为点 P 在平面 $A_1B_1C_1D_1$ 上,且 $DD_1 = 1$.
所以点 P 在以 D_1 为圆心、1 为半径的圆上.
故选(A).

7. 由题设等式,得

$$(n+1)a_{n+1} - (n+1) = na_n + 1 - (n+1) = n(a_n - 1),$$

所以

$$\frac{a_{n+1} - 1}{a_n - 1} = \frac{n}{n+1},$$

则

$$\frac{a_2 - 1}{a_1 - 1} = \frac{1}{2}, \frac{a_3 - 1}{a_2 - 1} = \frac{2}{3}, \frac{a_4 - 1}{a_3 - 1} = \frac{3}{4}, \cdots, \frac{a_n - 1}{a_{n-1} - 1} = \frac{n-1}{n},$$

以上各等式的两边分别相乘,得

$$\frac{a_2 - 1}{a_1 - 1} \times \frac{a_3 - 1}{a_2 - 1} \times \cdots \times \frac{a_n - 1}{a_{n-1} - 1} = \frac{1}{2} \times \frac{2}{3} \times \cdots \times \frac{n-1}{n}, \text{即} \frac{a_n - 1}{a_1 - 1} = \frac{1}{n},$$

即

$$a_n - 1 = \frac{1}{n},$$

所以

$$a_n = \frac{n+1}{n},$$

即

$$a_{2019} = \frac{2020}{2019}.$$

故选(D).

8. 构造 $\triangle AB'C'$,使

$$2\boldsymbol{GB} = \boldsymbol{GB}', 3\boldsymbol{GC} = \boldsymbol{GC}',$$

则
$$GA' + GB' + GC' = 0,$$

所以点 G 是 $\triangle AB'C'$ 的重心，

由平面几何，知 $\triangle AGB'$，$\triangle B'GC'$，$\triangle C'GA$ 的面积都相等，

不妨令 $S_{\triangle AGB'} = S$，

所以
$$S_{\triangle GAB} = \frac{1}{2}S,$$

$$S_{\triangle GBC} = \frac{1}{6}S,$$

$$S_{\triangle GCA} = \frac{1}{3}S,$$

即
$$S_{\triangle GAB} : S_{\triangle GBC} : S_{\triangle GCA} = \frac{1}{2} : \frac{1}{6} : \frac{1}{3} = 3 : 1 : 2.$$

故选（C）.

9. 由 $\dfrac{a^2}{\sin^2\theta} + \dfrac{b^2}{\cos^2\theta} = (a+b)^2$，得

$$a^2\cos^2\theta + b^2\sin^2\theta = (a+b)^2\sin^2\theta\cos^2\theta. \qquad ①$$

注意到
$$\sin^2\theta = 1 - \cos^2\theta,$$

代入①化简，得
$$(a+b)^2\cos^4\theta - (2ab+2b^2)\cos^2\theta + b^2 = 0,$$

即
$$[(a+b)\cos^2\theta - b]^2 = 0,$$

所以
$$\cos^2\theta = \frac{b}{a+b}, \qquad ②$$

$$\sin^2\theta = 1 - \cos^2\theta = \frac{a}{a+b}, \qquad ③$$

于是由②③，得
$$\frac{a^3}{\sin^6\theta} - \frac{b^3}{\cos^6\theta} = a^3\left(\frac{a+b}{a}\right)^3 - b^3\left(\frac{a+b}{b}\right)^3 = 0.$$

故选（A）.

10. 原点到直线 $\dfrac{x}{a} - \dfrac{y}{b} = 1$ 的距离为

$$\frac{1}{\sqrt{\dfrac{1}{a^2} + \dfrac{1}{b^2}}} = \frac{ab}{c} = \frac{c}{2},$$

所以
$$2ab = c^2,$$

即
$$2a\sqrt{c^2 - a^2} = c^2,$$

两边平方
$$4a^2(c^2 - a^2) = c^4,$$

两端除以 a^4，得
$$4e^2 - 4 = e^4,$$

解得
$$e^2 = 2,$$

因为 $e > 1$，所以

$$e = \sqrt{2}.$$

故选（B）.

📑 二、填空题

题号	11	12	13	14	15
答案	$\left[k\pi-\dfrac{\pi}{4},k\pi+\dfrac{\pi}{4}\right](k\in\mathbf{Z})$	20	5	$-\dfrac{\sqrt{6}}{12}$	-1
题号	16	17	18	19	20
答案	0.7	$[-16,+\infty)$	$\dfrac{\sqrt{6}-2}{2}$	90	2

💡 提　示

11. 由复合函数的单调性,可知

求函数 $f(x)=\sqrt{1-\sin2x}$ 的单调递减区间可转化为求函数 $y=\sin2x$ 的单调递增区间,

又函数 $y=\sin2x$ 的单调递增区间为 $\left[k\pi-\dfrac{\pi}{4},k\pi+\dfrac{\pi}{4}\right](k\in\mathbf{Z})$,

故 $f(x)$ 的单调递减区间为 $\left[k\pi-\dfrac{\pi}{4},k\pi+\dfrac{\pi}{4}\right](k\in\mathbf{Z})$.

另解:$f(x)=\sqrt{1-\cos\left(\dfrac{\pi}{2}-2x\right)}=\sqrt{2\sin^{2}\left(\dfrac{\pi}{4}-x\right)}=\sqrt{2}\left|\sin\left(x-\dfrac{\pi}{4}\right)\right|$,

其单调递减需满足 $\qquad k\pi+\dfrac{\pi}{2}\leqslant x-\dfrac{\pi}{4}\leqslant k\pi+\pi$,

解得 $\qquad k\pi+\dfrac{3\pi}{4}\leqslant x\leqslant k\pi+\dfrac{5\pi}{4}(k\in\mathbf{Z})$,

故 $f(x)$ 的单调递减区间为 $\left[k\pi+\dfrac{3\pi}{4},k\pi+\dfrac{5\pi}{4}\right](k\in\mathbf{Z})$,与 $\left[k\pi-\dfrac{\pi}{4},k\pi+\dfrac{\pi}{4}\right](k\in\mathbf{Z})$ 等价.

12. 如图 3,在正方体 $ABCD$、$A_1B_1C_1D_1$ 中,共顶点 A 的三条棱的另外 3 个端点 B,D,A_1 可以确定 1 个平面.

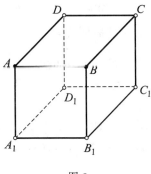

图 3

在正方体中,这样的顶点有 8 个,可确定 8 个平面.

正方体有 6 个面,即过每个面上的 4 个顶点均可确定 1 个平面,共 6 个.

正方体有 6 个对角面,即过每个对角面上的 4 个顶点均可确定 1 个平面,共 6 个.

$$8+6+6=20,$$

所以,从正方体的 8 个顶点中任取 3 个点可以确定 20 个平面.

13. 易知 $x^2+1>0$,所以

$$y=x^2+\frac{9}{x^2+1}$$

$$=x^2+1+\frac{9}{x^2+1}-1$$

$$\geqslant 2\sqrt{(x^2+1)\cdot\frac{9}{x^2+1}}-1$$

$$=5,$$

当且仅当 $(x^2+1)=\dfrac{9}{x^2+1}$,即 $x=\pm\sqrt{2}$ 时等号成立.

14. 因为两非零向量 $\boldsymbol{a},\boldsymbol{b}$ 的数量积 $\boldsymbol{a}\cdot\boldsymbol{b}$ 等于 $|\boldsymbol{a}|$ 与 $\boldsymbol{b}$ 在 $\boldsymbol{a}$ 方向上的投影的乘积,

所以 $$\boldsymbol{AO}\cdot\boldsymbol{AB}=\frac{1}{2}|\boldsymbol{AB}|^2,\boldsymbol{BO}\cdot\boldsymbol{BC}=\frac{1}{2}|\boldsymbol{BC}|^2,\boldsymbol{CO}\cdot\boldsymbol{CA}=\frac{1}{2}|\boldsymbol{CA}|^2,$$

所以 $$\frac{1}{2}|\boldsymbol{AB}|^2=|\boldsymbol{BC}|^2=\frac{3}{2}|\boldsymbol{CA}|^2,$$

故 $$c=\sqrt{2}\,a=\sqrt{3}\,b\Rightarrow a:b:c=\sqrt{3}:\sqrt{2}:\sqrt{6}\Rightarrow\cos C=-\frac{\sqrt{6}}{12}.$$

15. 由 $a_{n+1}=\dfrac{1}{1-a_n}$,得

$$a_5=\frac{1}{1-a_4}=2\Rightarrow a_4=\frac{1}{2},$$

$$a_4=\frac{1}{1-a_3}=\frac{1}{2}\Rightarrow a_3=-1,$$

$$a_3=\frac{1}{1-a_2}=-1\Rightarrow a_2=2,$$

$$a_2=\frac{1}{1-a_1}=2\Rightarrow a_1=\frac{1}{2},$$

所以 $\{a_n\}$ 是以 $\dfrac{1}{2},2,-1$ 循环,周期为 3 的周期数列,

又 $$2019\div 3=673,$$

所以 $$a_{2019}=a_{673\times 3}=a_3=-1.$$

16. 任取 3 条共有 $C_5^3=10$(种)情况:

$$(2,3,4),(2,3,5),(2,3,6),(2,4,5),(2,4,6),$$
$$(2,5,6),(3,4,5),(3,4,6),(3,5,6),(4,5,6)$$

其中可构成三角形的有 7 条:

$$(2,3,4),(2,4,5),(2,5,6),(3,4,5),(3,4,6),(3,5,6),(4,5,6),$$

故所求概率为 $$7\div 10=0.7.$$

17. 由题意知 $f(-1)=0, f(1)=0$,

因为函数 $f(x)$ 的图像关于直线 $x=2$ 对称,

所以 $f(5)=f(-1)=0, f(3)=f(1)=0$,

这说明, 5 和 3 是方程 $x^2-ax+b=0$ 的两个实数根,

由韦达定理, 知 $a=5+3=8, b=5\times3=15$,

所以

$$\begin{aligned}
f(x) &= (x^2-1)(x^2-8x+15) \\
&= (x-1)(x+1)(x-3)(x-5) \\
&= [(x-1)(x-3)] \cdot [(x+1)(x-5)] \\
&= (x^2-4x+3) \cdot (x^2-4x-5) \\
&= (x^2-4x)^2 - 2(x^2-4x) - 15 \\
&= [(x^2-4x)^2 - 2(x^2-4x)+1] - 16 \\
&= (x^2-4x-1)^2 - 16 \\
&\geq -16,
\end{aligned}$$

当 $x^2-4x-1=0$, 即 $x=2\pm\sqrt{5}$ 时等号成立.

18. 如图 4, 当小球挤在一个角时,

记小球半径为 r, 作平面 $A_1B_1C_1 /\!/$ 平面 ABC 与小球相切于
点 D, 则小球球心 O 为正四面体 $P\text{-}A_1B_1C_1$ 的中心,
且 $PO\perp$ 平面 $A_1B_1C_1$, 垂足 D 为 $\triangle A_1B_1C_1$ 的中心.

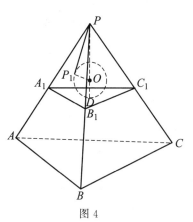

图 4

$$V_{P\text{-}A_1B_1C_1}=\frac{1}{3}S_{\triangle A_1B_1C_1}\cdot PD=4V_{OA_1B_1C_1}=4\cdot\frac{1}{3}S_{\triangle A_1B_1C_1}\cdot OD,$$

故 $PD=4OD=4r$,

从而 $PO=PD-OD=3r$.

记小球与平面 PA_1B_1 的切点为 P_1, 连结 OP_1, 则

$$PP_1=\sqrt{PO^2-OP_1^2}=\sqrt{(3r)^2-r^2}=2\sqrt{2}r.$$

易知, 小球与正四面体的一个面 (不妨取 PAB) 能接触的地方为中间的正三角形 P_1EF, 如图 5
所示.

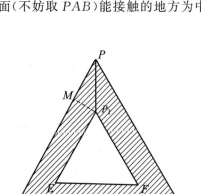

图 5

过 P_1 作 $P_1M\perp PA$ 于点 M,

设正四面体的棱长为 a,

因为　　　　　　　　　　　　　　$\angle MPP_1 = \dfrac{\pi}{6}$ ，

所以　　　　　　$PM = PP_1 \cdot \cos\angle MPP_1 = 2\sqrt{2}\,r \cdot \dfrac{\sqrt{3}}{2} = \sqrt{6}\,r$ ，

故　　　　　　　　　　　$P_1E = PA - 2PM = a - 2\sqrt{6}\,r$.

因为小球不能接触的面积为（阴影部分）表面积的 $\dfrac{1}{3}$ ，

所以　　　　　　　　　　$S_{\triangle P_1EF} = \dfrac{2}{3} S_{\triangle PAB}$ ，

即　　　　　　　$\dfrac{S_{\triangle P_1EF}}{S_{\triangle PAB}} = \dfrac{(a - 2\sqrt{6}\,r)^2}{a^2} = \dfrac{2}{3}$ ，

当 $a = 6$ 时，代入解得　　　　　　　$r = \dfrac{\sqrt{6} - 2}{2}$.

故满足题意的小球的半径为 $\dfrac{\sqrt{6} - 2}{2}$.

19. 依据题设及双曲线的定义，知

$$F(-c, 0)\ (c > 0),$$

则　　　　　　　　　　　　$|AF| = a + c$ ，

$$|AB| = \sqrt{a^2 + b^2} = c,$$

$$|BF| = \sqrt{b^2 + c^2},$$

由　　　　　　$e = \dfrac{c}{a} = \dfrac{\sqrt{5} + 1}{2}$ 及 $a^2 + b^2 = c^2$ ，

得　　　　　　　　　$\dfrac{a^2 + b^2}{a^2} = \dfrac{3 + \sqrt{5}}{2}$ ，

所以　　　　　　　$\dfrac{b^2}{a^2} = \dfrac{1 + \sqrt{5}}{2} = \dfrac{c}{a}$ ，

即　　　　　　　　　　　　$b^2 = ac$.

因为　　　　　　　　$|AF|^2 = (a + c)^2$

$$= a^2 + 2ac + c^2$$

$$= a^2 + 2b^2 + c^2$$

$$= b^2 + 2c^2$$

$$= c^2 + (b^2 + c^2)$$

$$= |AB|^2 + |BF|^2,$$

所以 $\triangle ABF$ 是直角三角形，

故　　　　　　　　　　　$\angle ABF = 90°$.

20. 因为 $\cos A = \dfrac{1}{3}$ ，A 是锐角 $\triangle ABC$ 的内角，

所以　　　　$\sin A = \sqrt{1 - \cos^2 A} = \sqrt{1 - \dfrac{1}{9}} = \dfrac{2\sqrt{2}}{3}$ ，

故
$$\tan A = \frac{\sin A}{\cos A} = 2\sqrt{2}.$$

因为 A,B,C 是 $\triangle ABC$ 的内角,且 $A+B+C=180°$,所以
$$\tan A \tan B \tan C = \tan A + \tan B + \tan C,$$

即
$$2\sqrt{2}\tan B \tan C = 2\sqrt{2} + \tan B + \tan C.$$

应用基本不等式,有 $\quad 2\sqrt{2}\tan B \tan C = 2\sqrt{2} + \tan B + \tan C \geqslant 2\sqrt{2} + 2\sqrt{\tan B \tan C}$,

即
$$\sqrt{2}\tan B \tan C - \sqrt{\tan B \tan C} - \sqrt{2} \geqslant 0,$$

所以
$$\sqrt{\tan B \tan C} \geqslant \sqrt{2}, \text{ 即 } \tan B \tan C \geqslant 2.$$

故当 $\tan B = \tan C = \sqrt{2}$ 时,$\tan B \tan C$ 取得最小值 2.

另解: 因为
$$\cos A = \frac{1}{3},$$

所以
$$\cos(\pi - B - C) = \frac{1}{3},$$

即
$$\cos(B+C) = -\frac{1}{3},$$

于是有
$$\sin B \sin C - \cos B \cos C = \frac{1}{3},$$

$$\sin B \sin C = \cos B \cos C + \frac{1}{3}.$$

所以
$$\tan B \tan C = \frac{\sin B \sin C}{\cos B \cos C} = \frac{\cos B \cos C + \frac{1}{3}}{\cos B \cos C} = 1 + \frac{1}{3\cos B \cos C}.$$

因为
$$\cos B \cos C = \frac{1}{2}\left[\cos(B+C) + \cos(B-C)\right]$$
$$\leqslant \frac{1}{2}\left[-\cos A + 1\right]$$
$$= \frac{1}{2}\left[-\frac{1}{3} + 1\right]$$
$$= \frac{1}{3},$$

所以
$$\tan B \tan C = 1 + \frac{1}{3\cos B \cos C} \geqslant 2,$$

当 $\tan B = \tan C = \sqrt{2}$ 时,$\tan B \tan C$ 取得最小值 2.

第2试

一、选择题

以下每题的四个选项中,仅有一个是正确的,请将正确答案前的英文字母写在每题后面的圆括号内.

1. 已知 $\{a_n\}$ 是公比为 $\dfrac{1}{2}$ 的等比数列,且 $a_1=8$,若从该数列的前 5 项中任取 2 项,则其中恰好有 1 项是整数的概率是( )

(A) $\dfrac{3}{10}$. (B) $\dfrac{2}{5}$. (C) $\dfrac{7}{10}$. (D) $\dfrac{4}{5}$.

2. 已知 $f(x)=x+\ln(x+\sqrt{x^2+1})$,则对任意实数 m,n,"$f(m)+f(n)\geqslant 0$"是"$m+n\geqslant 0$"的( )

(A)充分不必要条件. (B)必要不充分条件.
(C)充要条件. (D)既不充分又不必要条件.

3. 函数 $f(x)=\sqrt{4-x^2}-|\ln|x-1\|$ 的零点的个数是( )
(A)1. (B)2. (C)3. (D)4.

4. 如图1,将三棱锥 $A\text{-}BCD$ 的表面沿三条侧棱剪开,展开图形是一个边长为 $2\sqrt{2}$ 的正三角形,则该三棱锥的外接球的表面积是( )

(A) 3π. (B) 2π. (C) $\dfrac{\sqrt{3}}{2}\pi$. (D) $\dfrac{3}{4}\pi$.

图 1

5. 已知函数 $f(x)=\cos\left(\omega x-\dfrac{\pi}{6}\right)$ 的图像的对称轴中,与 y 轴距离最小的是直线 $x=\dfrac{\pi}{12}$,已知 $\omega>0$,则 ω 的值是( )

(A)1. (B)2. (C)3. (D)6.

6. 方程 $\sqrt{(x-3)^2+y^2}-\sqrt{(x+3)^2+y^2}=2$ 表示的曲线方程是( )

(A) $x^2-\dfrac{y^2}{8}=1(x\leqslant -1)$. (B) $x^2-\dfrac{y^2}{8}=1(x\geqslant 1)$.

(C) $x^2-\dfrac{y^2}{10}=1(x\leqslant -1)$. (D) $x^2-\dfrac{y^2}{10}=1(x\geqslant 1)$.

7. 已知 $a\perp(a-b)$,$(a+2b)\perp(5a-b)$,则 a 与 b 夹角的正弦值是( )

(A) $\dfrac{\sqrt{6}}{6}$. (B) $\dfrac{2}{5}$. (C) $\dfrac{\sqrt{7}}{7}$. (D) $\dfrac{\sqrt{42}}{7}$.

8. 已知 $k>0$,则下面四个选项中,使 $(kx-k^2-2)(x-2)<0$ 成立的 x 的可能的值是(   )

(A)-2.　　　(B)$\sqrt{2}$.　　　(C)$\sqrt{3}$.　　　(D)$\dfrac{5}{2}$.

9. 已知点 G 是 $\triangle ABC$ 所在的平面内一点,且满足 $2\boldsymbol{GA}+3\boldsymbol{GB}+4\boldsymbol{GC}=\boldsymbol{0}$,则三个三角形面积之比 $S_{\triangle GAB}:S_{\triangle GBC}:S_{\triangle GCA}=$(   )

(A)$2:3:4$.　　　(B)$4:3:6$.　　　(C)$4:2:3$.　　　(D)$3:4:2$.

10. 已知双曲线 $\Gamma:\dfrac{x^2}{a^2}-\dfrac{y^2}{b^2}=1(a>0,b>0)$ 的左、右焦点分别是 F_1,F_2.当 $k\in(1,4]$ 时,总存在点 $P\in\Gamma$ 使得 $\angle F_1PF_2=90°$,且 $|PF_1|=k|PF_2|$,则 Γ 的离心率的取值范围是(   )

(A)$\left[\dfrac{\sqrt{17}}{3},\dfrac{5}{3}\right)$　　(B)$\left[\dfrac{\sqrt{21}}{3},\dfrac{5}{3}\right)$　　(C)$\left[\dfrac{\sqrt{17}}{3},\infty\right)$　　(D)$\left[\dfrac{\sqrt{21}}{3},+\infty\right)$

二、填空题

11. 已知两数列 m,a_1,a_2,a_3,a_4,n 和 b_1,n,b_2,b_3,m,b_4 都是等差数列. 若 $m\neq n$,则 $\dfrac{b_4-b_3}{a_4-a_1}=$_____.

12. 函数 $f(x)=\ln(1+x)-e^x+2019$ 的单调递增区间是_____.

13. 已知不在同一条直线上的三个点可以确定一个平面,则从正方体的 8 个顶点中任取 3 个点可以确定不同的平面_____个.

14. 已知集合 $A=\{a_1,a_2,a_3,a_4,a_5\}$,$B=\{a_1^2,a_2^2,a_3^2,a_4^2,a_5^2\}$,其中 $a_i\in\mathbf{N}(i=1,2,3,4,5)$,$a_1<a_2<a_3<a_4<a_5$.若 $A\cap B=\{a_1,a_4\}$,$a_1+a_4=10$,$A\cup B$ 的所有元素之和为 224,则 $a_3=$_____.

15. 已知点 O 是 $\triangle ABC$ 的外心,且 $2\boldsymbol{AO}\cdot\boldsymbol{AB}=3\boldsymbol{BO}\cdot\boldsymbol{BC}=4\boldsymbol{CO}\cdot\boldsymbol{CA}$,则 $\cos A=$_____.

16. 已知正实数 x,y,z 满足 $4x^2-10xy+9y^2-z=0$,则当 $\dfrac{xy}{z}$ 取得最大值时,$\dfrac{3}{2x}+\dfrac{1}{y}-\dfrac{3}{z}$ 的最大值是_____.

17. 在棱长为 1 的正方体 $ABCD\text{-}A_1B_1C_1D_1$ 中,若点 P 是棱 CC_1 的中点,则平面 BPD_1 与平面 BDD_1B_1 所成二面角的余弦值等于_____.

18. 已知数列 $\{a_n\}$ 满足 $a_{n+1}=a_n+n\cdot2^{n-1}$,若 $a_1=1$,且 $2^m<a_{30}<2^{m+1}$,则整数 $m=$_____.

19. 已知抛物线 $C:x^2=2py(p>0)$ 的焦点 F 在直线 $l:y=2x+1$ 上,若 C 上的点 M 关于 l 的对称点 N 在射线 $y=6(x\leqslant4)$ 上,则直线 FM 被 C 截得的弦长为_____.

20. 一个盒子装有红、白、蓝、绿四种颜色的球.从中随机取出 4 个球,其中 4 个球都是红色的概率为 p_1,恰好有 3 个红色球和 1 个白色球的概率为 p_2,恰好有 2 个红色球、1 个白色球和 1 个蓝色球的概率为 p_3，四种颜色的球各 1 个的概率为 p_4．若 $24p_1=6p_2=2p_3=p_4$，并且数量最少的球的个数是最小的质数，则这个盒子中共有球_____个．

三、解答题

21. 若正数 x,y 满足 $x^3+y^3=x-2y$，并且使得 $x^2+\lambda y^2\leqslant 1$ 恒成立，求实数 λ 的最大值．

22. 设 CD 为 $Rt\triangle ABC$ 斜边 AB 上的高，记 $\triangle ABC$，$\triangle ACD$，$\triangle BCD$ 的面积依次为 S，S_1，S_2．

(1) 若 $\dfrac{1}{S_1}$，$\dfrac{1}{S_2}$，$\dfrac{1}{S}$ 成等差数列，求 $\tan A$ 的值；

(2) 若 $\sqrt{S_1}$，$\sqrt{S_2}$，$\sqrt{S}$ 成等差数列，求 $\sin A$ 的值．

23. 在平面直角坐标系 xOy 中，过抛物线 $E：y^2=2px$（p 是大于 2 的质数）的焦点 F 作与 x 轴不垂直的直线 l 交抛物线 E 于 P，Q 两点，线段 PQ 的垂直平分线（垂足为点 M）交 x 轴于 R 点．

(1) 求 MR 中点的轨迹 C 的方程；

(2) 证明：C 上有无穷多个整点，但是 C 上任一整点到原点的距离都不是整数．

（注：整点是指横坐标和纵坐标都是整数的点）

答·提示

一、选择题

题号	1	2	3	4	5	6	7	8	9	10
答案	B	C	D	A	B	A	D	D	C	A

提　示

1. 由已知条件，得数列的前五项为：$8,4,2,1,\dfrac{1}{2}$，

从这 5 项中任取 2 项，不同的取法有：$C_5^2=10$（种）不同情况，其中恰好有 1 项为整数的情况有

4 种，即 $\left(8,\dfrac{1}{2}\right),\left(4,\dfrac{1}{2}\right),\left(3,\dfrac{1}{2}\right),\left(1,\dfrac{1}{2}\right)$，

则所求概率是 $P=\dfrac{4}{10}=\dfrac{2}{5}$．

故选（B）．

2. 易知 $y=f(x)$ 是 **R** 上的奇函数且单调递增，所以

$$f(m)+f(n)\geqslant 0 \Leftrightarrow f(m)\geqslant -f(n) \Leftrightarrow f(m)\geqslant f(-n) \Leftrightarrow m\geqslant -n \Leftrightarrow m+n\geqslant 0.$$

故选（C）.

3. 题设命题可转化为求方程 $\sqrt{4-x^2}=|\ln|x-1||$ 的根的个数，

在坐标系 xOy 中作出函数 $y=\sqrt{4-x^2}$ 与 $y=|\ln|x-1||$ 的图像，如图 2 所示：

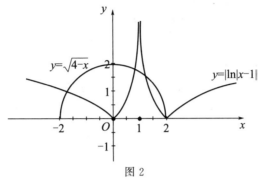

图 2

由图像知，共有 4 个交点.

故选（D）.

4. 由题意，知三棱锥 $A\text{-}BCD$ 是棱长为 $\sqrt{2}$ 的正四面体，该三棱锥的外接球的半径长 $\dfrac{\sqrt{3}}{2}$，

因此，该三棱锥的外接球的表面积是 $4\pi\left(\dfrac{\sqrt{3}}{2}\right)^2=3\pi$.

故选（A）.

5. $y=f(x)$ 的对称轴满足 $\omega x-\dfrac{\pi}{6}=k\pi(k\in \mathbf{Z})$，所以

$$x=\dfrac{k\pi+\dfrac{\pi}{6}}{\omega}.$$

令 $x=\dfrac{\left|k\pi+\dfrac{\pi}{6}\right|}{\omega}=\dfrac{\pi}{12}$，

显然，当 $k=0$ 时，对称轴距离 y 轴最近，

解得 $\omega=2$.

故选（B）.

6. 根据几何意义，知 $\sqrt{(x-3)^2+y^2}-\sqrt{(x+3)^2+y^2}=2$ 表示动点 (x,y) 到 $(3,0)$ 与 $(-3,0)$ 的距离之差等于 2 的集合，

根据双曲线定义，知 $\qquad a=1,c=3$，

所以 $\qquad b=2\sqrt{2}$.

故 $\qquad x^2-\dfrac{y^2}{8}=1$，

且曲线上的点到点 $(3,0)$ 的距离比较大，即 $x\leqslant -1$，

即曲线方程为 $x^2-\dfrac{y^2}{8}=1,(x\leqslant -1)$.

故选（A）.

7. 由 $a \perp (a-b)$，得

$$a \cdot (a-b) = 0,$$

即

$$a \cdot a - a \cdot b = 0,$$

所以

$$a^2 = a \cdot b.$$

同理，由 $(a+2b) \perp (5a-b)$，得　　$(a+2b) \cdot (5a-b) = 0,$

即

$$5a^2 + 9a \cdot b - 2b^2 = 0,$$

将 $a^2 = a \cdot b$ 代入上式，整理得 $14a^2 - 2b^2 = 0$,

即

$$b^2 = 7a^2, \quad |b| = \sqrt{7}|a|,$$

因为 $a \perp (a-b)$，如图 3 所示，由图可知 a,b 夹角的余弦值为

$$\frac{|a|}{|b|} = \frac{1}{\sqrt{7}},$$

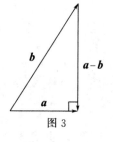

图 3

所以 a,b 的夹角正弦值为

$$\sqrt{1 - \left(\frac{1}{\sqrt{7}}\right)^2} = \sqrt{\frac{6}{7}} = \frac{\sqrt{42}}{7}.$$

故选（D）.

8. 因为 $k>0$，所以不等式 $(kx-k^2-2)(x-2)<0$ 可转化为

$$k\left(x - \frac{k^2+2}{k}\right)(x-2) < 0,$$

亦即

$$\left(x - \frac{k^2+2}{k}\right)(x-2) < 0.$$

注意到

$$\frac{k^2+2}{k} = k + \frac{2}{k} \geqslant 2\sqrt{2} > 2,$$

所以

$$2 < x < \frac{k^2+2}{k}, \text{且} \frac{k^2+2}{k} \geqslant 2\sqrt{2},$$

易知

$$2 < x < 2\sqrt{2}.$$

故选（D）.

9. 构造 $\triangle A'B'C'$，使　　$2GA = GA', 3GB = GB', 4GC = GC',$

则

$$GA' + GB' + GC' = 0,$$

所以点 G 是 $\triangle A'B'C'$ 的重心，

由平面几何，知 $\triangle A'GB', \triangle B'GC', \triangle C'GA'$ 的面积都相等，

不妨令 $S_{\triangle AGB'} = S$. 所以

$$S_{\triangle GAB} = \frac{1}{6}S,$$

$$S_{\triangle GBC} = \frac{1}{12}S,$$

$$S_{\triangle GCA} = \frac{1}{8}S,$$

即

$$S_{\triangle GAB} : S_{\triangle GBC} : S_{\triangle GCA} = \frac{1}{6} : \frac{1}{12} : \frac{1}{8} = 4 : 2 : 3.$$

故选(C).

10. 因为
$$\angle F_1PF_2 = 90°,$$
所以
$$|PF_1|^2 + |PF_2|^2 = 4c^2;$$
由双曲线定义,得
$$|PF_1| - |PF_2| = 2a;$$
由题设
$$|PF_1| = k|PF_2|,$$
得
$$(k^2+1)|PF_2|^2 = 4c^2, \quad (k-1)|PF_2| = 2a,$$
$$\frac{k^2+1}{(k-1)^2} = \left(\frac{c}{a}\right)^2 = e^2,$$
而
$$\frac{k^2+1}{(k-1)^2} = \frac{k^2+1}{k^2-2k+1} = 1 + \frac{2k}{k^2-2k+1} = 1 + \frac{2}{k+\frac{1}{k}-2}.$$
又
$$k \in (1,4],$$
所以
$$k+\frac{1}{k} \in (2, \frac{17}{4}], \quad \frac{k^2+1}{(k-1)^2} \in [\frac{17}{9}, +\infty),$$
故
$$e \geqslant \frac{\sqrt{17}}{3}. \qquad ①$$
又 $PF_2 > c-a$,即
$$\frac{2a}{k-1} > c-a,$$
所以
$$e < 1 + \frac{2}{k-1},$$
即
$$e < \frac{5}{3}. \qquad ②$$
由①②,知选(A).

二、填空题

题号	11	12	13	14	15	16	17	18	19	20
答案	$-\frac{10}{9}$	$(-1,0]$	20	4	$\frac{5\sqrt{2}}{12}$	1	0	33	$\frac{25}{4}$	14

提 示

11. 由题设知
$$a_4 - a_1 = \frac{3}{5}(n-m),$$
$$b_4 - b_3 = -\frac{2}{3}(n-m),$$
故
$$\frac{b_4-b_3}{a_4-a_1} = -\frac{10}{9}.$$

12. 由 $f(x) = \ln(1+x) - e^x + 2019$,知 $f(x) = \ln(1+x) - e^x + 2019$ 的定义域为 $x > -1$.

易知，$$f'(x)=\frac{1}{1+x}-\mathrm{e}^x,$$

当 $x>-1$ 时，$f'(x)$ 为减函数，

又 $$f'(0)=0,$$

所以当 $-1<x\leqslant 0$ 时，总有 $f'(x)\geqslant 0$；当 $x>0$ 时，总有 $f'(x)<0$，

故 $f(x)$ 的单调递增区间为 $(-1,0]$.

13. 如图 4，

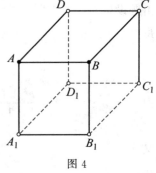

图 4

（1）在正方体 $ABCD\text{-}A_1B_1C_1D_1$ 中，有公共顶点 A 的三条棱的另外 3 个端点 B,D,A_1 可以确定 1 个平面，又正方体有 8 个顶点，因此，可确定此类平面 8 个.

（2）正方体有 6 个面，即过每个面上的 4 个顶点均可确定 1 个平面，共 6 个.

（3）正方体有 6 个对角面，即过每个对角面上的 4 个顶点均可确定 1 个平面，共 6 个.

$$8+6+6=20,$$

所以，从正方体的 8 个顶点中任取 3 个点可以确定 20 个平面.

14. 因为 $$A\bigcap B=\{a_1,a_4\}\ \text{且}\ a_1+a_4=10,$$

即两个完全平方数的和为 10，

又 $$a_1<a_4.$$

所以 $$a_1=1,a_4=9\ .$$

由 $A\bigcup B$ 的所有元素之和为 224，得

$$a_2+a_3+a_5+a_1{}^2+a_2{}^2+a_3{}^2+a_4{}^2+a_5{}^2=224,$$

而 $$a_1{}^2+a_4{}^2=82,$$

所以 $$a_2+a_3+a_5+a_2{}^2+a_3{}^2+a_5{}^2=142,\qquad ①$$

又 $$a_4=9<a_5.$$

如果 $a_5\geqslant 11$，则 $a_2+a_3+a_2{}^2+a_3{}^2=142-a_5-a_5^2\leqslant 10.\qquad ②$

由 $a_1=1<a_2<a_3<a_4<a_5$ 且 $a_i\in\mathbf{N}$，得

$$a_2+a_3+a_2{}^2+a_3{}^2\geqslant 2+3+2^2+3^2=18.\qquad ③$$

②③矛盾，所以 $a_5<11$，

结合 $a_4=9<a_5,a_i\in\mathbf{N}$，得 $$a_5=10.$$

把 $a_5=10$ 代入①，得 $$a_2+a_3+a_2{}^2+a_3{}^2=32.\qquad ④$$

由 $A\bigcap B=\{a_1,a_4\}=\{1,9\}$，得 $\quad a_2{}^2=9$，或 $a_3{}^2=9$.

假设 $a_3{}^2=9$，则有 $$a_3=3,$$

代入④，得 $a_2=4$，与 $a_2<a_3$ 矛盾；

假设 $a_2{}^2=9$，则有 $$a_2=34,$$

代入④，得 $a_3=4$，满足题意.

15. 因为两非零向量 $\boldsymbol{a},\boldsymbol{b}$ 的数量积 $\boldsymbol{a}\cdot\boldsymbol{b}$ 等于 $|\boldsymbol{a}|$ 与 $\boldsymbol{b}$ 在 $\boldsymbol{a}$ 方向上的投影的乘积，

所以 $$\boldsymbol{AO}\cdot\boldsymbol{AB}=\frac{1}{2}|\boldsymbol{AB}|^2,\boldsymbol{BO}\cdot\boldsymbol{BC}=\frac{1}{2}|\boldsymbol{BC}|^2,\boldsymbol{CO}\cdot\boldsymbol{CA}=\frac{1}{2}|\boldsymbol{CA}|^2,$$

于是 $2AO \cdot AB = 3BO \cdot BC = 4CO \cdot CA$ 转化为

$$|AB|^2 = \frac{3}{2}|BC|^2 = 2|CA|^2,$$

即

$$c = \frac{\sqrt{6}}{2}a = \sqrt{2}b,$$

所以

$$a : b : c = 2 : \sqrt{3} : \sqrt{6},$$

故

$$\cos A = \frac{b^2 + c^2 - a^2}{2bc} = \frac{5\sqrt{2}}{12}.$$

16. 由题设,得 $z = 4x^2 - 10xy + 9y^2$,

则

$$\frac{xy}{z} = \frac{xy}{4x^2 - 10xy + 9y^2}$$

$$= \frac{1}{\dfrac{4x}{y} + \dfrac{9y}{x} - 10}$$

$$\leqslant \frac{1}{2\sqrt{\dfrac{4x}{y} \cdot \dfrac{9y}{x}} - 10}$$

$$= \frac{1}{12 - 10}$$

$$= \frac{1}{2},$$

当且仅当 $\dfrac{4x}{y} = \dfrac{9y}{x}$,即 $2x = 3y$ 时,等号成立.

这时

$$z = 4x^2 - 10xy + 9y^2$$
$$= (3y)^2 - (3y) \cdot (5y) + 9y^2$$
$$= 3y^2,$$

故

$$\frac{3}{2x} + \frac{1}{y} - \frac{3}{z} = \frac{1}{y} + \frac{1}{y} - \frac{1}{y^2} = -\left(\frac{1}{y} - 1\right)^2 + 1 \leqslant 1,$$

当且仅当 $y = 1$ 时,等号成立.

17. 设 B_1D 与 BD_1 交于点 M,如图 5 所示,则 M 为四边形 BDD_1B_1 的中心.

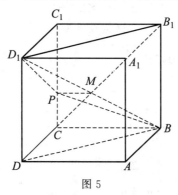

图 5

连结 PM.

因为 P 是 CC_1 的中点，

在 $\triangle PD_1B$ 中，$PD_1 = BP$，所以　$PM \perp BD_1$.

同理，在 $\triangle PDB_1$ 中，$PM \perp B_1D$，

所以 $PM \perp$ 面 BDD_1B_1，$PM \perp$ 面 BB_1D_1.

注意到 $PM \subset$ 面 PD_1B，

所以　　　　　　　　　　　平面 $BPD_1 \perp$ 面 BB_1D_1.

即平面 BPD_1 与平面 BDD_1B_1 所成二面角为 $90°$，

又　　　　　　　　　　　　　　$\cos 90° = 0$，

所以平面 BPD_1 与平面 BDD_1B_1 所成二面角的余弦值等于 0.

18. 已知等式即　　　　　　$a_{n+1} - a_n = n \cdot 2^{n-1}$，

于是有　　　　　　　　　　$a_2 - a_1 = 1 \cdot 2^0 = 1$，

$$a_3 - a_2 = 2 \times 2^1,$$

$$a_4 - a_3 = 3 \times 2^2,$$

$$\cdots\cdots$$

$$a_n - a_{n-1} = (n-1) \times 2^{n-2},$$

将以上等式的两边分别相加，得

$$a_n - a_1 = 1 + 2 \times 2^1 + 3 \times 2^2 + \cdots + (n-1) \times 2^{n-2}.$$

令　　　　$S_{n-1} = 1 + 2 \times 2^1 + 3 \times 2^2 + \cdots + (n-1) \times 2^{n-2}$，　　　　①

则　　　　　　　　　　　　$a_n = S_{n-1} + a_1$，　　　　②

$$2S_{n-1} = 2 + 2 \cdot 2^2 + 3 \cdot 2^3 + \cdots + (n-2) \cdot 2^{n-2} + (n-1) \cdot 2^{n-1},　　③$$

①－③，得

$$-S_{n-1} = 1 + 2 + 2^2 + 2^3 + \cdots + 2^{n-2} - (n-1) \cdot 2^{n-1}$$

$$= 2^{n-1} - 1 - (n-1) \cdot 2^{n-1}$$

$$= (-n+2) \cdot 2^{n-1} - 1,$$

即　　　　　　　　　$S_{n-1} = 1 + (n-2) \cdot 2^{n-1}$，

由②，得　　　$a_n = S_{n-1} + a_1 = (n-2) \cdot 2^{n-1} + 2$，

所以　　　　　$a_{30} = 28 \times 2^{29} + 2 = 7 \times 2^{31} + 2$.

又　　　　　　$4 \times 2^{31} < 7 \times 2^{31} + 2 < 8 \times 2^{31}$，

即　　　　　$2^{33} < a_{30} = 7 \times 2^{31} + 2 < 2^{34}$，

所以　　　　　　　　整数 $m = 33$.

19. 由已知，得 $\dfrac{p}{2} = 1$，即 $F(0,1)$，

则 C 的方程为　　　　　　　$x^2 = 4y$.

设点 $M(x_0, y_0)$，$N(m,6)(m \le 4)$，

由 $MN \perp l$，且 M,N 关于直线 l 对称，得

$$\begin{cases} \dfrac{y_0 - 6}{x_0 - m} \times 2 = -1 \\ \dfrac{y_0 + 6}{2} = 2 \times \dfrac{x_0 + m}{2} + 1 \end{cases},$$

解得
$$\begin{cases} x_0 = \dfrac{20-3m}{5} \\ y_0 = \dfrac{20+4m}{5} \end{cases},$$

代入 C 的方程，得
$$\left(\dfrac{20-3m}{5}\right)^2 = 4 \times \dfrac{20+4m}{5},$$

整理，得
$$9m^2 = 200m,$$

由 $m \leqslant 4$，得
$$m = 0.$$

所以点 M 的坐标为 $(4,4)$，

故直线 FM 的方程为 $y = \dfrac{3}{4}x + 1$，

代入 $x^2 = 4y$，得
$$x^2 - 3x - 4 = 0,$$

解得
$$x = -1 \text{ 或 } 4,$$

所以直线 FM 与 C 的两个交点坐标分别为 $(4,4)$ 与 $(-1, \dfrac{1}{4})$，

故直线 FM 被 C 截得的弦长为
$$4 + \dfrac{1}{4} + 2 = \dfrac{25}{4}.$$

20. 设盒子中红、白、蓝、绿四种颜色的小球分别有 a, b, c, d 个，则
$$p_1 = \dfrac{C_a^4}{C_{a+b+c+d}^4},$$
$$p_2 = \dfrac{C_a^3 C_b^1}{C_{a+b+c+d}^4},$$
$$p_3 = \dfrac{C_a^2 C_b^1 C_c^1}{C_{a+b+c+d}^4},$$
$$p_4 = \dfrac{C_a^1 C_b^1 C_c^1 C_d^1}{C_{a+b+c+d}^4},$$

因为
$$24p_1 = 6p_2 = 2p_3 = p_4,$$

又因为 p_1, p_2, p_3, p_4 的分母相同，所以
$$24 \times \dfrac{a(a-1)(a-2)(a-3)}{4 \times 3 \times 2 \times 1} = 6 \times \dfrac{a(a-1)(a-2)b}{3 \times 2 \times 1} = 2 \times \dfrac{a(a-1)bc}{2 \times 1} = abcd,$$

解得
$$b = a-3, c = a-2, d = a-1,$$

由数量最少的球的个数是最小的质数，得 $b = a-3 = 2$，

即
$$a = 5, b = 2, c = 3, d = 4.$$

所以盒子里共有球 $5 + 2 + 3 + 4 = 14$（个）.

三、解答题

21. 由正数 x, y 满足 $x^3 + y^3 = x - 2y$，知
$$x > 2y > 0, \text{ 且 } \dfrac{x^3 + y^3}{x - 2y} = 1.$$

所以题设 $x^2 + \lambda y^2 \leqslant 1$ 可转化为 $x^2 + \lambda y^2 \leqslant \dfrac{x^3 + y^3}{x - 2y}$,

即
$$\lambda y^2 \leqslant \frac{x^3 + y^3}{x - 2y} - x^2 = \frac{2x^2 y + y^3}{x - 2y}.$$

由 $y > 0$, 得
$$\lambda \leqslant \frac{2x^2 y + y^3}{(x - 2y)y^2} = \frac{2x^2 + y^2}{xy - 2y^2} = \frac{2\left(\dfrac{x}{y}\right)^2 + 1}{\dfrac{x}{y} - 2}.$$

设 $\dfrac{x}{y} = t\,(t > 2)$, 则

$$\frac{2t^2 + 1}{t - 2}$$
$$= \frac{2(t^2 - 4) + 9}{t - 2}$$
$$= 2(t + 2) + \frac{9}{t - 2}$$
$$= 8 + 2(t - 2) + \frac{9}{t - 2}$$
$$\geqslant 8 + 2\sqrt{2(t - 2) \cdot \frac{9}{t - 2}}$$
$$= 8 + 6\sqrt{2},$$

当 $2(t - 2) = \dfrac{9}{t - 2}$, 即 $t = \dfrac{4 + 3\sqrt{2}}{2}$ 时, 等号成立,

所以实数 λ 的最大值为 $8 + 6\sqrt{2}$.

22. (1)依题意有
$$\frac{1}{S_1} + \frac{1}{S} = \frac{2}{S_2},$$

即
$$(S + S_1)S_2 = 2S_1 S,$$

注意到 $S = S_1 + S_2$, 有
$$(2S_1 + S_2)S_2 = 2S_1(S_1 + S_2),$$

整理得
$$S_2^2 = 2S_1^2, \text{ 即 } \frac{S_2}{S_1} = \sqrt{2},$$

又由题意知
$$Rt\triangle BCD \backsim Rt\triangle CAD,$$

所以
$$\tan A = \frac{BC}{AC} = \sqrt{\frac{S_2}{S_1}} = \sqrt[4]{2}.$$

(2)依题意有
$$\sqrt{S_1} + \sqrt{S} = 2\sqrt{S_2},$$

两边平方, 并结合 $S = S_1 + S_2$ 整理, 得
$$2\sqrt{S_1 S} = 3S_2 - 2S_1 = 5S_2 - 2S > 0, \qquad (\ast)$$

所以
$$\frac{2}{5}S < S_2 < S.$$

令 $\dfrac{S_2}{S} = t \in \left(\dfrac{2}{5}, 1\right)$, 则 $(\ast)$ 式可转化为 $2\sqrt{1 - t} = 5t - 2$,

所以 $$t=\frac{16}{25}.$$

又易知 $$\text{Rt}\triangle ABC\backsim\text{Rt}\triangle ACD,$$

所以 $$\sin A=\frac{BC}{AB}=\sqrt{\frac{S_2}{S}}=\sqrt{\frac{16}{25}}=\frac{4}{5}.$$

23.（1）由题意，知 $$F(\frac{p}{2},0),$$

于是可设 $$l:y=k(x-\frac{p}{2}),\text{其中}\ k\neq 0,$$

代入抛物线 E 的方程并整理，得

$$k^2x^2-(pk^2+2p)x+\frac{k^2p^2}{4}=0.$$

设 $P(x_1,y_1),Q(x_2,y_2)$,

由韦达定理可得 $$M(\frac{pk^2+2p}{2k^2},\frac{p}{k}).$$

所以直线 MR 的方程为 $y=-\frac{1}{k}(x-\frac{pk^2+2p}{2k^2})+\frac{p}{k}$,

令 $y=0$，可得 $$R(p+\frac{pk^2+2p}{2k^2},0),$$

所以 MR 的中点为 $(p+\frac{p}{k^2},\frac{p}{2k})$,

故 MR 中点的轨迹 C 的参数方程为

$$\begin{cases} x=p+\dfrac{p}{k^2} \\ y=\dfrac{p}{2k} \end{cases},$$

消去 k，得 $$C:4y^2=p(x-p),\text{其中}\ y\neq 0,$$

此即 MR 中点的轨迹方程.

（2）对任意整数 t，点 $(p(4t^2+1),pt)$ 都在 C 上，

又已知 p 是大于 2 的质数，

所以 $p(4t^2+1),pt$ 都是整数，

故 C 上有无穷多个整点.

若 C 上有一个整点 (x,y) 到原点的距离 d 为整数，则有

$$\begin{cases} x^2+y^2=d^2 \\ 4y^2=p(x-p) \end{cases}.$$

不妨设 x,y 都是正整数. 由题意，知 p 为奇质数，

所以 $$p\mid y,$$

从而 $$p^2\mid 4y^2=p(x-p),$$

进而有 $$p\mid x,$$

再由 $x^2+y^2=d^2$，知 $$p\mid d.$$

设 $(x,y,d)=(pa,pb,pc)$，其中 a,b,c 是正整数，则有

$$\begin{cases} a^2+b^2=c^2 \\ 4b^2=a-1 \end{cases},$$

消去 b，得

$$a^2+\frac{a-1}{4}=c^2,$$

整理，得

$$4a^2+a-4c^2=1,$$

配方，得

$$(8a+1)^2-(8c)^2=17,$$

即

$$(8a+1-8c)(8a+1+8c)=17,$$

所以

$$8a+1-8c=1, 8a+1+8c=17,$$

解得

$$a=c=1, b=0,$$

从而

$$y=pb=0，矛盾.$$

综上知，C 上有无穷多个整点，但是 C 上任一整点到原点的距离都不是整数.

第 31 届(2021 年)

第1试

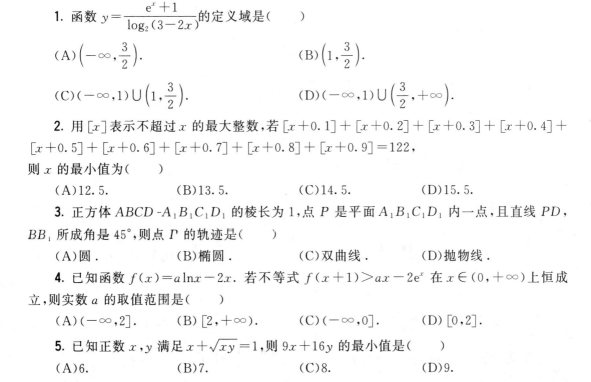

一、选择题

以下每题的四个选项中,仅有一个是正确的,请将正确答案前的英文字母写在每题后面的圆括号内.

1. 函数 $y=\dfrac{e^x+1}{\log_2(3-2x)}$ 的定义域是(   )

(A)$\left(-\infty,\dfrac{3}{2}\right)$.

(B)$\left(1,\dfrac{3}{2}\right)$.

(C)$(-\infty,1)\cup\left(1,\dfrac{3}{2}\right)$.

(D)$(-\infty,1)\cup\left(\dfrac{3}{2},+\infty\right)$.

2. 用 $[x]$ 表示不超过 x 的最大整数,若 $[x+0.1]+[x+0.2]+[x+0.3]+[x+0.4]+[x+0.5]+[x+0.6]+[x+0.7]+[x+0.8]+[x+0.9]=122$,
则 x 的最小值为(   )

(A)12.5.　　　　(B)13.5.　　　　(C)14.5.　　　　(D)15.5.

3. 正方体 $ABCD\text{-}A_1B_1C_1D_1$ 的棱长为 1,点 P 是平面 $A_1B_1C_1D_1$ 内一点,且直线 PD,BB_1 所成角是 $45°$,则点 P 的轨迹是(   )

(A)圆.　　　　(B)椭圆.　　　　(C)双曲线.　　　　(D)抛物线.

4. 已知函数 $f(x)=a\ln x-2x$. 若不等式 $f(x+1)>ax-2e^x$ 在 $x\in(0,+\infty)$ 上恒成立,则实数 a 的取值范围是(   )

(A)$(-\infty,2]$.　　(B)$[2,+\infty)$.　　(C)$(-\infty,0]$.　　(D)$[0,2]$.

5. 已知正数 x,y 满足 $x+\sqrt{xy}=1$,则 $9x+16y$ 的最小值是(   )

(A)6.　　　　(B)7.　　　　(C)8.　　　　(D)9.

6. 设函数 $f(x) = \dfrac{4x^2 + x + \sqrt{2}\sin\left(x + \dfrac{\pi}{4}\right)}{4x^2 + \cos x}$ 的最大值为 M，最小值为 m，则 $M + m =$
（　　）

(A)1.　　　　　(B)2.　　　　　(C)4.　　　　　(D)9.

7. 在平面直角坐标系 xOy 中，已知 P 是圆 C：$(x-5)^2 + (y-12)^2 = 9$ 上一点，若 $A(-c, 0)$，$B(c, 0)$ $(c \neq 0)$，则 $|\boldsymbol{PA} + \boldsymbol{PB}|$ 的最大值是（　　）

(A)32.　　　　　(B)16.　　　　　(C)10.　　　　　(D)9.

8. 在等差数列 $\{a_n\}$ 中，$a_1 = 1$，公差 $d \neq 0$，$\{a_n\}$ 的前 n 项和为 S_n，若 a_1, a_3, a_{13} 成等比数列，则 $\lg\dfrac{S_2}{S_1} + \lg\dfrac{S_3}{S_2} + \lg\dfrac{S_4}{S_3} + \cdots + \lg\dfrac{S_{10}}{S_9} = ($　　$)$

(A)1.　　　　　(B)2.　　　　　(C)10.　　　　　(D)100.

9. 如图 1 所示，已知 F_1，F_2 是椭圆 $\dfrac{x^2}{2} + y^2 = 1$ 的两个焦点，过 F_1 的直线交椭圆于 A，B 两点，则 $\triangle AF_2B$ 面积的最大值是（　　）

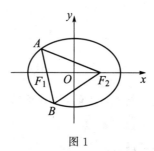

图 1

(A)$\dfrac{\sqrt{2}}{2}$.　　　　　(B)1.　　　　　(C)$\sqrt{2}$.　　　　　(D)2.

10. 已知 a, b, c 为正数，则 $\dfrac{(a+b)^3 + a^3}{(a+b)^3 + b^3} + \dfrac{(b+c)^3 + b^3}{(b+c)^3 + c^3} + \dfrac{(c+a)^3 + c^3}{(c+a)^3 + a^3}$ 的最小值是
（　　）

(A)1.　　　　　(B)2.　　　　　(C)3.　　　　　(D)6.

二、填空题

11. 已知函数 $f(x) = \dfrac{3x-1}{2+x}$，函数 $g(x)$ 与 $y = f^{-1}(x+1)$ 的图像关于直线 $y = x$ 对称，则 $g(5) = $ _____.

12. 在等比数列 $\{a_n\}$ 中，$a_{10} = 2$，$a_{14} = \dfrac{1}{8}$，则 $\log_{a_2} 8 = $ _____.

13. 若 $20\sin^2\alpha + \sin\alpha\cos\alpha - 12\cos^2\alpha = 0$，$\alpha \in \left(\dfrac{\pi}{2}, \pi\right)$，则 $\sin\left(2\alpha + \dfrac{\pi}{4}\right) = $ _____.

14. 已知实数 x,y 满足 $\begin{cases} y \geqslant 2(x-2)^2 \\ 2x-y \geqslant 0 \end{cases}$,则 $x^2+y^2-2x-8y+17$ 的最小值是_____.

15. 在 $\triangle ABC$ 中,$\boldsymbol{AB} \cdot \boldsymbol{AC}=9$,$\boldsymbol{AB} \cdot \boldsymbol{BC}=-16$,则 $\dfrac{\sin(A-B)}{\sin C}=$_____.

16. 在公差为 2020 的等差数列 $\{a_n\}$ 中,a_2+a_3 是 a_1 和 $a_4+a_5+a_6+a_7$ 的等比中项,则 $a_1=$_____.

17. 双曲线 $C:\dfrac{x^2}{4}-\dfrac{y^2}{9}=1$ 的两个焦点分别为 F_1,F_2,过点 F_1 的直线交双曲线的左支于 A,B 两点.若 $\triangle ABF_2$ 的周长为 30,则 $AB=$_____.

18. 方程 $(\sqrt{3}-\sqrt{2})^x+396\sqrt{6}=(\sqrt{3}+\sqrt{2})^x$ 的解 $x=$_____.

19. 在正方体 $ABCD-A_1B_1C_1D_1$ 中,$\boldsymbol{AM}=\dfrac{1}{3}\boldsymbol{AA}_1$,则二面角 $B-MD-C_1$ 的平面角的余弦值是_____.

20. 在平面直角坐标系 xOy 中,曲线 $y=\dfrac{1}{3}x^3+14$ 的一条切线 l 经过点 $P(1,5)$,且 l 与抛物线 $C:x^2=2py(p\neq 0)$ 相切,则抛物线 C 的焦点的纵坐标是_____.

答·提示

一、选择题

题号	1	2	3	4	5	6	7	8	9	10
答案	C	B	A	A	C	B	A	B	C	C

提 示

1. 函数 $y=\dfrac{\mathrm{e}^x+1}{\log_2(3-2x)}$ 有意义,则有 $\begin{cases} 3-2x>0 \\ 3-2x\neq 1 \end{cases}$,

解得 $\qquad\qquad\qquad x<\dfrac{3}{2}$ 且 $x\neq 1$,

即 $\qquad\qquad\qquad x<1$ 或 $1<x<\dfrac{3}{2}$,

所以 $\qquad$ 函数 $y=\dfrac{\mathrm{e}^x+1}{\log_2(3-2x)}$ 的定义域是 $\left\{x \mid x<1 \text{ 或 } 1<x<\dfrac{3}{2}\right\}$.

故选(C).

2. 因为 $0<0.1<0.2<\cdots<0.9<1, 122\div9=13\frac{5}{9}$，所以

$$13<x<14,$$

设 $[x+0.1],[x+0.2],\cdots,[x+0.9]$ 中有 k 个数为 13，$9-k$ 个数为 14，则

$$13k+14(9-k)=122,$$

解得

$$k=4,$$

故可知

$$[x+0.1]=[x+0.2]=[x+0.3]=[x+0.4]=13,$$

$$[x+0.5]=[x+0.6]=[x+0.7]=[x+0.8]=[x+0.9]=14,$$

所以

$$\begin{cases}13\leqslant x+0.4<14\\14\leqslant x+0.5<15\end{cases},$$

解得

$$13.5\leqslant x<13.6.$$

所以，x 的最小值是 13.5，

故选（B）.

3. 由 $DD_1/\!/BB_1$，直线 PD,BB_1 所成角为 $45°$，知

$$\angle D_1DP=45°,$$

连结 D_1P，则有 $\qquad D_1P\perp D_1D.$

在 $\triangle DD_1P$ 中，$\quad D_1P\perp D_1D,\angle D_1DP=45°,$

所以 $\qquad\qquad D_1P=D_1D=1.$

由点 P 在平面 $A_1B_1C_1D_1$ 内，$D_1P=1$，知点 P 的轨迹是以 D_1 为圆心，1 为半径的圆.

故选（A）.

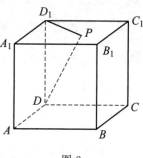

图 2

4. 由 $f(x)=a\ln x-2x$，得

$$f(\mathrm{e}^x)=a\ln(\mathrm{e}^x)-2\mathrm{e}^x=ax-2\mathrm{e}^x,$$

所以，$f(x+1)>ax-2\mathrm{e}^x$ 在 $(0,+\infty)$ 上恒成立，等价于

$$f(x+1)>f(\mathrm{e}^x)\text{在}(0,+\infty)\text{上恒成立},$$

又因为当 $\qquad\qquad x\in(0,+\infty)$ 时，$1<x+1<\mathrm{e}^x,$

所以，$f(x+1)>f(\mathrm{e}^x)$ 在 $(0,+\infty)$ 上恒成立，等价于

$$f(x)\text{在}(1,+\infty)\text{上单调递减},$$

即 $x>1$ 时，$\dfrac{a}{x}\leqslant2$ 恒成立，所以

$$a\leqslant2.$$

故选（A）.

5. 由 $x+\sqrt{xy}=1$，得

$$y=\frac{(1-x)^2}{x}=x+\frac{1}{x}-2,$$

所以

$$9x+16y$$

$$=9x+16\left(x+\frac{1}{x}-2\right)$$

$$=25x+\frac{16}{x}-32$$

$$\geqslant2\sqrt{25\times16}-32=8,$$

当且仅当 $25x=\dfrac{16}{x}$,即 $x=\dfrac{4}{5}$ 时,等号成立.

故选(C).

6.
$$f(x)=\dfrac{4x^2+x+\sqrt{2}\sin\left(x+\dfrac{\pi}{4}\right)}{4x^2+\cos x}$$
$$=\dfrac{4x^2+x+\sin x+\cos x}{4x^2+\cos x}$$
$$=\dfrac{x+\sin x}{4x^2+\cos x}+1,$$

易知
$$g(x)=\dfrac{x+\sin x}{4x^2+\cos x}\ 为奇函数,$$

又 $f(x)=g(x)+1$ 存在最大值和最小值,所以 $g(x)$ 也存在最大值 M' 和最小值 m',且 $g(x)$ 的最大值点和最小值点关于原点对称,即
$$M'+m'=0,$$

所以
$$M+m=(M'+1)+(m'+1)=2.$$

故选(B).

7. 由圆 $C:(x-5)^2+(y-12)^2=9$ 知
$$圆心\ C(5,12),半径\ r=3,$$

由点 $A(-c,0),B(c,0)$ 关于原点对称,以及向量加法的平行四边形法则,得
$$|\boldsymbol{PA}+\boldsymbol{PB}|=2|\boldsymbol{PO}|,其中\ O\ 为坐标原点,如图\ 3.$$

又
$$|OC|=\sqrt{5^2+12^2}=13,$$

所以圆 C 上的一点 P 到点 O 的距离的最大值为
$$|OC|+r=13+3=16,$$

则
$$|\boldsymbol{PA}+\boldsymbol{PB}|\ 的最大值为\ 2\times16=32.$$

故选(A).

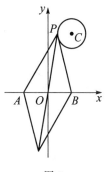

图 3

8. 由 a_1,a_3,a_{13} 成等比数列,得
$$(a_1+2d)^2=a_1(a_1+12d),$$

整理,得
$$d^2=2a_1d,$$

解得
$$d=0(舍去),或\ d=2a_1=2,$$

所以
$$a_n=1+2(n-1)=2n-1,$$
$$S_n=\dfrac{n(1+2n-1)}{2}=n^2.$$

于是
$$\lg\dfrac{S_2}{S_1}+\lg\dfrac{S_3}{S_2}+\cdots+\lg\dfrac{S_{10}}{S_9}=\lg\left(\dfrac{S_2}{S_1}\cdot\dfrac{S_3}{S_2}\cdot\cdots\cdot\dfrac{S_{10}}{S_9}\right)=\lg\dfrac{S_{10}}{S_1}=\lg\dfrac{10^2}{1^2}=2.$$

故选(B).

9. 因为
$$F_1(-1,0),F_2(1,0),|F_1F_2|=2,$$

设直线 AB 的方程为 $x=my-1$,代入椭圆方程,得
$$(my-1)^2+2y^2=2,$$

即
$$(m^2+2)y^2-2my-1=0.$$

设 $A(x_1,y_1),B(x_2,y_2)$,由韦达定理得

$$y_1+y_2=\frac{2m}{m^2+2},y_1y_2=-\frac{1}{m^2+2},$$

则

$$(y_1-y_2)^2=(y_1+y_2)^2-4y_1y_2$$

$$=\left(\frac{2m}{m^2+2}\right)^2+\frac{4}{m^2+2}$$

$$=\frac{8(m^2+1)}{(m^2+2)^2}$$

$$=\frac{8}{(m^2+1)+\frac{1}{m^2+1}+2}$$

$$\leqslant\frac{8}{2+2}=2,$$

当且仅当 $m=0$ 时,等号成立.

所以

$$|y_1-y_2|\leqslant\sqrt{2},$$

又

$$S_{\triangle AF_2B}=\frac{1}{2}|F_1F_2|\cdot|y_1-y_2|=|y_1-y_2|\leqslant\sqrt{2},$$

所以,$S_{\triangle AF_2B}$ 的最大值为 $\sqrt{2}$.

故选(C).

10. 因为

$$(a+b)^3+a^3=(a+b+a)[(a+b)^2-a(a+b)+a^2]=(2a+b)(a^2+ab+b^2),$$

$$(a+b)^3+b^3=(a+b+b)[(a+b)^2-b(a+b)+b^2]=(a+2b)(a^2+ab+b^2),$$

所以

$$\frac{(a+b)^3+a^3}{(a+b)^3+b^3}=\frac{2a+b}{a+2b},$$

同理

$$\frac{(b+c)^3+b^3}{(b+c)^3+c^3}=\frac{2b+c}{b+2c},\frac{(c+a)^3+c^3}{(c+a)^3+a^3}=\frac{2c+a}{c+2a}.$$

于是

$$\frac{(a+b)^3+a^3}{(a+b)^3+b^3}+\frac{(b+c)^3+b^3}{(b+c)^3+c^3}+\frac{(c+a)^3+c^3}{(c+a)^3+a^3}$$

$$=\frac{2a+b}{a+2b}+\frac{2b+c}{b+2c}+\frac{2c+a}{c+2a}$$

$$=\left(2-\frac{3b}{a+2b}\right)+\left(2-\frac{3c}{b+2c}\right)+\left(2-\frac{3a}{c+2a}\right)$$

$$=6-3M,$$

其中

$$M=\frac{b}{a+2b}+\frac{c}{b+2c}+\frac{a}{c+2a}.$$

令 $x=\frac{a}{b},y=\frac{b}{c},z=\frac{c}{a}$,则

$$xyz=1,s=x+y+z\geqslant3\sqrt[3]{xyz}=3,$$

$$t=yz+zx+xy\geqslant3\sqrt[3]{(xyz)^2}=3,$$

所以

$$M=\frac{1}{2+x}+\frac{1}{2+y}+\frac{1}{2+z}$$

$$= \frac{(2+y)(2+z)+(2+z)(2+x)+(2+x)(2+y)}{(2+x)(2+y)(2+z)}$$

$$= \frac{12+4s+t}{9+4s+2t} = \frac{(9+4s+2t)-(t-3)}{9+4s+2t}$$

$$\leqslant \frac{9+4s+2t}{9+4s+2t} = 1,$$

即

$$\frac{(a+b)^3+a^3}{(a+b)^3+b^3} + \frac{(b+c)^3+b^3}{(b+c)^3+c^3} + \frac{(c+a)^3+c^3}{(c+a)^3+a^3} = 6-3M \geqslant 6-3=3,$$

（当且仅当 $t=3$，即 $a=b=c$ 时等号成立）

故选 (C).

二、填空题

题号	11	12	13	14	15	16	17	18	19	20
答案	1	$\dfrac{1}{3}$	$-\dfrac{31\sqrt{2}}{82}$	$\dfrac{4}{5}$	$\dfrac{7}{25}$	3030	11	6	$\dfrac{7\sqrt{209}}{209}$	$\dfrac{4}{81}$

提 示

11. 在函数 $y=f^{-1}(x+1)$ 中，令 $x+1=t$，得

$$t=f(y)，即 x+1=f(y)，$$

所以 $y=f^{-1}(x+1)$ 的反函数是

$$y=f(x)-1.$$

由函数 $g(x)$ 与 $y=f^{-1}(x+1)$ 的图像关于直线 $y=x$ 对称，可知

$$g(x) 与 y=f^{-1}(x+1) 互为反函数，$$

所以

$$g(x)=f(x)-1，$$

故

$$g(5)=f(5)-1=\frac{3\times 5-1}{2+5}-1=1.$$

12. 由等比数列的性质得

$$\frac{a_2}{a_{10}} = \left(\frac{a_{10}}{a_{14}}\right)^2，$$

$$a_2 = \frac{a_{10}^3}{a_{14}^2} = \frac{2^3}{\left(\frac{1}{8}\right)^2} = 2^9，$$

故

$$\log_{a_2} 8 = \log_{2^9} 2^3 = \frac{1}{9}\log_2 2^3 = \frac{1}{3}.$$

另解：

$$\frac{a_{14}}{a_{10}} = q^4 = \frac{1}{16}，$$

$$a_{10} = a_2 \cdot q^8 = \frac{a_2}{16^2}，$$

$$a_2 = 16^2 \times a_{10} = 2^9,$$

所以
$$\log_{a_2} 8 = \frac{1}{3}.$$

13. 由 $\alpha \in \left(\dfrac{\pi}{2}, \pi\right)$，可知
$$\cos \alpha \neq 0,$$

原式两边同除以 $\cos^2 \alpha$，得
$$20 \tan^2 \alpha + \tan \alpha - 12 = 0,$$
即
$$(5\tan \alpha + 4)(4\tan \alpha - 3) = 0.$$

因为
$$\alpha \in \left(\frac{\pi}{2}, \pi\right),$$

所以
$$\tan \alpha < 0,$$

于是
$$\tan \alpha = -\frac{4}{5},$$

从而
$$\sin\left(2\alpha + \frac{\pi}{4}\right) = \sin 2\alpha \cos \frac{\pi}{4} + \cos 2\alpha \sin \frac{\pi}{4}$$

$$= \frac{\sqrt{2}}{2}\left(\frac{2\tan \alpha}{1 + \tan^2 \alpha} + \frac{1 - \tan^2 \alpha}{1 + \tan^2 \alpha}\right),$$

$$= \frac{\sqrt{2}}{2} \times \left[\frac{-\dfrac{4}{5} \times 2}{1 + \left(-\dfrac{4}{5}\right)^2} + \frac{1 - \left(-\dfrac{4}{5}\right)^2}{1 + \left(-\dfrac{4}{5}\right)^2}\right]$$

$$= -\frac{31\sqrt{2}}{82}.$$

14. 如图 4 所示，作出已知不等式组对应的可行域（阴影部分），
又
$$x^2 + y^2 - 2x - 8y + 17 = (x-1)^2 + (y-4)^2,$$
不妨令 $r^2 = (x-1)^2 + (y-4)^2$，$r > 0$，它表示以点 $M(1, 4)$ 为圆心，以 r 为半径的圆 M.

显然，r 的最小值是点 $M(1, 4)$ 到直线 $y = 2x$ 的距离，

所以
$$r_{\min} = \frac{|2 \times 1 - 4|}{\sqrt{2^2 + (-1)^2}} = \frac{2}{\sqrt{5}},$$

$$r_{\min}^2 = \frac{4}{5},$$

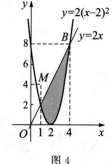

图 4

故 $x^2 + y^2 - 2x - 8y + 17$ 的最小值是 $\dfrac{4}{5}$.

15. 因为 $\boldsymbol{AB} \cdot \boldsymbol{AC} - \boldsymbol{AB} \cdot \boldsymbol{BC} = \boldsymbol{AB} \cdot (\boldsymbol{AC} - \boldsymbol{BC}) = \boldsymbol{AB} \cdot (\boldsymbol{AC} + \boldsymbol{CB}) = \boldsymbol{AB}^2$，
即
$$\boldsymbol{AB}^2 = 9 - (-16) = 25,$$
所以
$$|\boldsymbol{AB}| = 5,$$

记 $|\boldsymbol{AB}| = c$，$|\boldsymbol{BC}| = a$，$|\boldsymbol{CA}| = b$，则
$$\begin{cases} \boldsymbol{AB} \cdot \boldsymbol{AC} = |\boldsymbol{AB}| \cdot |\boldsymbol{AC}| \cdot \cos A = 5b\cos A = 9, \\ \boldsymbol{AB} \cdot \boldsymbol{BC} = |\boldsymbol{AB}| \cdot |\boldsymbol{BC}| \cdot \cos(\pi - B) = -5a\cos B = -16, \end{cases}$$

即
$$\begin{cases} b\cos A = \dfrac{9}{5}, \\ a\cos B = \dfrac{16}{5}, \end{cases}$$

由正弦定理,得
$$\frac{\sin(A-B)}{\sin C}$$
$$= \frac{\sin A\cos B - \cos A\sin B}{\sin C}$$
$$= \frac{a\cos B - b\cos A}{c}$$
$$= \frac{\dfrac{16}{5} - \dfrac{9}{5}}{5}$$
$$= \frac{7}{25}.$$

16. 由 $a_2 + a_3$ 是 a_1 和 $a_4 + a_5 + a_6 + a_7$ 的等比中项,得
$$(a_2 + a_3)^2 = a_1(a_4 + a_5 + a_6 + a_7), \qquad \text{①}$$
又因为 $\{a_n\}$ 是公差 $d = 2020$ 的等差数列,所以①式即
$$(a_1 + d + a_1 + 2d)^2 = a_1(a_1 + 3d + a_1 + 4d + a_1 + 5d + a_1 + 6d),$$
即
$$3d^2 = 2a_1 d,$$
因为
$$d = 2020 \neq 0,$$
所以
$$a_1 = \frac{3}{2}d = \frac{3}{2} \times 2020 = 3030.$$

17. 如图 5,由双曲线的定义,得
$$AF_2 = AF_1 + 2a = AF_1 + 4,$$
$$BF_2 = BF_1 + 2a = BF_1 + 4,$$
两式相加,得
$$AF_2 + BF_2 = AF_1 + BF_1 + 8 = AB + 8,$$
由 $\triangle ABF_2$ 周长为 30,得
$$AB + AF_2 + BF_2 = 30, \qquad \text{②}$$
由①②,解得 $AB = 11.$

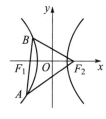

图 5

18. 记
$$\begin{cases} p = (\sqrt{3} + \sqrt{2})^3 + (\sqrt{3} - \sqrt{2})^3, \\ q = (\sqrt{3} + \sqrt{2})^3 - (\sqrt{3} - \sqrt{2})^3, \end{cases}$$
则
$$p = (3\sqrt{3} + 9\sqrt{2} + 6\sqrt{3} + 2\sqrt{2}) + (3\sqrt{3} - 9\sqrt{2} + 6\sqrt{3} - 2\sqrt{2}) = 18\sqrt{3},$$
$$q = (3\sqrt{3} + 9\sqrt{2} + 6\sqrt{3} + 2\sqrt{2}) - (3\sqrt{3} - 9\sqrt{2} + 6\sqrt{3} - 2\sqrt{2}) = 22\sqrt{2},$$
且
$$pq = 18\sqrt{3} \times 22\sqrt{2} = 396\sqrt{6},$$
即
$$\left[(\sqrt{3} + \sqrt{2})^3 + (\sqrt{3} - \sqrt{2})^3\right]\left[(\sqrt{3} + \sqrt{2})^3 - (\sqrt{3} - \sqrt{2})^3\right] = 396\sqrt{6},$$
亦即
$$(\sqrt{3} - \sqrt{2})^6 + 396\sqrt{6} = (\sqrt{3} + \sqrt{2})^6,$$
所以 $x = 6$ 是原方程的解.

因为方程 $(\sqrt{3}-\sqrt{2})^x+396\sqrt{6}=(\sqrt{3}+\sqrt{2})^x$ 可转化为

$$(\sqrt{3}+\sqrt{2})^x-(\sqrt{3}-\sqrt{2})^x=396\sqrt{6},$$

令　　　　　　　　$f(x)=(\sqrt{3}+\sqrt{2})^x-(\sqrt{3}-\sqrt{2})^x,$

易知 $f(x)$ 在定义域上是单调递增函数，

所以方程 $(\sqrt{3}-\sqrt{2})^x+396\sqrt{6}=(\sqrt{3}+\sqrt{2})^x$ 有唯一解，

故原方程的解是 $x=6$.

19. 如图 6，记二面角 C-MD_1-B_1 的平面角为 θ，二面角 C-MD_1-D 的平面角为 α，二面角 B_1-MD_1-A_1 的平面角为 β，则

$$\theta+\alpha+\beta=\pi,$$

从而　　　　　　　　$\theta=\pi-(\alpha+\beta),$

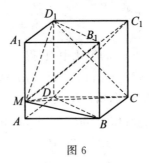

图 6

不妨设正方体的棱长为 6，则

$$S_{\triangle DMD_1}=18,\ S_{\triangle MD_1A_1}=6,$$
$$MB_1^2=MD_1^2=40,\ CM^2=88,\ B_1D_1^2=CD_1^2=72,$$

由海伦公式得　$S_{\triangle MCD_1}$

$$=\frac{1}{4}\sqrt{2(40\times72+72\times88+88\times40)-1600-5184-7744}$$

$$=6\sqrt{19},$$

同理可得　　　　　　　　$S_{\triangle MB_1D_1}=6\sqrt{11},$

所以　　　　$\cos\alpha=\frac{S_{\triangle MDD_1}}{S_{\triangle MCD_1}}=\frac{3}{\sqrt{19}},\ \sin\alpha=\sqrt{\frac{10}{19}},$

$$\cos\beta=\frac{S_{\triangle MA_1D_1}}{S_{\triangle MB_1D_1}}=\frac{1}{\sqrt{11}},\ \sin\beta=\sqrt{\frac{10}{11}},$$

故　　　　　　$\cos\theta=-\cos(\alpha+\beta)$

$$=\sin\alpha\sin\beta-\cos\alpha\cos\beta$$

$$=\sqrt{\frac{10}{19}}\times\sqrt{\frac{10}{11}}-\frac{3}{\sqrt{19}}\times\frac{1}{\sqrt{11}}$$

$$=\frac{7\sqrt{209}}{209}.$$

另解：以 D 为原点，DA 为 x 轴，DC 为 y 轴，DD_1 为 z 轴建立空间直角坐标系．

设正方体棱长为 3，则

$$D(0,0,0), M(3,0,1), C_1(0,3,3), B(3,3,0),$$

$$\boldsymbol{DM}=(3,0,1), \boldsymbol{DC_1}=(0,3,3), \boldsymbol{DB}=(3,3,0),$$

设平面 MDC_1 的法向量为 $\boldsymbol{m}=(x,y,z)$，则由 $\begin{cases} \boldsymbol{m}\cdot\boldsymbol{DM}=0 \\ \boldsymbol{m}\cdot\boldsymbol{DC_1}=0 \end{cases}$，

得

$$\begin{cases} 3x+z=0 \\ 3y+3z=0 \end{cases},$$

令 $z=3$，得

$$\boldsymbol{m}=(-1,-3,3).$$

设平面 MDB 的法向量为 $\boldsymbol{n}=(x',y',z')$，则由 $\begin{cases} \boldsymbol{n}\cdot\boldsymbol{DB}=0 \\ \boldsymbol{n}\cdot\boldsymbol{DM}=0 \end{cases}$，

得

$$\begin{cases} 3x'+3y'=0 \\ 3x'+z'=0 \end{cases},$$

令 $x'=-1$，得

$$\boldsymbol{n}=(-1,1,3),$$

所以

$$|\boldsymbol{m}|=\sqrt{(-1)^2+(-3)^2+3^2}=\sqrt{19},$$

$$|\boldsymbol{n}|=\sqrt{(-1)^2+1^2+3^2}=\sqrt{11},$$

$$\boldsymbol{m}\cdot\boldsymbol{n}=(-1)\times(-1)+(-3)\times1+3\times3=7,$$

$$\cos\theta=\frac{\boldsymbol{m}\cdot\boldsymbol{n}}{|\boldsymbol{m}|\cdot|\boldsymbol{n}|}=\frac{7}{\sqrt{11}\times\sqrt{19}}=\frac{7\sqrt{209}}{209},$$

故二面角 $B\text{-}MD\text{-}C_1$ 的平面角的余弦值是 $\dfrac{7\sqrt{209}}{209}$．

20. 设 l 与 $y=\dfrac{1}{3}x^3+14$ 相切于点 $M\left(x_0, \dfrac{1}{3}x_0^3+14\right)$，

由 $y=\dfrac{1}{3}x^3+14$，得

$$y'=x^2,$$

所以切线 l 的斜率

$$k=x_0^2,$$

于是

$$l: y-\left(\frac{1}{3}x_0^3+14\right)=x_0^2(x-x_0),$$

即

$$l: y=x_0^2 x-\frac{2}{3}x_0^3+14,$$

因为 l 过点 $P(1,5)$，所以

$$5=x_0^2-\frac{2}{3}x_0^3+14,$$

即

$$2x_0^3-3x_0^2-27=0,$$

$$(x_0-3)(2x_0^2+3x_0+9)=0,$$

$$(x_0-3)\left[2\left(x_0+\frac{3}{4}\right)^2+\frac{63}{8}\right]=0,$$

其中

$$2\left(x_0+\frac{3}{4}\right)^2+\frac{63}{8}>0,$$

所以只能是 $\qquad$ $x_0 = 3$,

于是 $\qquad$ $M(3, 23)$.

代入切线 l 的方程,得 $\qquad$ $l : y = 9x - 4$,

由 $\begin{cases} y = 9x - 4 \\ x^2 = 2py \end{cases}$,得 $\qquad$ $x^2 - 18px + 8p = 0$.

因为 l 与抛物线相切,所以

$$\Delta = (-18p)^2 - 4 \times 8p = 0,$$

由 $p \neq 0$,解得 $\qquad$ $p = \dfrac{8}{81}$,

所以抛物线的焦点的纵坐标为 $\dfrac{p}{2} = \dfrac{4}{81}$.

第2试

一、选择题

以下每题的四个选项中,仅有一个是正确的,请将正确答案前的英文字母写在每题后面的圆括号内.

1. 在数列 $\{a_n\}$ 中,$a_1=\dfrac{1}{3}$,$a_{n+1}=\dfrac{4a_n}{a_n+4}$（$n\in \mathbf{N}^*$）,则 $a_9=$（　　）

(A) $\dfrac{1}{6}$.　　　　(B) $\dfrac{1}{5}$.　　　　(C) $\dfrac{2}{7}$.　　　　(D) $\dfrac{1}{3}$.

2. 函数 $y=\dfrac{x^2+3}{\sqrt{5x^2+2}}$ 的最小值是（　　）

(A) $\dfrac{\sqrt{13}}{5}$.　　(B) $\dfrac{2\sqrt{13}}{5}$.　　(C) $2\sqrt{13}$.　　(D) $\dfrac{5\sqrt{13}}{2}$.

3. 若平面向量 $\boldsymbol{a}=(3^m-2,3^{m+1})$ 与 $\boldsymbol{b}=(3^m,-1)$ 垂直,$m\in\mathbf{R}$,则 $|\boldsymbol{a}|=$（　　）

(A) $\sqrt{15}$.　　(B) 5.　　(C) 15.　　(D) $3\sqrt{26}$.

4. 定义在 $\mathbf{R}$ 上的函数 $f(x)$ 的导函数为 $f'(x)$,若对任意实数 x,恒有 $f(x)>f'(x)$,且 $f(x)+2019$ 为奇函数,则不等式 $f(x)+2019\mathrm{e}^x<0$ 的解集为（　　）

(A) $(-\infty,0)$.　　(B) $(0,+\infty)$.　　(C) $\left(-\infty,\dfrac{1}{\mathrm{e}}\right)$.　　(D) $\left(\dfrac{1}{\mathrm{e}},+\infty\right)$.

5. 在一个边长为 1 的立方体的内部和表面上,最多可以找到 n 个点,使得任意两点的距离不小于 1,则 $n=$（　　）.

(A) 8　　　　(B) 9　　　　(C) 12　　　　(D) 16

6. 如图 1,正四面体 $ABCD$ 中,$\boldsymbol{CE}=2\boldsymbol{EB}$,点 P 在棱 AB 上运动,设 EP 与平面 BCD 所成角为 θ,则 $\sin\theta$ 的最大值是_____.

(A) $\dfrac{\sqrt{2}}{3}$.

(B) $\dfrac{2\sqrt{2}}{3}$.

(C) $\sqrt{2}$.

(D) $\dfrac{4\sqrt{2}}{3}$.

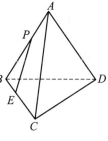

图 1

7. 在平面直角坐标系 xOy 中,已知 P 是双曲线 $\Gamma:\dfrac{x^2}{a^2}-\dfrac{y^2}{9-a^2}=1$ 右支上一点,Γ 的左、右焦点分别为 F_1,F_2,PF_1 与 y 轴交于点 A,$\triangle PAF_2$ 的内切圆与 AF_2 切于点 Q.若 $2|AQ|^2=|F_1F_2|$,则 Γ 的离心率是（　　）

A. $\sqrt{3}$.　　　　　B. $\sqrt{5}$.　　　　　C. 3.　　　　　D. $2\sqrt{3}$.

二、填空题

8. 如果函数 $f(x)=x^3+mx^2+nx+2021$ 的图像关于点 $(-1,0)$ 对称，则 $f(-2)=$ _____ .

9. 数列 $\{a_n\}$ 满足 $a_{n+1}+(-1)^n a_n=1$，则 $\{a_n\}$ 的前 60 项的和为 _____ .

10. 设平面向量 $\boldsymbol{\alpha},\boldsymbol{\beta}$ 满足 $|\boldsymbol{\alpha}-3\boldsymbol{\beta}|=20$，$|2\boldsymbol{\alpha}-5\boldsymbol{\beta}|=18$，则 $|\boldsymbol{\alpha}+\boldsymbol{\beta}|$ 的最小值与最大值的和是 _____ .

11. 已知 $a>0,b>0$，则 $\dfrac{7ab}{a^2+49b^2}+\dfrac{ab}{a^2+b^2}$ 的最大值是 _____ .

12. 在平面直角坐标系 xOy 中，$A=\{(x,y)\mid (y-x)\cdot\left(y-\dfrac{18}{25x}\right)\geqslant 0\}$，$B=\{(x,y)\mid (x-1)^2+(y-1)^2\leqslant 1\}$. 若 $(x,y)\in A\bigcap B$，则 $2x-y$ 的最小值是 _____ .

13. $\min\{4x+1,x+2,-2x+4\}$（$x\in\mathbf{R}$）的最大值是 _____ .

14. 已知锐角 x,y 满足 $\begin{cases}\sin^2 x-\sin^2 y=\dfrac{1}{4}\\[2mm]\cos x\cos y=\dfrac{\sqrt{2}}{4}\end{cases}$，则 $\sin(x+y)+\sin(x-y)=$ _____ .

三、解答题

15. 在平面直角坐标系 xOy 中，有共同焦点的两条曲线 $E_1:\dfrac{x^2}{4}+\dfrac{y^2}{m^2}=1$ 和 $E_2:x^2-\dfrac{y^2}{n^2}=1$ 交于 A,B,C,D 四点. 求四边形 $ABCD$ 面积的最大值及此时 E_1 和 E_2 的方程.

16. 设函数 $f(x)=ax^2+2ax-\ln(x+1)$，其中 $a\in\mathbf{R}$.
(1) 讨论 $f(x)$ 的单调性；

(2) 若 $f(x)+e^{-x}>\dfrac{1}{x+1}$ 在区间 $(0,+\infty)$ 上恒成立，求实数 a 的取值范围.

17. 证明：(1) 对任意实数 $x\in\left(0,\dfrac{\pi}{3}\right)$，不等式 $\dfrac{1}{x}<\dfrac{1}{\sin x}<\dfrac{1}{x}+\dfrac{x}{3}$ 恒成立.

(2) 对任意正整数 n，$\left[\dfrac{1}{\sin\dfrac{1}{\sqrt{2}n}}\right]=[\sqrt{2}n]$ 恒成立.

答·提示

一、选择题

题号	1	2	3	4	5	6	7	8
答案	B	B	D	B	A	B	A	A

提 示

1. 由 $a_{n+1} = \dfrac{4a_n}{a_n+4}$ 两边取倒数并化简，得

$$\frac{1}{a_{n+1}} - \frac{1}{a_n} = \frac{1}{4},$$

所以，数列 $\left\{ \dfrac{1}{a_n} \right\}$ 是以 $\dfrac{1}{a_1} = 3$ 为首项，$\dfrac{1}{4}$ 为公差的等差数列，于是

$$\frac{1}{a_n} = 3 + \frac{1}{4}(n-1) = \frac{n+11}{4},$$

所以

$$a_n = \frac{4}{n+11},$$

故

$$a_9 = \frac{4}{9+11} = \frac{1}{5}.$$

故选（B）．

2. 令 $t = \sqrt{5x^2+2}$，则

$$t \geqslant \sqrt{2},$$

又

$$5y = \frac{5x^2+15}{\sqrt{5x^2+2}} = \frac{(5x^2+2)+13}{\sqrt{5x^2+2}}$$

$$= \frac{t^2+13}{t} = t + \frac{13}{t}$$

$$\geqslant 2\sqrt{t \cdot \frac{13}{t}} = 2\sqrt{13},$$

$$\left(\text{当且仅当 } t = \frac{13}{t}, \text{ 即 } t = \sqrt{13}, x^2 = \frac{11}{5} \text{ 时等号成立} \right)$$

所以

$$y_{\min} = \frac{2}{5}\sqrt{13}.$$

故选（B）．

3. 因为向量 $\boldsymbol{a}=(3^m-2,3^{m+1})$ 与 $\boldsymbol{b}=(3^m,-1)$ 垂直,所以

$$\boldsymbol{a}\cdot\boldsymbol{b}=0,$$

即

$$(3^m-2)\times 3^m-3^{m+1}=0,$$

解得

$$3^m=5,$$

所以

$$\boldsymbol{a}=(3,15),|\boldsymbol{a}|=\sqrt{3^2+15^2}=\sqrt{234}=3\sqrt{26}.$$

故选(D).

4. 构造函数 $g(x)=\dfrac{f(x)}{e^x}$,则

$$g'(x)=\frac{f'(x)\cdot e^x-f(x)\cdot e^x}{(e^x)^2}=\frac{f'(x)-f(x)}{e^x}<0,$$

所以 $g(x)$ 在 **R** 上单调递减.

因为

$$f(x)+2019\text{ 为奇函数},$$

所以

$$f(0)+2019=0,$$

即

$$f(0)=-2019,\ g(0)=-2019.$$

因此 $f(x)+2019e^x<0\Leftrightarrow e^x\cdot g(x)+2019e^x<0\Leftrightarrow g(x)+2019<0\Leftrightarrow g(x)<g(0)$,

由 $g(x)$ 在 **R** 上单调递减,得 $x>0$.

故选(B).

5. 最多可以找到 8 个点满足要求.

假设在立方体中有 9 个点,其中任意两点的距离不小于 1.

将单位立方体等分成 8 个边长为 0.5 的小立方体.

由抽屉原理知,给定的 9 个点中一定有两个点,它们在同一个小立方体的内部或边界上.

又

小立方体的对角线为 $\dfrac{\sqrt{3}}{2}$.

所以落在同一个小立方体中的两个点的距离一定不超过 $\dfrac{\sqrt{3}}{2}$,

又

$$\frac{\sqrt{3}}{2}<1,$$ 与假设矛盾.

所以假设不成立.

当取立方体的 8 个顶点时,任何两点的距离至少为 1,满足题意.

故选(A).

6. 建立如图 2 所示的空间直角坐标系,设正四面体的棱长为 3,则

$$OB=OC=OD=\sqrt{3},AO=\sqrt{6},E\left(\frac{1}{2},-\frac{\sqrt{3}}{2},0\right).$$

设 $P(0,m,n),(m<0,n>0)$,则 $\boldsymbol{EP}=\left(-\dfrac{1}{2},m+\dfrac{\sqrt{3}}{2},n\right).$

过点 P 作 $PM\perp OB$ 于点 M,则 $\triangle BPM\backsim\triangle BAO,M(0,m,0,)$,

于是有

$$\frac{PM}{AO}=\frac{BM}{BO},$$

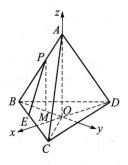

图 2

即
$$\frac{n}{\sqrt{6}}=\frac{\sqrt{3}-|-m|}{\sqrt{3}},$$

所以
$$m=\frac{n}{\sqrt{2}}-\sqrt{3}.$$

由图 2 中坐标系可知平面 BCD 的单位法向量
$$\boldsymbol{n}=(0,0,1),$$

所以

$$\sin\theta=|\cos<\boldsymbol{EP},\boldsymbol{n}>|=\frac{\boldsymbol{EP}\cdot\boldsymbol{n}}{|\boldsymbol{EP}|\cdot|\boldsymbol{n}|}=\frac{n}{\sqrt{\frac{1}{4}+\left(m+\frac{\sqrt{3}}{2}\right)^2+n^2}}=\frac{n}{\sqrt{\frac{1}{4}+\left(\frac{n}{\sqrt{2}}-\frac{\sqrt{3}}{2}\right)^2+n^2}}$$

$$=\frac{n}{\sqrt{1-\frac{\sqrt{3}}{\sqrt{2}}n+\frac{3}{2}n^2}}=\frac{1}{\sqrt{\frac{1}{n^2}-\frac{\sqrt{3}}{\sqrt{2}n}+\frac{3}{2}}}=\frac{1}{\sqrt{(\frac{1}{n}-\frac{\sqrt{6}}{4})^2+\frac{9}{8}}}\leqslant\frac{2\sqrt{2}}{3},$$

当 $\frac{1}{n}=\frac{\sqrt{6}}{4}$，即 $n=\frac{4}{\sqrt{6}}=\frac{2\sqrt{6}}{3}$ 时，$(\sin\theta)_{\max}=\frac{2\sqrt{2}}{3}$.

故选（B）.

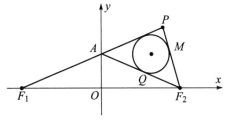

图 3

7. 依题意知 $c=3$，

所以 $2|AQ|^2=|F_1F_2|=2c=6$，

即 $|AQ|=\sqrt{3}$，

如图 3，设 $\triangle PAF_2$ 的内切圆与边 PF_2 切于点 M.

根据三角形外切圆的性质，得

$$|PF_1|=|AF_1|+|PA|=|AF_2|+(|PM|+|AQ|),$$
$$|PF_2|=|PM|+|MF_2|=|PM|+|QF_2|=|PM|+(|AF_2|-|AQ|).$$

所以 $2a=|PF_1|-|PF_2|=2|AQ|=2\sqrt{3}$，

解得 $a=\sqrt{3}$.

即 Γ 的离心率 $e=\frac{c}{a}=\frac{3}{\sqrt{3}}=\sqrt{3}$.

故选（A）.

📚 二、填空题

题号	8	9	10	11	12	13	14
答案	−2021	30	280	$\frac{2}{3}$	−1	$\frac{8}{3}$	$\frac{\sqrt{6}}{2}$

提　示

8. 因为 $f(x)$ 关于点 $(-1,0)$ 对称,

所以 $f(x+1)$ 为奇函数,即

$$f(x)=(x+1)^3+\lambda(x+1),\lambda \text{ 为常数},$$

所以　　　　　　　　　　　$f(0)=1+\lambda,$

由 $f(x)=x^3+mx^2+nx+2021$,得　　$f(0)=2021,$

所以　　　　　　　　　　　$1+\lambda=2021,$

解得　　　　　　　　　　　$\lambda=2020,$

所以　　　　　　　　　　　$f(x)=(x+1)^3+2020(x+1),$

故　　　　　　　　　　　　$f(-2)=-1-2020=-2021.$

9. 由 $a_{n+1}+(-1)^n a_n=1$,得

$$a_2-a_1=1, \qquad\qquad\qquad ①$$
$$a_3+a_2=1, \qquad\qquad\qquad ②$$
$$a_4-a_3=1, \qquad\qquad\qquad ③$$
$$\cdots$$
$$a_{59}+a_{58}=1,$$
$$a_{60}-a_{59}=1,$$

②-①,得　　　　　　　　　$a_3+a_1=0,$

②+③,得　　　　　　　　　$a_2+a_4=2,$

所以　　　　　　　　　　　$a_1+a_2+a_3+a_4=2,$

同理可得　　　$a_5+a_6+a_7+a_8=2,\cdots,a_{57}+a_{58}+a_{59}+a_{60}=2,$

所以　　　　　　　　　$\{a_n\} \text{ 的前 60 项的和}=2\times15=30.$

10. 设 $a=\boldsymbol{\alpha}-3\boldsymbol{\beta},b=2\boldsymbol{\alpha}-5\boldsymbol{\beta}$,则

$$|a|=20,|b|=18.$$
$$\boldsymbol{\alpha}=-5a+3b,\boldsymbol{\beta}=-2a+b,$$

所以　　　　　　　　　　　$\boldsymbol{\alpha}+\boldsymbol{\beta}=-7a+4b.$

又　　　$|-7a+4b|\geqslant||7a|-|4b||=|7\times20-4\times18|=68,$

　　　　　（当且仅当 a 与 b 同向时等号成立）

所以　　　　　　$|\boldsymbol{\alpha}+\boldsymbol{\beta}|=|-7a+4b| \text{ 的最小值为 68};$

$$|-7a+4b|\leqslant|7a|+|4b|=7\times20+4\times18=212,$$

　　　　　当且仅当 a 与 b 反向时等号成立,

所以　　　　　$|\boldsymbol{\alpha}+\boldsymbol{\beta}|=|-7a+4b| \text{ 的最大值为 212}.$

故 $|\boldsymbol{\alpha}+\boldsymbol{\beta}|$ 的最小值与最大值的和为 $68+212=280$.

11. 令 $x=\dfrac{a}{b}>0$,则 $\dfrac{7ab}{a^2+49b^2}+\dfrac{ab}{a^2+b^2}$ 可转化为

$$f(x)=\frac{7x}{x^2+49}+\frac{x}{x^2+1},$$

又
$$f(x)=\frac{7x(x^2+1)+x(x^2+49)}{(x^2+49)(x^2+1)}$$

$$=\frac{8x^3+56x}{x^4+50x^2+49}$$

$$=\frac{8\left(x+\dfrac{7}{x}\right)}{x^2+\dfrac{49}{x^2}+50}$$

$$=\frac{8\left(x+\dfrac{7}{x}\right)}{\left(x+\dfrac{7}{x}\right)^2-2x\cdot\dfrac{7}{x}+50}$$

$$=\frac{8t}{t^2+36}$$

$$=\frac{8}{t+\dfrac{36}{t}}$$

$$\leqslant\frac{8}{2\sqrt{t\cdot\dfrac{36}{t}}}=\frac{2}{3},$$

其中
$$t=x+\frac{7}{x}\geqslant 2\sqrt{7},$$

又
$$2\sqrt{7}<6,$$

故当 $t=6$, 即 $\dfrac{a}{b}=3\pm\sqrt{2}$ 时, $f(x)$ 取得最大值 $\dfrac{2}{3}$.

12. 如图 4, 作出 A, B 所表示的平面区域, 其中 $A\bigcap B$ 表示如图阴影部分 D.

令 $z=2x-y$, 则 $y=2x-z$, $-z$ 表示直线 $y=2x-z$ 在 y 轴上的截距.

如图 4, 当直线 $y=2x-z$ 经过区域 D 中的点 P 时, $z=2x-y$ 取得最小值.

因为点 P 在圆 $(x-1)^2+(y-1)^2=1$ 上, 设点 P 的坐标为 $(1+\cos\theta,1+\sin\theta)$, $\theta\in\left(\dfrac{\pi}{2},\pi\right)$. 又点 P 在曲线 $y=\dfrac{18}{25x}$ 上, 所以

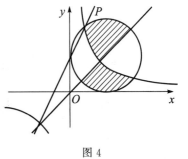

图 4

$$(1+\cos\theta)(1+\sin\theta)=\frac{18}{25},$$

即
$$\sin\theta\cos\theta+\sin\theta+\cos\theta+\frac{7}{25}=0. \qquad (*)$$

设 $\sin\theta+\cos\theta=t$, 则
$$\sin\theta\cos\theta=\frac{1}{2}(t^2-1),$$

代入（＊），得
$$\frac{1}{2}(t^2-1)+t+\frac{7}{25}=0,$$

解得
$$t=\frac{1}{5}或-\frac{11}{5}（舍去），$$

即
$$\sin\theta+\cos\theta=\frac{1}{5}.$$

结合 $\sin^2\theta+\cos^2\theta=1$，并注意到 $\theta\in\left(\frac{\pi}{2},\pi\right)$，解得
$$\sin\theta=\frac{4}{5},\cos\theta=-\frac{3}{5}.$$

所以点 P 的坐标为 $\left(\frac{2}{5},\frac{9}{5}\right)$，$z=2x-y$ 的最小值为
$$z_{\min}=2\times\frac{2}{5}-\frac{9}{5}=-1.$$

13. 记 $y_1=4x+1,y_2=x+2,y_3=-2x+4$，
在同一坐标系中作出它们的的图像，如图 5，

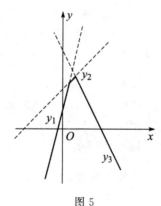

图 5

由图 5 可知，当 $x+2=-2x+4$，即 $x=\frac{2}{3}$ 时，$\min\{4x+1,x+2,-2x+4\}$ 取得最大值 $\frac{2}{3}+2=\frac{8}{3}$.

14. 由 $\sin^2x-\sin^2y=\frac{1}{4}$，得 $\cos^2y-\cos^2x=\frac{1}{4}$，

所以
$$\begin{cases}\cos^2y-\cos^2x=\frac{1}{4}\\\cos x\cos y=\frac{\sqrt{2}}{4}\end{cases},$$

解得
$$\begin{cases}\cos x=\frac{1}{2}\\\cos y=\frac{\sqrt{2}}{2}\end{cases},$$

因为 x,y 为锐角，所以

$$\sin x = \frac{\sqrt{3}}{2},$$

故
$$\begin{aligned}
&\sin(x+y)+\sin(x-y)\\
&=\sin x\cos y+\cos x\sin y+\sin x\cos y-\sin x\cos y\\
&=2\sin x\cos y\\
&=\frac{\sqrt{6}}{2}.
\end{aligned}$$

✎ 三、解答题

15. 因为 E_1 与 E_2 共焦点，所以焦距的平方
$$c^2=4-m^2=n^2+1,$$
即
$$n^2=3-m^2>0.$$
由题意知 $ABCD$ 是长方形，可设点 $A(x_0,y_0)$ 在第一象限，则 $ABCD$ 的面积
$$S_{ABCD}=4x_0y_0.$$

由
$$\begin{cases}
\dfrac{x_0^2}{4}+\dfrac{y_0^2}{m^2}=1\\[2mm]
x_0^2-\dfrac{y_0^2}{n^2}=1\\[2mm]
n^2=3-m^2
\end{cases},$$

解得
$$\begin{cases}
x_0^2=\dfrac{4}{4-m^2}\\[2mm]
y_0^2=\dfrac{m^2(3-m^2)}{4-m^2}
\end{cases},$$

则
$$(x_0y_0)^2=\frac{4m^2(3-m^2)}{(4-m^2)^2}.$$

令 $t=4-m^2$（$m\in(1,4)$），
$$f(t)=\frac{m^2(3-m^2)}{(4-m^2)^2}=\frac{(4-t)(t-1)}{t^2}=\frac{9}{16}-\left(\frac{2}{t}-\frac{5}{4}\right)^2\leqslant\frac{9}{16},$$

当 $\dfrac{2}{t}=\dfrac{5}{4}$ 时，即 $t=\dfrac{8}{5}$ 时，
$$f(t)_{\max}=\frac{9}{16},$$

即
$$(x_0y_0)_{\max}=\frac{3}{2},$$

所以
$$(S_{ABCD})_{\max}=4(x_0y_0)_{\max}=4\times\frac{3}{2}=6,$$

当且仅当 $m^2=4-t=\dfrac{12}{5}$，$n^2=3-m^2=\dfrac{3}{5}$ 时，$S_{四边形ABCD}$ 取得最大值 6，此时，E_1 的方程为 $\dfrac{x^2}{4}+\dfrac{y^2}{\frac{12}{5}}=1$，$E_2$ 的方程为 $x^2-\dfrac{y^2}{\frac{3}{5}}=1$.

16. (1) 由 $f(x)=ax^2+2ax-\ln(x+1)$，知

$f(x)$ 的定义域为 $x>-1$，

又 $f'(x)=2ax+2a-\dfrac{1}{x+1}=\dfrac{2a(x+1)^2-1}{x+1}(x>-1)$.

当 $a\leqslant 0$ 时，因为 $x+1>0$，

所以 $f'(x)<0$，

即 $f(x)$ 在 $(-1,+\infty)$ 上单调递减.

当 $a>0$ 时，令 $f'(x)=0$，得 $x=-1+\dfrac{1}{\sqrt{2a}}$，

此时，当 $x\in\left(-1,-1+\dfrac{1}{\sqrt{2a}}\right)$ 时，$f'(x)<0$，即 $f(x)$ 在 $\left(-1,-1+\dfrac{1}{\sqrt{2a}}\right)$ 上单调递减；

当 $x\in\left(-1+\dfrac{1}{\sqrt{2a}},+\infty\right)$ 时，$f'(x)>0$，即 $f(x)$ 在 $\left(-1+\dfrac{1}{\sqrt{2a}},+\infty\right)$ 上单调递增.

(2) 令 $g(x)=\dfrac{1}{x+1}-\dfrac{1}{e^x}(x>0)$，则

$$g(x)=\dfrac{e^x-x-1}{e^x(x+1)}>0.$$

因为 $f(x)+e^{-x}>\dfrac{1}{x+1}$ 在 $(0,+\infty)$ 内恒成立，

所以 $f(x)>g(x)>0$ 在 $(0,+\infty)$ 内恒成立，

① 若 $a\leqslant 0$，则 $f(x)=a(x^2+2x)-\ln(x+1)<0$，舍去.

② 若 $0<a<\dfrac{1}{2}$，则 $-1+\dfrac{1}{\sqrt{2a}}>0$.

由 (1) 可知函数 $f(x)$ 在 $\left(0,-1+\dfrac{1}{\sqrt{2a}}\right)$ 上单调递减，

即 $x\in\left(0,-1+\dfrac{1}{\sqrt{2a}}\right)$ 时，$f(x)<f(0)=0$，不符合题意，舍去.

③ 若 $a\geqslant\dfrac{1}{2}$，令 $h(x)=f(x)-g(x)$，$x>0$，则

$$h'(x)=2ax+2a-\dfrac{1}{x+1}+\dfrac{1}{(x+1)^2}-\dfrac{1}{e^x}$$

$$\geqslant 2ax+2a-\dfrac{x}{(x+1)^2}-\dfrac{1}{x+1}$$

$$=\dfrac{2a(x+1)^3-2(x+1)+1}{(x+1)^2}$$

$$\geqslant\dfrac{(x+1)^2-2(x+1)+1}{(x+1)^2}>0,$$

所以当 $x>0$ 时，$h(x)$ 单调递增，即 $h(x)>h(0)=0$，

故 $f(x)>g(x)$ 恒成立，满足题意.

综上，知 $a\in\left[\dfrac{1}{2},+\infty\right)$.

17. 证明：(1)当 $x \in \left(0, \dfrac{\pi}{3}\right)$ 时，

$$\frac{1}{x} < \frac{1}{\sin x} \Leftrightarrow x > \sin x,$$ ①

$$\frac{1}{\sin x} < \frac{1}{x} + \frac{x}{3} \Leftrightarrow (3 + x^2)\sin x > 3x,$$ ②

记 $F(x) = x - \sin x$，$G(x) = (3 + x^2)\sin x - 3x$，

则当 $x \in \left(0, \dfrac{\pi}{3}\right)$ 时，$\cos x > \dfrac{1}{2}$，

$$F'(x) = 1 - \cos x > 0,$$

$$\begin{aligned}
G'(x) &= 2x\sin x + (3 + x^2)\cos x - 3\\
&= 4x\sin\frac{x}{2}\cos\frac{x}{2} + x^2\cos x - 6\sin^2\frac{x}{2}\\
&> 2x\sin\frac{x}{2} + \frac{x^2}{2} - 6\sin^2\frac{x}{2}\\
&= 4 \cdot \frac{x}{2} \cdot \sin\frac{x}{2} + 2\left(\frac{x}{2}\right)^2 - 6\sin^2\frac{x}{2}\\
&> 4\sin^2\frac{x}{2} + 2\sin^2\frac{x}{2} - 6\sin^2\frac{x}{2}\\
&= 0,
\end{aligned}$$

所以 $F(x)$，$G(x)$ 都在区间 $\left(0, \dfrac{\pi}{3}\right)$ 上单调递增，

又 $F(0) = 0$，$G(0) = 0$，

所以对任意的 $x \in \left(0, \dfrac{\pi}{3}\right)$，恒有

$$F(x) > 0, \text{即 } x > \sin x,$$

$$G(x) > 0, \text{即 } \frac{1}{\sin x} < \frac{1}{x} + \frac{x}{3}.$$

综上知，对任意 $x \in \left(0, \dfrac{\pi}{3}\right)$，$\dfrac{1}{x} < \dfrac{1}{\sin x} < \dfrac{1}{x} + \dfrac{x}{3}$ 恒成立．

(2)在(1)中取 $x = \dfrac{1}{\sqrt{2}\,n}$，得

$$\sqrt{2}\,n < \frac{1}{\sin\dfrac{1}{\sqrt{2}\,n}} < \sqrt{2}\,n + \frac{1}{3\sqrt{2}\,n}.$$ （＊）

记 $m = \left[\sqrt{2}\,n\right] + 1$，则

$$\frac{1}{\sin\dfrac{1}{\sqrt{2}\,n}} > \sqrt{2}\,n > \left[\sqrt{2}\,n\right] = m - 1.$$

下面证明 $\dfrac{1}{\sin\dfrac{1}{\sqrt{2}\,n}} < m.$

因为
$$m=\left[\sqrt{2}\,n\right]+1>\sqrt{2}\,n,$$

所以
$$m^2-2n^2>0,$$

又
$$m,n\in\mathbf{Z},$$

所以
$$m^2-2n^2\geqslant 1,$$

于是
$$(m-\sqrt{2}\,n)^2+2\sqrt{2}\,n(m-\sqrt{2}\,n)=m^2-2n^2\geqslant 1,$$

假设 $m-\sqrt{2}\,n\leqslant\dfrac{1}{3\sqrt{2}\,n}$,则

$$m^2-2n^2=(m-\sqrt{2}\,n)^2+2\sqrt{2}\,n(m-\sqrt{2}\,n)\leqslant\frac{1}{18n^2}+\frac{2}{3}<1,$$

与 $m^2-2n^2\geqslant 1$ 矛盾,

所以
$$m-\sqrt{2}\,n>\frac{1}{3\sqrt{2}\,n},$$

即
$$\sqrt{2}\,n+\frac{1}{3\sqrt{2}\,n}<m.$$

结合(＊),得
$$\frac{1}{\sin\dfrac{1}{\sqrt{2}\,n}}<\sqrt{2}\,n+\frac{1}{3\sqrt{2}\,n}<m.$$

综上,得
$$m-1<\frac{1}{\sin\dfrac{1}{\sqrt{2}\,n}}<m,m\in\mathbf{Z},$$

所以
$$\left[\frac{1}{\sin\dfrac{1}{\sqrt{2}\,n}}\right]=m-1=\left[\sqrt{2}\,n\right].$$